Rainer H. G. Großklaus

Positionierung und USP

Rainer H. G. Großklaus

Positionierung und USP

Wie Sie eine Alleinstellung für
Ihre Produkte finden und umsetzen

Bibliografische Information Der Deutschen Nationalbibliothek
Die Deutsche Nationalbibliothek verzeichnet diese Publikation in der
Deutschen Nationalbibliografie; detaillierte bibliografische Daten sind im Internet über
<http://dnb.d-nb.de> abrufbar.

1. Auflage November 2006

Alle Rechte vorbehalten
© Betriebswirtschaftlicher Verlag Dr. Th. Gabler | GWV Fachverlage GmbH, Wiesbaden 2006

Lektorat: Barbara Möller

Der Gabler Verlag ist ein Unternehmen von Springer Science+Business Media.
www.gabler.de

Das Werk einschließlich aller seiner Teile ist urheberrechtlich geschützt. Jede Verwertung außerhalb der engen Grenzen des Urheberrechtsgesetzes ist ohne Zustimmung des Verlags unzulässig und strafbar. Das gilt insbesondere für Vervielfältigungen, Übersetzungen, Mikroverfilmungen und die Einspeicherung und Verarbeitung in elektronischen Systemen.

Die Wiedergabe von Gebrauchsnamen, Handelsnamen, Warenbezeichnungen usw. in diesem Werk berechtigt auch ohne besondere Kennzeichnung nicht zu der Annahme, dass solche Namen im Sinne der Warenzeichen- und Markenschutz-Gesetzgebung als frei zu betrachten wären und daher von jedermann benutzt werden dürften.

Umschlaggestaltung: Nina Faber de.sign, Wiesbaden
Satz: ITS Text und Satz Anne Fuchs, Bamberg
Druck und buchbinderische Verarbeitung: Wilhelm & Adam, Heusenstamm
Gedruckt auf säurefreiem und chlorfrei gebleichtem Papier
Printed in the Netherlands

ISBN-10 3-8349-0073-7
ISBN-13 978-3-8349-0073-9

Positionierung ist kreative Ökonomie – Ein Geleitwort

Der Anruf kam kurz vor Mitternacht. Normalerweise erwarte ich zu diesem Zeitpunkt keine Konversation mehr. Der Rotwein war ausgetrunken. Selbst mein Hund Bobby wollte nicht mehr gestört werden, sondern kuschelte sich nur noch tiefer in seine Liegedecke. Ich nahm den Hörer auf: *„Midnight Fundraising"*. Doch bevor ich wütend wurde, erinnerte man mich, dass ich für New Orleans Jazz-Musiker schon einmal gestiftet hätte. Diese würden immer noch und gerade jetzt meine Hilfe brauchen. Der Anschluss war hergestellt. Ich war wach, ich war aufmerksam – ich hatte viel Zeit. Nichts störte. Volle Konzentration. Man legte in das Telefongespräch im Hintergrund ganz sanft den St. James Infirmary Blues. Nur Bluesgitarre und Bass. Ein Trauerblues ...

Fundraising ist ein weltweit großer Markt. Er unterliegt den Gesetzen aller Märkte, wie diejenigen in dem Markt der Schokolade oder der Bohrer, der Brühwürfel oder der Kaffeemaschinen. Oder wie in Ihrem Markt. Die Angebote sind oft austauschbar, wobei Austauschbarkeit leider zur Umsatzrendite gen Null tendiert.

Ökonomie basiert schon lange nicht mehr auf dem Angebot des vordergründigen Bedarfs

Ökonomie heißt besser, anders, schneller. Ökonomie heißt vor allen Dingen kreativer. Ökonomie bedeutet schon lange nicht mehr ausschließlich Nutzen rechnen, Vorteile zeigen oder die Mathematik der linearen Kausalität abzuarbeiten. Spätestens im 21. Jahrhundert christlicher Zeitrechnung ist das Kreative in der Ökonomie als ein wesentlicher Erfolgsschlüssel angekommen.

Diese Kreativität muss gelenkt sein. Der Schlüssel dazu muss auf einem Amboss gezielt und gekonnt geschmiedet werden. Und: Dieser spezielle Erfolgsschlüssel trägt den Namen „Positionierung".

Wie man diesen Schlüssel ausarbeitet, wie man ihn einsetzt und im richtigen Schloss dreht, wie man mit ihm verschlossene Türen der Kunden aufsperrt, das zeigt der Autor in diesem Werk. Dabei gefällt er sich nicht eitel als Kenner der definitorischen Feinheit, sondern zeigt sich als Meister der praktischen Umsetzung und der empirischen Erfahrung.

Großklaus hat die kreative Ökonomie der Positionierung im Tagesgeschäft erfahren und gibt dieses Wissen unverbraucht weiter. Dabei zähmt er die vielen Interpretationen, Definitionen, Erfahrungen und Missverständnisse der Positionierung und führt diesen Erfolgsschlüssel in das kommunikative, werbliche Marketing ein. Hier, *besonders hier* muss man sagen, kann sich sein Denken und sein Ansatz der Positionierung ganz entfalten und seine Erfolge ausspielen.

Großklaus' Ansagen sind klar. Seine publizistische Aufgabe sieht er nicht im akademischen what – und why –, sondern im how to do: Checkpunkte sowie Checklisten helfen in der praktischen Umsetzung und der Entwicklung des großen, kreativen ökonomischen Schlüssels eines jeden Marktes – der Positionierung.

„Midnight Fundraising" ist so ein Beispiel der kreativen Ökonomie durch brillante Positionierung. Diese Institution hat die in diesem Werk beschriebene Art der Positionierungsarbeit bereits großartig aufgenommen und umgesetzt. „Midnight Fundraising" telefoniert durch die ganze Welt *„ab eine Stunde vor Mitternacht Ortszeit"* mit Spendern, bei denen sie den kommunikativen Anschluss durch vorherige Spenden herstellen können.

Der Anruf kam tatsächlich aus Schottland und kurz vor Mitternacht: *„Midnight Fundraising"*. Ich war wach, ich war aufmerksam – ich hatte Zeit. Nichts störte. Volle Konzentration. Man legte in das Telefongespräch im Hintergrund ganz sanft den St. James Infirmary Blues. Nur Bluesgitarre und Bass. Meine Kreditkarte bat förmlich darum, um einige Dollars erleichtert zu werden. Ich ging zufrieden ins Bett.

Der Anrufer allerdings rief den nächsten potenziellen Mehrfachspender an. Es ging um eine Spende für ausgesetzte Kinder in Brasilien. Man legte in das Telefongespräch im Hintergrund zunächst leises Babygeschnatter, dann einen sanften Lullaby-Song. Die Kreditkarte des Angerufenen bat um Mitternacht förmlich darum, um einige Dollars erleichtert zu werden: das Ergebnis der weltweit einzigartigen *„Mitternachtspositionierung"*. Was für ein Erfolg einer großklausartigen Arbeitsweise. Sie kann auch Ihr Erfolg werden ...

Malte W. Wilkes
Mitgründer der Unternehmensberatung und
Kommunikationsagentur IFAM, Düsseldorf
Ehrenpräsident des BDU
Bundesverband Deutscher Unternehmensberater

Inhaltsverzeichnis

**Positionierung ist kreative Ökonomie –
Ein Geleitwort von Malte W. Wilkes** 5

Vorwort 11

Einleitung 13

Kapitel 1 Generelles zur Positionierung 17

Die Ursprünge des Positionierungskonzepts 19

Was unter Positionierung zu verstehen ist 21
    Was Positionierung konkret bedeutet 21
    Die Grundlagen der Positionierung verstehen 22

Die zentrale Bedeutung der Positionierung heute 26
    Die Positionierung und der Konsument 26
    Das Zusammenspiel von Positionierung und Marketingstrategie . 26
    Der Einfluss der Positionierung auf den Marketing-Mix 28
    Die Bedeutung der Positionierung in der Werbung 31

Die wichtigsten Anforderungen an eine erfolgreiche Positionierung .. 32

Die elementaren Fehler bei der Entwicklung einer Positionierung 34

Die verschiedenen Positionierungsarten 36
    Die Marktführerposition 36
    Die Nachfolger- oder Herausfordererposition 39
    Die Me-too-Positionierung 41
    Die Preispositionierung 41
    Die konkurrenzorientierte Positionierung 42
    Die Nischen-Positionierung 42

Positionierungen sichtbar machen 45
    Die Wahrnehmungs-Positionierungsräume 45
    Die mehrdimensionalen Wahrnehmungs-Positionierungsräume 48

Kapitel 2   Der Planungsablauf 57

Kapitel 3   Die Informationsphase 63

Die Phase der Informationen – Sammlung, Selektion, Analyse und
Verdichtung von sekundären Daten, Fakten und Informationen 65

Die Phase der juristischen Überprüfung des Wettbewerbs 104

Kapitel 4   Die Phase der Konzeption und Planung   111

Die psychologische Verbrauchersegmentierung 113
    Die Bedeutung der soziodemografischen und psychologischen
    Verbrauchersegmentierung heute 113
    Lernen Sie Ihre Zielgruppe und Ihre Positionierungsmöglichkeiten kennen   117
    Ergebnisse der motivationspsychologischen Verbrauchersegmentierung ...   118
    Der Nutzen der motivationspsychologischen Verbrauchersegmentierung ..   119
    Die Möglichkeiten der psychologischen Verbrauchersegmentierung   120
    Die Vorgehensweise bei der psychologischen Verbrauchersegmentierung ..   120
    Das Näherungsverfahren mithilfe von Verlagsstudien   132

Ein neuer Positionierungsansatz mithilfe der Neurobiologie und
Neuropsychologie 136

Das Marktforschungsbriefing 145

Marketingziele und Marketingstrategie 148
    Marketingziele festlegen 148
    Marketingstrategie entwickeln 151

Die wichtigsten Positionierungselemente 156

Die Entwicklung von Positionierungsmöglichkeiten 171
    Erarbeiten Sie hypothetische Positionierungsalternativen 171
    Erste Hinweise auf mögliche Positionierungsansätze 172
    Lassen Sie Ihre Unternehmensbereiche berichten 173
    Die Grob-Vorauswahl der ersten hypothetischen Positionierungsansätze
    in Eigenregie 178
    Die Positionierungs-Testmöglichkeiten mit Marktforschungsinstituten   182
    Die Entwicklung eines wirksamen Nutzenversprechens (USP/UAP)   187
    Die Grob-Vorauswahl von USP/UAP-Alternativen in Eigenregie   191

Das Multi-variate Propositioning-Testverfahren mit einem
Marktforschungsinstitut 192
Die Vorgehensweise für die Beschreibung einer Positionierung 199

Die Produktnamensentwicklung 201

Die Möglichkeiten der Produktnamensfindung und -entwicklung 202
Die Auswahl von Produktnamen 205
Die juristische Überprüfung und Anmeldung von Produktnamen 207

Die Entwicklung der Copystrategie 208

Die Werbeziele 209
Die Zielgruppenbeschreibung 210
Die Hauptmitbewerber 210
Die Positionierungsbeschreibung 211
Das rationale und/oder emotionale Nutzenversprechen (USP/UAP) 211
Die Begründung des Nutzenversprechens (Reason Why) 212
Die Art und Weise der Werbung (Tonality, Stil, Ton, Auftritt) 212
Die Restriktionen 213
Die erwarteten Reaktionen 213

Das Werbebriefing 225

Kapitel 5   Die Umsetzungs-, Test- und Durchsetzungsphase 233

Die Umsetzung 235

Die grobe Vorauswahl von Umsetzungsalternativen 235

Der „Pre-Test" 238

Die Arbeiten nach dem „Pre-Test" 241

Die Agentursuche 242

Die Zusammenarbeit mit Agenturen 243

Kapitel 6   Die Markt- und Kontrollphase 247

Der Post-Test und die Kontrolle der Markt- und Produktentwicklung . 249

Die Soll-Ist-Analyse und der Maßnahmenkatalog 252

Kapitel 7 Das Praxisbeispiel: Positionierung und Kommunikationspraxis für Frucht- und Gemüsesäfte der Saft GmbH 255

Informationsphase 258
    Der Markt der Fruchtsäfte, Fruchtnektare und Fruchtsaftgetränke 258
    Das Teilsegment Gemüsesäfte 260

Die motivationspsychologische Segmentierungsstudie 262

Marketingleitziele und -leitstrategie von „Gesund & Genuss" 265

Marketingziele 266

Marketingstrategie 267

Positionierungsstrategie 267

USP 269

Copystrategie 270

Kreative Umsetzung der Copystrategie und Kampagnentest 273

Die Anzeigenkampagne (Botschaft und Gestaltung) 275

Werbeträgerauswahl und Medienbegründung 276

Marketing- und Kommunikationserfolg 277

Informationsquellen und Adressen 281

Weiterführende Literatur 283

Arbeitshilfen online 284

Namens- und Sachregister 285

Der Autor 287

Danksagung 288

Vorwort

Inspiriert von meinem ersten Job in Amerika, angeregt und motiviert von dem Buch „Positioning" von Al Ries und Jack Trout und später von Dr. Jörg Rehorn veröffentlichte ich 1982 im Gabler Verlag das erste Arbeitshandbuch über Positionierung und USP in Deutschland. Ich ahnte zu diesem Zeitpunkt natürlich nicht, wie wichtig dieses Thema heute in den Marketingabteilungen und Werbeagenturen sein würde.

Mittlerweile gibt es eine große Anzahl von Veröffentlichungen, die sich direkt mit dem Thema Positionierung beschäftigen, und solche, die das Thema mehr oder weniger streifen. Den Großteil habe ich davon selbstverständlich gelesen. Dabei ist mir aufgefallen, dass in allen Büchern und Beiträgen zum Thema Positionierung und USP immer nur beschrieben wird, was eine Positionierung ist, welche Positionierungen im Markt erfolgreich sind, wie eine Positionierung in das Hirn der Zielgruppe gelangt, zu welchen Gelegenheiten Unternehmen eine Positionierungsstrategie einsetzen sollen und wie erfolgreich Unternehmen sind, die mit einer ausgereiften Positionierung arbeiten. In keinem Buch und keinem Aufsatz zum Thema Positionierung konnte ich jedoch nachlesen, wie man eine erfolgreiche Positionierung plant und konzipiert, und zwar Schritt für Schritt. Eine Ausnahme bildet der Beitrag von Dr. Jörg Rehorn „Positionierung zwischen flop und flight" in Absatzwirtschaft 9-10/1976.

Ich erlebe es oft in meinem Beratungsgeschäft, dass sich gerade junge Produktmanager jeden Tag mit ihrer Produktpositionierung beschäftigen müssen und diese Arbeit lieber an ihre Agentur delegieren möchten. Und das passiert nicht nur in kleinen Unternehmen, nein auch in großen und bekannten Unternehmen wird so gearbeitet. Eigentlich schade. Sie verschenken eigenes kreatives Potenzial und sind dazu auf Gedeih und Verderb den Agenturen ausgeliefert.

Es fehlt den jungen Produktmanagern und Markenverantwortlichen aus meiner Sicht an praktikablen Anleitungen für die Entwicklung von Positionierungskonzepten. Von vielen solcher jungen Produktmanager und Markenverantwortlichen wurde ich regelrecht gedrängt, eine solche Anleitung zu verfassen. So entstand mein zweites Arbeitshandbuch zum Thema Positionierung und USP. In diesem Buch habe ich versucht, Schritt für Schritt darzulegen, wie Sie sich selbst ein Positionierungskonzept erarbeiten können, was Sie tun und woran Sie bei dieser Arbeit denken müssen. Einen Anspruch auf Vollständigkeit erhebt es dabei nicht. Betrachten Sie dieses Buch als eine Arbeitsanleitung. Sie haben immer die Möglichkeit, Erkenntnisse hinzuzufügen oder aber hier vorgestellte Empfehlungen wegzulassen. Dieses Buch bietet Ihnen eine reiche Fülle an ganz konkreten Tipps für Ihre Positionierungsarbeit.

Lesen Sie das Buch einfach einmal durch. Streichen Sie die für Sie interessanten Passagen und Hinweise an. Überprüfen Sie Ihre Positionierung und die Copystrategie entsprechend dieser markierten Passagen und Hinweise. Arbeiten Sie alles noch einmal durch und verändern Sie dabei die in diesem Buch dargelegten Empfehlungen, Checklisten und Abbildungen nach Ihren Bedürfnissen und neuen Erkenntnissen. Und jetzt können Sie loslegen mit der Planung und Konzeption Ihrer Positionierung!

Ausgewählte Arbeitshilfen, die im Text mit dem Symbol gekennzeichnet sind, finden Sie zum **Download** auf meiner Homepage unter www.grossklaus-marketing.de (Benutzername: alries, Passwort: jacktrout).

Trotz der großen Sorgfalt, die in die Erarbeitung dieses Buches gesteckt wurde, werden dennoch Fragen, Anmerkungen oder Kritik auftauchen, denn die Erkenntnisse zum Thema Marketing, zur Positionierung unterliegen einer permanenten Entwicklung und einem steten Wandel. Sollten Sie mit einem Problem nicht vorankommen, bin ich für Sie jederzeit ansprechbar unter der E-Mail: info@grossklaus-marketing.de.

Bülzig, im Oktober 2006 *Rainer H.G. Großklaus*

Einleitung

Die Märkte sind heute gesättigt und überbesetzt. Sie wachsen nicht mehr in dem Maße wie vor Jahren, wenn sie überhaupt noch wachsen. Jeder Wettbewerber verteidigt seine Marktposition mit Zähnen, Krallen und letztmöglichem Einsatz an Geld. Wer kennt nicht das Schlagwort: „Verdrängungswettbewerb"? Die Konsumenten sind kritischer geworden. Sie glauben nicht mehr alles, was ihnen über ein neues Produkt erzählt wird. Nur zu oft mussten sie erleben, dass neue Produkte nichts Neues boten.

Wen wundert's – nicht kopierbare Produktneuheiten gibt es kaum noch. Dank gleichartigem Technologie- und Fertigungs-Know-how können die größeren und meist auch kapitalkräftigeren Hersteller fast jedes Produkt ihrer Konkurrenten in relativ kurzer Zeit identisch reproduzieren. So erreichen neue Produkte nur noch in Ausnahmefällen eine wirkliche, kontinuierliche Markterweiterung. Oft erzielen sie ihren Zuwachs lediglich auf Kosten bereits vorhandener Produkte. Es kommt zu einer Substitution, zu einer Umschichtung der Nachfrage, zu einer Nachfrageverlagerung. Erfolgt diese Verlagerung im eigenen Sortiment, so hat man dafür den schönen Marketingausdruck *„Kannibalismus"*.

Bietet das neue Produkt nicht mehr als das bisherige Marktangebot, so gibt es dafür auch ein Schlagwort: **me-too**. Das Problem liegt in der Austauschbarkeit der Produkte. Auch die Werbung, mit stereotypen Bildmotiven und weitgehend gleichen Werbebotschaften, die sich wenig von denen der Konkurrenz unterscheiden, differenziert nicht. Hat ein „Me-too-Produkt" zugleich auch eine „Me-too-Positionierung", ist der Flop bereits vorprogrammiert. Ein „Me-too-Produkt" kann an sich im Markt erfolgreich sein, mit einer „Me-too-Positionierung" ist man es eher nicht. Die Strategie „me-too" ist sehr oft in der Phase der Angst, in der Phase des Black-outs, Trumpf. Sie scheint häufig für Unternehmen der rettende Anker des „Mithaltens um jeden Preis". Beispiele hierfür gibt es genug. Hersteller – meist ohne kreatives Potenzial – produzieren auf „Teufel komm raus" Massenprodukte für alle und niemanden, für anonyme Märkte, vom Baby bis zum Opa, vom genussorientierten Qualitätskäufer bis zum „Preiswert-Käufer" und dem „kulinarischen Wildschwein". Alles nach dem Motto: „Möglichst breit abdecken, irgendjemand wird schon kaufen". Der Markt ist voll von solchen Produkten und Produktversprechen. Das Nachsehen hat letztlich der Konsument, der nicht mehr unterscheiden kann, was gut oder schlecht für ihn ist. Kaufentscheidungen fallen dementsprechend immer mehr dem Parameter Preis zum Opfer. Die Folge davon ist ein zunehmender, knallharter und ruinöser Preiswettbewerb, der die Anbieter oftmals zwingt, zu Grenzkosten anzubieten. Hiervon profitieren natürlich die Konsumenten, jedoch nur solange, wie sich die Hersteller diese ruinöse Preisstrategie noch leisten können.

Trotz alledem sind eine zunehmende Kaufzurückhaltung der Konsumenten sowie eine steigende Preissensibilität vorherrschend. Sie führen zu einer gänzlich neuen *Kauf*kultur der Konsumenten. Das unter anderem auch daraus resultierende verlangsamte Wirtschaftswachstum ist in allen Branchen sichtbar und zwingt Unternehmen, ihre Ressourcen überlegt einzusetzen. Sichtbar ist auch, dass die Werbewirkung in TV, Funk und Print sinkt. Die Folge ist, dass die Unternehmen ihre Werbeinvestitionen erhöhen in der Hoffnung, ihre Werbebotschaft doch noch erfolgreich an die Zielgruppe zu bringen. Die Schere zwischen Aufwendungen und Wirkung, zwischen Effektivität und Effizienz klafft weiter auseinander als je zuvor. Die Folge ist, dass dies letztendlich zu einer spürbaren Verschiebung der Mediainstrumente und zur Suche nach neuen, Erfolg versprechenden Strategien führt.

Die Alternative zu „me-too" sind: Produkte mit **USP**. Produkte, die haben, was andere nicht haben, eine glaubhafte, nachvollziehbare und einzigartig-differenzierende Alleinstellung. Hier liegt der Schlüssel zum Erfolg. Er heißt **Positionierung**. Positionierung kann zum Teil über die Werbung, die entscheidenden strategischen Wettbewerbsvorteile schaffen – wenn sie mit einer glaubwürdigen, aufmerksamkeitsstarken und unverwechselbaren Werbebotschaft die beabsichtigte Zielgruppe anspricht und somit der vermittelte Produktnutzen zum Kauf motiviert. Wichtig dabei ist nicht nur der rationale Nutzen, sondern in zunehmendem Maße der emotionale, erlebnisorientierte Nutzen. Ein Produktnutzen, der eine starke, attraktive Gefühlsausrichtung und einen hohen Aktivierungsgrad besitzt. Das bedeutet, dass ähnliche Produktangebote durch einen attraktiven, glaubhaften Nutzen, der nicht nur rational arbeitet, sondern emotional mit starken Gefühls- und Erlebniswelten aufgeladen ist, erfolgreich differenziert werden und so im Bewusstsein der Konsumenten Unterscheidungen und Präferenzen hervorrufen und zum Kauf bewegen können. In der Praxis hat sich gezeigt, dass sich solche Produkte mit einem echten „Seelenleben" erfolgreicher durchsetzen als Produkte ohne dieses „Seelenleben". Es ist die Einzigartigkeit der Kommunikation, des Werbeauftritts und -versprechens. Produkten mit einem echten „Seelenleben" gelingt es, in das Bewusstsein der Konsumenten einzudringen und sich festzusetzen. Aufgrund ihrer physischen Produkteigenschaften hätten sie das mit den eben aufgeführten Mitteln nie geschafft.

Beispiele hierfür gibt es viele. Hier seien stellvertretend für viele andere Unternehmen und Marken folgende genannt:

- *Marlboro*
- *BMW*
- *McDonald's*
- *Toyota*
- *Duplo/Ferrero*
- *Media Markt*.

Diese Unternehmen vermitteln ein rationales und noch viel stärker ein einprägsames, akzeptiertes und komplexes Paket an emotionalen Wahrnehmungen, Gefühlen und Eindrücken. Für solche Eindrücke sind die Konsumenten offener und empfänglicher als für rationale Argumente.

Der Begriff Positionierung gehört heute wohl zur Pflichtvokabel jedes Marketingspezialisten, der um das dynamisch-progressives Auftreten einer Marke bemüht ist. Was sich hinter dem Wort Positionierung – das jedem heute leicht über die Lippen kommt – verbirgt, lässt wohl kaum etwas von den Problemen erahnen, die wirklich dahinter stehen. Obwohl es heute fast eine Binsenweisheit ist, dass die richtige Positionierung erst den Erfolg für ein Produkt, eine Dienstleistung ausmacht, so können doch nur wenige Marketingleute erklären, was eine richtige Positionierung bedeutet, und noch weniger wissen, wie sie gemacht wird. Licht in das Dunkel soll dieses Buch bringen. Es zeigt auf, wie Sie sich für Ihre Produkte selbst eine Positionierung und einen **USP** (*Unique Selling Propositioning = einzigartiges Verkaufsversprechen*) bzw. **UAP** (*Unique Advertising Propositioning = einzigartiges Werbeversprechen*) erarbeiten, um im Wettbewerbsumfeld erfolgreich zu bestehen.

Einleitung

Kapitel 1

Generelles zur Positionierung

Die Ursprünge des Positionierungskonzepts

Was Sie in diesem Kapitel erwartet

Seit einigen Jahren spricht die Marketing- und Werbeweltwelt mehr denn je von Positionierung. In diesem Kapitel erfahren Sie, wann und wo das Konzept der Positionierung erstmals entwickelt wurde und wann das Thema bei uns in Deutschland Einzug hielt.

In den letzten Jahrzehnten spricht die Marketing- und Werbebranche häufiger denn je über das Wort Positionierung. Es ist heute *das* Wort der Marketing- und Kommunikationsspezialisten. Woher kommt es? Wahrscheinlich ist das Positionierungskonzept in den siebziger Jahren in den USA ins Leben gerufen worden. Wahrscheinlich sind die wahren Entdecker dieser erfolgreichen Strategie die beiden Autoren *Al Ries* und *Jack Trout*. Sie schrieben in den siebziger Jahren eine damals überaus interessante Artikelserie in der Fachzeitschrift „*Advertising Age*" über die Positionierung bzw. Positionierungsstrategie.

Zuvor schrieb *Rosser Reevers* 1960 in der Fachzeitschrift „*Reality in Advertising*" einen faszinierenden Artikel „Werbung ohne Mythos", der 1963 bei uns in Deutschland bekannt wurde. Er schrieb über die neuen Grundlagen, Grundregeln und Möglichkeiten der Werbung und ganz speziell über eine neuartige Formel: **USP**, über die **Unique Selling Propositioning**[1], über das **einzigartige Verkaufsversprechen**.

Seit die Werbespezialisten und Autoren *Rosser Reevers, Al Ries* und *Jack Trout* ihre erfolgreichen Strategien veröffentlicht haben, erlebt die Strategie **Positionierung und USP** einen unaufhaltsamen Siegeszug in der Marketing- und Kommunikationswelt weltweit und gewinnt ständig an Bedeutung. Sie hat den bisher gekannten Werbestil revolutioniert. Wenn das Wort Positionierung verwendet wird, so heißt das jedoch nicht, dass es sich hierbei immer um Werbung handelt. Schon hier an dieser Stelle sei bemerkt, dass Positionierung bzw. Produktpositionierung nicht ausschließlich eine Sache der Werbung ist. Die Positionierung wird schon viel früher, nämlich in der Marketingstrategie geplant und entwickelt und ist folglich mit allen Marketing-Mix-Instrumenten, also auch mit der Werbung zu realisieren.

Seit dieser Zeit oder genauer ab Mitte der siebziger Jahre haben sich viele Marketing- und Kommunikationsverantwortliche in Deutschland vom produktionsorientierten Denken – Gott sei dank – völlig gelöst und die technolo-

---

1 Der USP wird in Marketingkreisen auch häufig „**Unique Selling Proposition**" genannt.

gisch vernebelnde Brille abgesetzt. Sie haben gelernt, ihr Denken und Handeln, ihren Blick voll auf das bestehende und neue Erwartungsspektrum ihrer Konsumenten zu fokussieren.

So einfach das auch alles klingen mag: Die richtige Positionierung für ein Produkt, eine Dienstleistung zu finden, ist ein hartes Stück kreativer und planerischer Arbeit.

Vertiefende Literatur

Al Ries/Jack Trout, Positioning – The Battle for Your Mind, Columbus 1986
Peter Sawtschenko, Positionierung – das erfolgreichste Marketing auf unserem Planeten, Offenbach 2005
Erwin Matys, Praxishandbuch Produktmanagement, Frankfurt 2005

Was unter Positionierung zu verstehen ist

Was Sie in diesem Kapitel erwartet

Sie lesen, was Al Ries und Jack Trout, die Begründer des Positionierungskonzepts, unter Positionierung verstehen und wie sie konzeptionell, rational und/oder emotional ausgerichtet sein sollte, um erfolgreich sein. Ferner erfahren Sie in diesem Kapitel, welche Grundlagen (Sehnsüchte, Emotionen und Erlebniswelten) eine wichtige Rolle im Positionierungskonzept spielen.

Was Positionierung konkret bedeutet

Was unter Positionierung zu verstehen ist, beantworten am besten die Entwickler und Erfinder dieser Strategie Al Ries und Jack Trout (in: Positionierung. Die neue Werbestrategie, Hamburg 1986, Seite 19). Eindrucks- und kraftvoller kann man Positionierung wohl kaum beschreiben: „*Positionierung beginnt mit einem Produkt. Einem Stück Ware, einer Dienstleistung, einer Firma, einer Institution oder sogar einer Person. Positionierung ist aber nicht das, was man mit einem Produkt tut. Positionierung ist vielmehr das, was man in den Köpfen der Adressaten anstellt. Das heißt, man platziert, positioniert ein Produkt in den Köpfen der potenziellen Kunden. Mit dem Produkt selbst unternimmt man eigentlich nichts. Das heißt allerdings nicht, dass Positionierung keine Änderungen mit sich bringt. Im Gegenteil, das geschieht häufig. Ein neuer Name, ein anderer Preis, ein Wechsel der Verpackung ändern aber nichts am Produkt selbst. Im Grunde genommen sind das kosmetische Verschönerungen mit dem Ziel, eine gute Position in der Vorstellung der Kunden zu sichern. Positionierung ist das erste Konzept, das mit dem schwierigen Problem fertig wird, sich in unserer kommunikationsüberfluteten Gesellschaft Gehör zu verschaffen*".

Die Positionierungsstrategie ist oft stark subjektiv ausgerichtet. Sie beruht auf strukturierten, vereinfacht dargestellte Fakten, die zielgruppenorientiert aufbereitet sind und von den Konsumenten dann in dieser Form in den Köpfen abgespeichert werden. Die Positionierungen sind das Ergebnis von analytisch ausgewählten Fakten. Die zielgruppenorientierte Aufbereitung dieser Fakten in Form von Strukturierung und Vereinfachung (von Produkt und Umfeld) hilft den Zielgruppen bei der Orientierung und beim Verstehen des Produkts und des Markts. Voraussetzung ist jedoch, dass die Fakten auch wirklich stimmen, also Substanz haben und nicht an den Haaren herbeigezogen sind.

Die Positionierung ist somit die Reflektion des Eindrucks, den die Konsumenten von einem bestimmten Produkt haben bzw. gelernt haben. Ein Unternehmen wird seiner Zigarettenmarke, z.B. Marlboro, nicht nur Fakten wie die Länge der Zigarette, die Tabakgrammanzahl und den tollen Geschmack mit in den Kampf ihres Produktlebenszyklusses geben. Dazu gehört auch der Name, das Verpackungsdesign, das Preisniveau und natürlich die Werbung mit ihren kraftvollen und alleinstellenden Erlebniswelten, wie der Genuss von Freiheit und Abenteuer, die auf hoch emotionaler Ebene mit dieser Zigarette verbunden werden können. Die Positionierung dieser Zigarettenmarke (Genuss, Freiheit und Abenteuer) ist der alleinige Erfolgsfaktor, der alle anderen (rationalen) Faktoren subsumiert. Er zeigt auf, was und wie die Konsumenten über ihre Zigarettenmarke denken sollen. Basierend auf dem Wissen um die Verbraucherbedürfnisse, Produkt- und Wettbewerbsstruktur werden von erfolgreichen Unternehmen Nutzenfelder bzw. emotionale Erlebniswelten besetzt. Ein Beispiel aus der Automobilbranche – und hier *Mercedes* – zeigt, dass der rationale Nutzen der Mercedes-Autopalette (Qualitätsauto fahren, sicher fahren usw.) als Basisnutzen unverzichtbar ist. Für die speziellen, stark motivierenden Konsumentenbedürfnisse müssen jedoch zusätzliche Nutzen, die auf die speziellen Bedürfnisse der Konsumenten eingehen, in die Positionierung eingesetzt werden. Solche speziellen emotionalen Nutzen bzw. Erlebniswelten sind bei *Mercedes* z.B.:

- höchste Qualität,
- Präzision,
- Sicherheit und Zuverlässigkeit,
- Design,
- Zukunft.

Der Erfolg eines Produkts baut auf der Positionierung auf, die es emotional, und für die Zielgruppe nachvollziehbar, besetzen kann. Passt alles, so ist die Positionierung *der* Schlüssel zum Erfolg.

Die Grundlagen der Positionierung verstehen

Es gibt kein Produkt, das in allen Zielgruppenbelangen seinen Konkurrenzprodukten überlegen ist. Jedes Produkt hat Stärken und zugleich auch Schwächen. Ein Produkt, das in allen Zielgruppenbelangen dem der Konkurrenz wirklich überlegen ist, ist beinahe unvorstellbar.

Wodurch unterscheidet sich nun dieses eine Produkt von den vielen anderen Produktangeboten und -leistungen? Es sind die Vorstellungen und Erwartungen, die Wünsche und Träume, Motive und Erlebniswelten der Konsumenten, die sie mit einem Produkt gedanklich verknüpfen. Je näher das Produkt an die Wahrnehmung der gemeinten Zielgruppe heran reicht, desto größer ist die Chance eines Kaufaktes. Ziel der Positionierung ist es, die dargelegten rationalen und noch stärker betonten emotionalen Produkteigenschaften mit den vom Konsumenten bei einem solchen Produkt als wichtig angesehenen Eigenschaften in Einklang zu bringen. Eine erfolgreiche Positionierung spiegelt nur die Vorstellung wider, die die Zielgruppen von einem bestimmten Produkt in ihren Köpfen haben. Genau hier liegt der Schlüssel zum Erfolg. Wenn Sie es schaffen, diese wenigen, aber dennoch wichtigen Fakten herauszuarbeiten und sie so in eine Positionierungsstrategie einfließen lassen, dass sie Ihrem Produkt dadurch eine einzigartige Alleinstellung im Markt verleiht, dann, und nur dann, wird Ihre Positionierungsstrategie erfolgreich sein.

Positionierung ist nicht gleichbedeutend mit Differenzierung zu setzen. Die Aufgabe der Positionierung ist es, wie schon erwähnt, dem Produkt eine einzigartige Alleinstellung im Markt zu verschaffen. Produktdifferenzierung und Positionierung haben zwar, oberflächlich gesehen, das gleiche Ziel, nämlich ein Produkt neben anderen Produkten hervorzuheben. Positionierung ist jedoch sehr viel mehr als Produktdifferenzierung. Produktdifferenzierung betrifft das äußere Erscheinungsbild des Produkts. Sie gibt dem Produkt Erkennungsmerkmale, die für die Konsumenten als äußere Unterscheidungsmerkmale dienen, wie z.B. Verpackungsdesign, Produktform und Produktname usw. Ihr Produkt soll sich jedoch nicht nur von Konkurrenzprodukten im Markt unterscheiden, sondern es soll sich gegenüber den Wettbewerbsprodukten durch die vorher genannten Faktoren bzw. Produktmerkmale wie Vorstellungen und Erwartungen, Wünsche und Träume, Motive und Erlebniswelten profilieren.

Die Verankerung dieser Produktmerkmale in den Köpfen der Produktzielgruppe ist die zentrale Aufgabe der Positionierung. Es geht hierbei um den fortwährenden Appell an die Wünsche und Träume, an die Gefühle und Sehnsüchte, Motive und Emotionen. Die stärksten Emotionen sind nicht die, die kulturell ausgerichtet sind, sondern vielmehr die, die menschlich motivieren.

Es sind die Sehnsüchte und Gefühle, die sich in Erlebniswelten widerspiegeln, mit denen sich jeder gerne identifiziert, die jeder gerne besitzen möchte, Erlebniswelten, die emotional stark aufladen und besonders stark motivierende Reize ausüben. Sie werden von den Konsumenten schneller und einfacher abgerufen und erinnert. Solche Emotionen sind z.B.:

▶ Liebe,
▶ Sex,
▶ Romantik,

- Macht,
- Freiheit,
- Schönheit,
- Abenteuer,
- Geborgenheit,
- Freude,
- Scham,
- Stolz,
- Zufriedenheit usw.

Solche Emotionen sind seit Menschengedenken starke antreibende Motive. Sie stellen eine nie versiegende Ideen-Quelle für Marketing und Werbung dar, wenn sie mit dem Produkt und seinen Eigenschaften glaubhaft und interessant verwoben werden können. Je attraktiver und glaubwürdiger dieses Ineinanderfließen von Produkteigenschaften und nutzbaren Emotionen in der Positionierungsarbeit gelingt, desto schneller erhält diese Positionierung einen festen Platz in den Köpfen der Konsumenten.

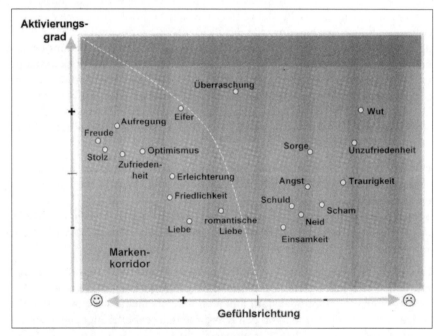

Abbildung 1: Nutzbare Emotionen
Quelle: Marcel Kranz, in „Was Liebe, Freude und Angst wirklich bewirken", Absatzwirtschaft 6/2005 – Seite 27

Emotionen sind aber nicht immer gleich *nutzbare* Emotionen. Es kommt darauf an, welche Gefühlsrichtung sie nehmen und welchen Aktivierungsgrad sie beinhalten. Eine Studie von Richins (1977, vorgestellt von Marcel Kranz in dem Beitrag „Was Liebe, Freude und Angst wirklich bewirken" in: Absatzwirtschaft 6/2005 – Seite 27) stellt nutzbare Emotionen für die Aufladung von Positionierungen vor. Abbildung 1: „Nutzbare Emotionen" kann helfen, erfolgreiche Emotionen und Erlebniswelten für Ihre Marketing-, Kommunikations- und Positionierungsstrategie herauszufiltern. Die Emotionen auf der linken Seite der Linie in der Grafik sind hoch aktivierende positive Emotionen. Dagegen liegen die negativen weniger motivierenden Emotionen auf der rechten Seite.

Vertiefende Literatur

Al Ries/Jack Trout, Positioning – The Battle for Your Mind, Columbus 1986

Die zentrale Bedeutung der Positionierung heute

Was Sie in diesem Kapitel erwartet

Sie erfahren, wie wichtig die Positionierung für den Konsumenten ist und was er daraus entnimmt. Das Kapitel beschreibt, welchen Einfluss die Positionierung auf die Marketingstrategie hat und wie das Zusammenspiel zwischen beiden Strategien funktioniert. Es wird auch deutlich gemacht, dass der Einflussbereich der Positionierung nicht bei der Marketingstrategie endet, sondern weit darüber hinausgeht. Sie lesen, wie die Positionierung mit ihrer rationalen und/oder emotionalen Kraft über die Werbung versucht, einen unauslöschbaren Logenplatz in den Köpfen der Verbraucher zu erhalten.

Die Positionierung und der Konsument

Für die Konsumenten bedeutet die Positionierung ganz einfach Orientierung. Für Orientierung brauchen die Konsumenten Fixpunkte. Die Positionierung von Unternehmen und/oder Produkten gibt ihnen diese Fixpunkte. Fixpunkte können funktionale (wie *Preis, Form, Design* usw.) und/oder hinzugefügte emotionale Produktwerte (wie *Liebe, Sex, Stolz, Erfolg* usw.) sein, die sich im Gedächtnis der Konsumenten einprägen. Einprägen können sich aber nur angenehme, stark motivierende Eigenschaften. Eigenschaften, die die Konsumenten gerne haben möchten, die sie interessieren, die sie bewegen und die ihre Gefühle wecken. Sie sind es, mit denen Menschen motiviert und bewegt werden können. Letztlich sorgt die Positionierung eines Produkts beim Konsumenten auch für Sympathie und Kompetenz. Das löst Vertrauen (= Zutrauen) zum Produkt und damit einen möglichen Kaufakt aus.

Das Zusammenspiel von Positionierung und Marketingstrategie

Die Positionierung ist ein wichtiger Bestandteil der Marketingstrategie, da sie wesentlich die Gewichtung und Bestimmung der Marketingstrategie beeinflusst. Zum einen legt sie fest, welche Vorteile die Zielgruppen in Ihrem Produkt gegenüber dem der Konkurrenz sehen sollen. Zum anderen konzentriert, organisiert und steuert die Positionierung den Marketing-Mix-Einsatz so, dass das Produkt möglichst eine Alleinstellung bekommt, damit es sich

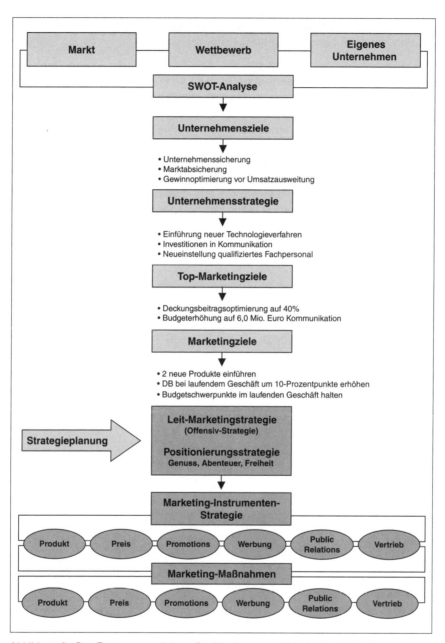

Abbildung 2: Das Zusammenspiel von Positionierung und Marketingstrategie

deutlich von der Konkurrenz abhebt. Abbildung 2 verdeutlicht die Abhängigkeiten von Positionierung und Marketingstrategie.

Die Informationen aus der Markt- und Wettbewerbsanalyse sowie der eigenen Unternehmensdiagnose werden in der SWOT-Analyse (*Stärken-/Schwächen- und Chancen-/Problem-Analyse*) verdichtet. Sie bilden insgesamt den Datenkranz, aus dem die Unternehmensziele abgeleitet werden. Daran schließt die Unternehmensstrategie an, die den Weg aufzeigt, um die Ziele zu erreichen. Diese Vorgaben werden anschließend in operationale Marketingziele umgesetzt. Sie geben vor, was erreicht werden soll. Die daran anschließende Marketingstrategie wirkt im Verbund mit der Positionierungsstrategie auf die Marketing-Mix-Instrumente ein. Sie wiederum bilden den Rahmen für die Entwicklung der Marketing-Maßnahmen. Hier wird deutlich, dass die Positionierung einen großen Einfluss auf die Marketingstrategie hat und dass umgekehrt die Marketingstrategie auch einen großen Einfluss auf die Positionierung hat.

Der Einfluss der Positionierung auf den Marketing-Mix

Der Einfluss der Positionierung endet nicht bei der Marketingstrategie. Ihr Einfluss ist weitaus größer. Sie hat darüber hinaus auch Einfluss auf alle Produkt gestaltenden Elemente. Alle Produktelemente, die über den reinen Gegenstand hinaus den Produktwert darstellen, müssen im Sinne der Positionierung gestaltet sein, wie z.B.:

- Qualität,
- Preis,
- Form und Farbe,
- Design,
- Technologie,
- Service,
- Vertrieb,
- Funktion,
- Verpackung,
- Markenname
- Verkaufsförderung,
- Public Relations,
- Werbung usw.

Diese Marketing-Mix-Instrumente gewinnen in der Interaktion eine große Bedeutung. Durch die Positionierung müssen sie den Produktwert kommunizieren.

	Produkt	Preis	Verpackung	Werbung	Promotion ...
Zielgruppe	Übereinstimmung der Produkteigenschaften mit den Bedürfnissen der Zielgruppe.	Preis muss den Erwartungen der Zielgruppe entsprechen.	Verpackungsgestaltung muss auf die Zielgruppeneigenschaften ausgerichtet sein.	Die Werbung muss die Positionierung so darstellen, dass sich die Zielgruppe angesprochen fühlt.	Die Promotion muss auf die Zielgruppeneigenschaften abgestimmt sein.
Motiv- und Emotionsfeld	Die Motiv- u. Emotionsfelder müssen mit dem Produkt vereinbar sein, müssen die Zielgruppe ansprechen.	Das Preisniveau muss mit dem Motiv-/Emotionsfeld korrespondieren/bzw. es sogar verstärken.	Die Verpackung muss das Motiv-/Emotionsfeld widerspiegeln bzw. glaubwürdig verstärken.	Die Werbung muss das Motiv-/Emotionsfeld stimmungsvoll darstellen, um auch hier eine Alleinstellung zu erreichen.	Die Promotion soll die Konsumenten über das Motiv-/Emotionsfeld zum Kauf veranlassen.
Rationaler/ emotionaler Hauptvorteil (Nutzen)	Die rationalen/emotionalen Produkteigenschaften sind Ansatzpunkt für die Auswahl des Nutzens.	Der Preis muss mit dem rationalen/emotionalen Nutzen vereinbar sein.	Die Verpackung muss den Nutzen mit rationaler/emotionaler Signalwirkung herausstellen.	Die Werbung muss glaubhaft den Produktnutzen rational/emotional in den Köpfen der Konsumenten verankern.	Die Promotion muss den rationalen/emotionalen Nutzen glaubhaft und näher an die Konsumenten tragen.
Produktkategorie	Die Produktmerkmale entsprechend der Zielgruppenmerkmale herausstellen.	Der Preis muss den Bedingungen und der Höhe nach der Produktkategorie entsprechen.	Die Verpackung (Form/Design usw.) muss zur Produktkategorie passen, damit keine Irritationen entstehen.	Die Werbung muss die Produktkategorie sofort und unmissverständlich deutlich machen.	Die Promotion soll sich von ihrer Art u. Weise von den üblichen Aktionen i.d. Produktkategorie deutlich abheben.
Art/Zeit des Konsums bzw. der Verwendung	Die Produkteigenschaften müssen zur Art/Zeit der Verwendung passen.	Das Preisniveau muss zur Art und Zeit des Konsums auffordern.	Die Verpackung und ihr Inhalt muss die Art/Zeit entsprechend angepasst sein.	Die Werbung muss die Art/Zeit der Produktverwendung rational/emotional motivierend darstellen.	Die Promotion muss die Art/Zeit der Produktverwendung rational/emotional motivierend präsentieren.

Die zentrale Bedeutung der Positionierung heute

	Produkt	Preis	Verpackung	Werbung	Promotion ...
Höhe des Preises	Die Herstellkosten müssen einen Preis zulassen, der die Marketingausgaben deckt u. einen Gewinn ermöglicht.	Preis und Bedingungen müssen das Preisniveau des Wettbewerbs berücksichtigen.	Die Verpackung muss dem Preisniveau entsprechen.	Die Werbung muss entweder das niedrige oder das hohe Preisniveau auf eine interessante Art und Weise vermitteln.	Die Promotion muss das Preisniveau unterstützend in der Zielgruppe aufgreifen, um den gewünschten Preis zu realisieren.
Potenzialgewinnung	Die Potenzialgewinnung resultiert aus dem gelungenen Zusammenspiel aller Mixinstrumente!				
Identifizierung Produkt/Positionierung mit dem Unternehmensimage und den übrigen Sortimenten	Die Produktqualität muss zum Unternehmensimage und -auftritt und zum übrigen Sortiment passen.	Der Preis muss mit dem Unternehmensimage und -auftritt und dem übrigen Sortiment positiv korrespondieren.	Der Verpackungsauftritt muss dem angepassten Verhältnis/Image entsprechen.	Die Werbung muss zum Unternehmensimage und -auftritt passen und darüber hinaus das Image des Unternehmens stärken.	Die Promotion muss über das Produkt die Verbindung zum Unternehmen herstellen.

Abbildung 3: Der Einfluss der Positionierung auf den Marketing-Mix
Quelle: In Anlehnung an Rainer H.G. Großklaus: Das How-to-Buch Marketingplan, 2. Auflage, München 2002

Abbildung 3 zeigt zum einen, wie die Positionierung auf den Marketing-Mix wirkt. Zum anderen dient die Matrix in dieser Abbildung auch als Instrument der Positionierungsüberprüfung. Die entscheidende Frage ist: **Wie verhalten sich die Positionierung und der Marketing-Mix zueinander? Kann die Positionierung erfolgreich den Produktwert kommunizieren?**

Die Bedeutung der Positionierung in der Werbung

In der Kommunikation und hier in der Werbestrategie entfaltet die Positionierung ihre ganze Kraft, ihre ganze Wirkung. Sie wirkt im Rahmen der Werbung beeinflussend durch irrationale und emotionale Komponenten auf die Konsumenten ein und verschafft dem Produkt damit Präferenzen und gegebenenfalls einen festen Platz in den Köpfen der Konsumenten. Sie hält fest, was die Konsumenten von dem beworbenen Produkt im Kopf behalten sollen, um es bei Bedarf sofort abrufen zu können.

Die Positionierung mit ihren rational und emotional aufgeladenen Inhalten bildet den Leit-, Denk-, Planungs- und Umsetzungsrahmen nicht nur für die Marketing-, sondern auch für die Copystrategie. Sie ist nichts anderes als das „bunte Bild" der Positionierung. Die Copystrategie gewinnt oder verliert immer mit der für das Produkt richtigen Positionierung.

Vertiefende Literatur

Al Ries/Jack Trout, Positioning – The Battle for Your Mind, Columbus 1986
Rainer H. G. Großklaus, Das How-to-Buch Marketingplan, 2. Auflage, München 2002

Die wichtigsten Anforderungen an eine erfolgreiche Positionierung

> *Was Sie in diesem Kapitel erwartet*
>
> *Sie erfahren, welche wichtigen Schlüsselfaktoren bzw. Anforderungen von großer Bedeutung sind, damit die Positionierung im Markt erfolgreich „arbeiten" kann.*

Bei der Entwicklung einer Positionierung geht es immer um diese drei Fragen, die beantwortet werden müssen:

- Welches Zielsegment ist interessant und Erfolg versprechend?
- Ist die Alleinstellung und Unterscheidbarkeit zum Wettbewerbsumfeld klar, deutlich, glaubwürdig und einfach?
- Wo liegen die Wettbewerbsvorteile, wo sind wir besser?

Aus diesen drei Fragen lassen sich wichtige Schlüsselfaktoren bzw. Anforderungen für eine erfolgreiche Positionierung ableiten:

- **Das Marktpotenzial.** Das anvisierte Zielsegment muss ein Mindestmaß an Zielgruppen-Volumen besitzen, damit die eingesetzte Positionierung wirtschaftlich vertretbar ist. Es kostet viel Aufwand, eine Positionierung im Markt durchzusetzen. Dies gilt insbesondere für Unternehmen der Lebensmittel- und Konsumgüter-Industrie, die große Volumina produzieren und absetzen müssen, um betriebswirtschaftliche Erfolge realisieren zu können.
- **Das Image.** Die Positionierung muss zum Unternehmens- bzw. Markenimage passen, da das Unternehmen bzw. die Marke ansonsten unglaubwürdig und inkompetent erscheinen.
- **Die Alleinstellung/Unterscheidbarkeit.** Die Positionierung muss eine merkfähige, kreative und glaubwürdige Alleinstellung im Wettbewerbsumfeld einnehmen können. Eine solche Alleinstellung wird durch besonders akzeptierte Erlebniswelten erreicht, die dann auch differenzieren.
- **Der Produktnutzen/-vorteil/-wert.** Der Mensch ist fast ausschließlich über die emotionale Ebene ansprechbar. Ein Produkt ist umso wertvoller für den Konsumenten, je mehr Emotionen es hervorruft. Emotionen werden als Produktwert verkauft. Ist der emotionale Produktwert größer als das Preisopfer, sind die Konsumenten bereit zu kaufen.

▶ **Die Kontinuität.** Die gewählte Positionierung muss über einen langen Zeitraum hinweg tragfähig sein. Sie sollte zukunftsorientiert angelegt sein, und nicht ständig kurzfristigen Änderungen ausgesetzt werden (siehe die Zigarettenmarke *Camel!*). Die Positionierung muss sich jedoch einem möglichen Wandel der Vermarktungsbedingungen anpassen lassen, ohne dabei an Attraktivität und Aussagekraft zu verlieren.

Wer sich mit der Entwicklung einer Positionierung beschäftigt, sollte sich über diese Anforderungen im Vorfeld Gedanken machen.

Vertiefende Literatur

Rainer H.G. Großklaus, Das How-to-Buch Marketingplan, 2. Auflage, München 2002
Tony Harrison, Produktmanagement, Frankfurt 1991

Die elementaren Fehler bei der Entwicklung einer Positionierung

Was Sie in diesem Kapitel erwartet

Positionierungsfehler entstehen, wenn zu sehr produktorientiert gedacht und gehandelt wird und die Zielgruppe konzeptionell nur beiläufig bedacht wird. Hier wird darauf eingegangen, wie Sie diese und andere Fehler vermeiden können.

Die meisten Positionierungsfehler entstehen, wenn das Marketing-Management allzu stark produktorientiert handelt und die Zielgruppe konzeptionell nur beiläufig bedacht wird. Wenn also zu sehr nach innen statt nach außen gedacht wird. Wenn Produkte nur als Angebot und nicht als *Lösungs*angebot für die Zielgruppe angesehen werden. So genannte „Produkt-Gags" sind ebenfalls große Positionierungsfehler, weil sie weder wirkliche Problemlösung anbieten, noch Motiv- und Emotionalfelder ansprechen.

Hier eine Zusammenfassung elementarer Positionierungsfehler, die zu vermeiden sind:

▶ Das Denken in Produkttechnologie statt in Problemlösungen und Kundennutzen ist vorherrschend.

▶ Die Motiv- und Emotionsfelder der Konsumenten sind zu wenig bekannt und/oder werden zu wenig berücksichtigt.

▶ Die Zielgruppe wird nicht exakt definiert.

▶ Die herausgestellten Nutzen sind häufig nur aufgesetzt, nicht nachvollziehbar und nicht glaubhaft.

▶ Häufig fehlt die Kontinuität und Geduld für die Durchsetzung einer Positionierung.

▶ Das Budget zur Durchsetzung der Positionierung ist zu knapp kalkuliert.

▶ Die Positionierung ist häufig zu wenig zukunftsorientiert und flexibel konzipiert, um eventuell aufkommende Markt- und Verbraucherverhaltensänderungen berücksichtigen zu können.

▶ Die Alleinstellung, das Herausragende, die Unterscheidbarkeit fehlt.

▶ Es fehlen Stimuli und Aktivierung.

▶ Die in der Positionierung gewählte Erlebniswelt passt nicht zum Produkt.

- Die gewählte Positionierung passt nicht zum Unternehmens- bzw. Produktimage.
- Die Konkurrenz hat die gleichen Motiv- und Emotionsdimensionen belegt.

Um diese oder andere Fehler gar nicht erst entstehen zu lassen, empfiehlt es sich, die Positionierung durch so genannte „Konzeptionstests" bzw. psychologische Positionierungsstudien abzusichern.

Vertiefende Literatur

Al Ries/Jack Trout: Positioning – The Battle for Your Mind, Columbus 1986
Philip Kotler/Gary Armstrong: Marketing, Wien 1988

Die verschiedenen Positionierungsarten

Was Sie in diesem Kapitel erwartet

Im Markt finden Sie die unterschiedlichsten Positionierungsarten verschiedenster Unternehmen aus den unterschiedlichsten Branchen. In diesem Kapitel lernen Sie die wichtigsten Positionierungsarten kennen und erfahren, wie sie sich konzeptionell unterscheiden, welche möglichen Positionierungsansätze es gibt und wie Sie diese in Ihre Positionierungsarbeit als Leitfaden einbeziehen können.

Die Marktführerposition

Der Marktführer hat, wie das Wort schon sagt, eine Vormachtstellung, eine sehr starke Position. Der Grund dafür ist relativ einfach, er war der erste auf dem Markt. Der erste auf dem Markt zu sein, bedeutet häufig auch, einen festen Platz im Kopf der Konsumenten zu haben, wenn diese an die entsprechende Produktkategorie denken. Der Marktführer ist fest im Bewusstsein der Konsumenten verankert.

Es gibt viele Beispiele dafür, wie Marktführer-Unternehmen über viele Jahre hinweg schwerste Angriffe und harte Attacken ihrer Konkurrenz auf diese Marktführerschaft abwehren konnten. Zu erwähnen sind hier *Nescafé, Kellogg's, Marlboro, Coca-Cola, McDonald's* und andere. Ihre Position und Erfolge verdanken diese Unternehmen in erster Linie ihrer intelligenten und mit Kontinuität geführten Positionierungsstrategie.

Der Umsatz des Marktführers übertrifft bei weitem den des Nachfolgers. Somit verfügt er auch über die Ressourcen, um stärker im Markt aufzutreten, sei es im Bereich der Werbung, Verkaufsförderung, Public Relations, Service und Preisgestaltung usw. Häufig schlägt der Marktführer aus dem verstärkten Einsatz der Werbung seiner Nachfolger Kapital, indem die Konsumenten diese Werbung versehentlich dem Marktführer zuordnen. Die Marktführer-Positionierung wird – unterstützt durch ständige Werbung – somit automatisch zur Norm für den Markt. Die Konsumenten denken zuerst an den Marktführer, wenn es um eine bestimmte Produktkategorie geht. Aufgrund des enormen Vorteils eines Marktführers ist er nur schwer angreifbar. Es sei denn, er macht Fehler, so dass der unmittelbare Nachfolger kurzfristig die Marktführerschaft übernehmen kann; diese Position kann der Nachfolger aber in aller Regel nur für kurze Zeit halten, selbst wenn er sich noch so bemüht, sie für sich zu nutzen.

Ein Beispiel hierfür sind die Waschmittelmarken *Ariel Color* (*Procter & Gamble*) und *Persil Color* aus dem Hause *Henkel* (siehe hierzu den Beitrag von Christoph Berdi: „Zurück zur eigenen Identität", in „Absatzwirtschaft" Sonderausgabe zum Marken-Award 2005). Die Marke *Ariel Color*, eingeführt 1992, war lange Zeit Marktführer in diesem Segment. Die Nummer zwei in dem Segment für Buntwaschmittel war *Persil Color*. Ende der neunziger Jahre zog die Marke *Persil Color* an *Ariel Color* vorbei. Der ehemalige Marktführer *Ariel Color* musste sich mit der Position zwei in diesem Segment bis zum Beginn dieses Jahrzehnts begnügen. Der Grund für den Abfall von *Ariel Color* auf die Marktposition zwei war der Verlust differenzierender Marken-Identität. Die Zielgruppenbeschreibung – Frauen in Haushalten mit drei und mehr Personen – war zu unspezifisch, weil sie sich zu eng an den soziodemografischen Daten orientierte (und nicht stärker an der motivationspsychologischen Zielgruppenbeschreibung orientiert war) und auch zu nahe an der Zielgruppenbeschreibung von *Persil* lag. Auch der kategorieorientierte Produktnutzen „Fleckenentfernung" differenzierte nicht.

Das für die Marke verantwortliche Management von *Procter & Gamble* hat die Marke *Ariel Color* strategisch neu ausgerichtet, indem es die Produktleistung von *Ariel Color* mit einem vom Konsumenten hoch akzeptierten emotionalen Nutzen ausstattete. Damit wurde die Beziehung zwischen *Ariel Color* und Frauen enger geknüpft. Die Marke *Ariel Color* führt heute mit den Frauen einen Dialog, während die Marke früher den Frauen quasi diktierte, was sie machen sollten. Diese und viele andere markenstrategisch wichtigen Erkenntnisse resultierten u. a. aus der Kehrtwende weg von der rein soziodemografischen Zielgruppenbeschreibung hin zur motivationspsychologischen Beschreibung der Zielgruppe. Der Erfolg: Seit dem Frühjahr 2004 ist die Marke *Ariel Color & Style* wieder Marktführer.

Fehler von Marktführern

Wie dieses Beispiel von *Ariel Color* und *Persil Color* zeigt, ist kein Marktführer-Unternehmen heute sicher davor, gravierende, verhängnisvolle Fehler zu machen.

Ein anderer verhängnisvoller Fehler ist zum Beispiel, wenn der Marktführer die Wettbewerbsfähigkeit vernachlässigt, wenn er versäumt, seinen Produktstandard auf höchstem Niveau zu halten. Es gibt eine Vielzahl von Unternehmen, die einmal bedeutend waren und heute in der Versenkung verschwunden sind. Wer kennt sie nicht: *Borgward* (Pkw), *Maico-Roller* (Motorroller), *Dralle* (Haarkosmetik), *Mampe halb & halb,* (Spirituosen) *Messerschmid-Kabinenroller, Goggomobil* (Kleinwagen), *Käptn Nuß,* (süßer Brotaufstrich),

Elephantenschuhe usw. Nur eine kleine Unachtsamkeit in Sachen Wettbewerbsfähigkeit reicht aus, und der Marktführer kann stürzen. Gravierende Fehler eines Marktführers können sein:

▶ häufiger Wechsel der Positionierungsstrategie,

▶ falsche Zielgruppenbeschreibung,

▶ den Produktnutzen verflachen zu lassen, nicht zu aktualisieren,

▶ Vernachlässigung der Pflege des Markenkerns,

▶ Missachtung von qualitativ geforderten Produktstandards,

▶ keine oder nur wenige Produktinnovationen,

▶ Budgetkürzungen, die die Durchsetzung der Positionierung stören,

▶ ständige Änderungen im Werbestil, -inhalt, -auftritt und Medien,

▶ Vernachlässigung der Marktforschung bezüglich von Markt, Wettbewerb und insbesondere beim Verbraucher,

▶ ständige Sonderangebote (= verringern Deckungsbeiträge und Gewinne),

▶ Vernachlässigung bei der Schaffung von „Goodwill" im Handel. Der Handel mag starke Marktführer nicht sehr, weil er das Risiko, die Abhängigkeit vom Marktführer scheut. Der Handel mag sehr viel mehr die Risikostreuung in seinen Regalen als nur den Marktführer darin.

Ansätze für Positionierungskonzepte für Marktführer

Marktführer-Unternehmen haben große Möglichkeiten bei der Wahl von Positionierungsansätzen, weil sie aufgrund ihrer Stärke einen größeren Handlungsspielraum besitzen, den sie für ihre Zukunftsplanung nutzen können. Kurzfristig gesehen, sind Marktführer-Unternehmen nicht verletzbar. Marktführer-Unternehmen sollten sich mit Positionierungsansätzen beschäftigen, die die Absicherung ihrer Position im Markt herbeiführen. Hier eine weitere Auflistung von möglichen Positionierungsansätzen zur Absicherung der Position von Marktführern:

▶ das Marktwachstum fördern und ausdehnen, an dem sie dann überproportional partizipieren,

▶ kontinuierliche Produktinnovationen und Innovationen im gesamten Marketing-Mix entwickeln lassen,

▶ Produktmacht (*Know-how*) signalisieren,

- neue Technologien entwickeln,
- Produktentwicklung und Technologien von Konkurrenten sofort übernehmen und verbessern, möglich machen,
- motivationspsychologische Verbrauchersegmentations-Studien sowie Motiv- und Emotionalsystemstudien einsetzen, um einen „Logenplatz" in den Köpfen der Konsumenten zu gewinnen, um „näher" an der Zielgruppe zu sein,
- emotional hoch akzeptierte Erlebnisbereiche langfristig besetzen können,
- einzigartige, intelligent-kreative Werbung zulassen,
- einen starken und nicht kopierbaren „Alleinstellungs-Status" haben,
- einen starken USP besitzen, der langfristig einsetzbar ist,
- signalisieren und erinnern, als erster mit diesem Produkt (= *wir sind die Erfinder*) im Markt zu sein,
- dem Unternehmen bzw. der Marke Kraft zurückgeben, um gegebenenfalls eine gezielte Markenausdehnung oder einen Marken-Relaunch betreiben zu können,
- die Absicherung durch Markenvielfalt (aber mit Einzelpositionierungen) zulassen.

Die Nachfolger- oder Herausfordererposition

Jede Stärke hat auch eine Schwäche. Auch dort, wo der Marktführer stark ist, besteht für den Nachfolger/Herausforderer die Möglichkeit, seine Chance zu suchen. Nachfolger/Herausforderer müssen den Marktführer, wenn sie ihn angreifen wollen, genauestens unter die Lupe nehmen. Hier müssen die Stärken und Schwächen analysiert werden. Beispielsweise hat jeder Marktführer Konsumenten, die seine Produkte lieben und kaufen, und Konsumenten, die ihn meiden und die Produkte eben nicht kaufen. Es muss festgelegt werden, wie man aus der Schwäche des Marktführers für sich eine Stärke herausarbeitet.

Wenn die wichtigsten Merkmale des Marktführers bekannt sind, können Nachfolger/Herausforderer dem Marktführer mit zwei strategischen Schritten erfolgreich entgegen treten. Der erste Schritt besteht darin, die Schwäche der Konkurrenz für die Konsumenten sichtbar zu machen. Im zweiten Schritt geht es darum zu zeigen, dass sich der Nachfolger auf positive Weise und mit bestimmten Alleinstellungsmerkmalen vom Marktführer abhebt. Dieses Konzept muss selbstverständlich Wahrheit, Glaubwürdigkeit und Emotionalität beinhalten. Dies kann der Weg sein, um die „Nichtkäufer" des Marktführers für sich zu gewinnen.

Wenn Nachfolger/Herausforderer sich dem Marktführer mit einer Gegenpositionierung stellen, werden sie nicht erfolgreich sein können, weil das, was beim Marktführer funktioniert, noch lange nicht beim Nachfolger/Herausforderer funktionieren muss. Nachfolger/Herausforderer können sich erfolgreicher als hervorragende Alternative positionieren. Nicht besser sein als der Marktführer, aber eben bewusst anders. Das ist das Geheimnis, um Marktführer-Unternehmen möglicherweise erfolgreich anzugreifen. Die Marke *Persil* hat das im vorangegangenen Beispiel gezeigt. Nicht nachmachen, nicht einfach kopieren, das funktioniert nur sehr selten.

Positionierungsansätze für Nachfolger/Herausforderer

Nachfolger/Herausforderer müssen andere Positionierungskonzepte einsetzen, als Marktführer es können. Hier eine weitere Auflistung von möglichen Positionierungsansätzen:

- ▶ Positionierungsansätze finden, die auf klaren, glaubwürdigen und nachvollziehbaren Produktvorteilen basieren und mit emotionalen Dimensionen gekoppelt werden können.
- ▶ Positionierungsansätze entwickeln, die von den Konsumenten als hervorragende Alternative empfunden werden.
- ▶ Positionierungsansätze entwickeln, die die „Nichtkäufer" des Marktführers gewinnen.
- ▶ als Nachfolger/Herausforderer Positionierungsansätze finden, die als Nummer eins im Markt dieser Produktkategorie eingeführt werden können.

Nachfolger/Herausforderer müssen schlagkräftig sein. Sie können es sich nicht leisten, artig und schüchtern aufzutreten. Sie müssen die Schwächen des Marktführers herausfinden und unbarmherzig ausnutzen, und sie müssen die Konsumenten für sich gewinnen, die den Marktführer ablehnen.

Die Me-too-Positionierung

Es gibt heute viele Unternehmen, die sich der Me-too-Positionierung bedienen. Sie hängen sich an eine bereits erfolgreiche Positionierung der Konkurrenz an. Ein Beispiel für eine solche Me-too-Positionierung war die Zigarettenmarke *West*, die sich an die *Marlboro*-Positionierung anhängte – und dafür mit Marktanteilsverlusten bezahlen musste. Ein solche „Trittbrettfahrer-Strategie" agiert oft mit einer vorteilhaften Preis-Nutzen-Relation. Ist sie vorteilhafter als bei dem Originalprodukt, kann sich die Kopie neben dem Original durchaus behaupten. Eine solche Strategie ist aber nur dann sinnvoll, wenn davon ausgegangen werden kann, dass dem Marktführer mittelfristig der Rang abgelaufen werden kann.

Die Preispositionierung

Der Preis ist heute ein entscheidender Faktor für den Kauf oder Nichtkauf eines Produkts. Von daher ist Preispositionierung eine gängige Strategie. Sie ist oft auch ein Teil der Me-too-Positionierung und wirkt so mit dieser gemeinsam. Für viele Unternehmen ist die Preispositionierung interessant, weil sie es zulässt, den Wert des Produkts herauszustellen, wie z.B.:

- **Mehr Preis für Prestige und Qualität** (solche Produkte bieten neben der Qualität auch noch einen hohen Status- und Prestigenutzen). Beispiele hierfür sind *Cross*-Schreibgeräte, *Mercedes*, *BMW* usw.

- **Mehr Qualität, Prestige und Status für den gleichen Preis.** Diese Strategie ist sozusagen ein Produkt-zu-Produkt-Vergleich. Hier wird die hohe Qualität, der Prestige- und Status-Nutzen (= die Überlegenheit) zweier hochwertiger konkurrierender Produkte im direkten Vergleich zur Bewertung gegenübergestellt. Ein Beispiel hierfür können die konkurrierenden Automarken *Mercedes* und *BMW* sein. Sie zeigen sich Seite an Seite und der eine oder andere hebt seine Überlegenheitsdimension, z.B. Qualität, Perfektion etc., gegenüber seinem Konkurrenten hervor.

- **Das qualitativ gleichwertige Produkt für einen geringeren Preis** ist heute ebenfalls eine gängige Positionierung, die man sehr häufig in der Computerbranche vorfindet.

- **Weniger Leistung für einen geringeren Preis** ist eine Positionierungsmöglichkeit, die z.B. von Discountern wie *Lidl, Aldi* oder *Penny* erfolgreich genutzt wird.

Die konkurrenzorientierte Positionierung

Das Erkennen der Konkurrenzpositionierung ist für die Entwicklung der eigenen Positionierung sehr wichtig. Wer kennt sie nicht, die berühmte Geschichte von der „*Avis*-Positionierung". *Avis* erkannte, wenn auch spät, dass es zweiter Marktführer nach der Autovermietung *Hertz* war, und hob dies auch in seiner Positionierung hervor. Diese „*Avis*-Positionierung", die wahrscheinlich jeder Marketing- und Werbeexperte kennt, ist ein gutes Beispiel für eine konkurrenzorientierte Positionierungsstrategie: *„Avis steht auf Platz 2 im Markt der Mietwagen. Warum sollten Sie also mit uns fahren? Wir geben uns mehr Mühe!"* („we try harder").

Mit diesem Positionierungs-Manöver hatte *Avis* dann auch mehr Erfolg als zuvor. *Avis* hat sich sozusagen mit seiner Positionierung an die *Hertz*-Positionierung „angehängt". Als zweiter im Markt hat *Avis* in der Werbung hervorgehoben, dass es in dieser Position härter als der Marktführer arbeitet, um Erfolg zu haben. Härter zu arbeiten heißt in diesem Falle, mehr für den Kunden zu tun und sich mehr Mühe zu geben. Darum sollten die Kunden mit *Avis* fahren.

Die Nischen-Positionierung

Als Marktnische wird ein Teilmarkt bezeichnet, der durch ein eher kleines, schmales und manchmal auch spezielles Angebot gekennzeichnet ist. Ein Beispiel dafür ist das Segment der Diätprodukte. Ziel einer Nischenstrategie kann sein:

- ▶ sich als Spezialist zu entwickeln bzw. sich vom Massenmarkt abzugrenzen,
- ▶ bessere Endverbraucherpreise und somit bessere Deckungsbeiträge zu erzielen,
- ▶ sich in diesem kleinen Segment als Marktführer zu entwickeln,
- ▶ der Massenmarkt-Wettbewerbssituation ausweichen zu können,
- ▶ das Sortiment zielgruppenorientiert begrenzt zu halten.

Marktnischen besetzen kleine, mittelständische und auch große Unternehmen aus den eben erwähnten Gründen, aber auch aus weiterführenden Überlegungen. Ein großes Unternehmen der Lebensmittelbranche, das ein tiefes und breites Produktsortiment anbietet, wird auch eine Marktnische besetzen, um z.B. am interessanten Diätmarkt partizipieren zu können. Beweggründe hierfür können z.B. die besseren Endverbraucherpreise, der Image- und Kompetenzgewinn oder die Marktführer- oder Qualitätsführerschaft sein. In Marktnischen sind heute nicht nur kleine Unternehmen anzutreffen, wie allzu oft angenommen wird. Die Schokoladenmarke *Milka* (früher *Suchard* heute *Kraft Foods*) konnte mit ihrer Diätschokolade erfolgreich in den Diätmarkt eindringen. Sie konnte der Zielgruppe sowohl rational als auch emotional Geschmacksvorteile gegenüber den Konkurrenzprodukten glaubhaft machen.

Unternehmen, die Marktnischen besetzen möchten, sollten vor Markteintritt folgende Faktoren prüfen:

▶ Wer sind die Wettbewerber?

▶ Welche Positionierungsfelder sind besetzt?

▶ Welcher Wettbewerber besitzt eine wirkliche Alleinstellung in dieser Marktnische?

▶ Wie groß ist das Potenzial?

▶ Welche Möglichkeiten bestehen, um eine Vormachtstellung kurz-, mitteloder langfristig einnehmen zu können?

Es bleibt bei einer Marktnischen-Positionierung immer vorher zu prüfen, mit welchen Stärken, Kompetenzen und mit welcher finanziellen Kraft sie erfolgreich durchgesetzt werden kann.

Eine legendäre Nischen-Positionierung ist die von *BMW* (siehe hierzu auch:, Pepels, W: Handbuch Moderne Marketingpraxis, Bd. 1, Düsseldorf 1993, Seite 420). Der Marketingvorstand *Hahnemann* – in Marketingkreisen auch „*Nischen-Paul*" genannt – führte in den sechziger Jahren das in ernsthafte Schwierigkeiten geratene *BMW*-Unternehmen aus der Krise. Er besetzte mithilfe der damals noch in den Kinderschuhen steckenden Marktpsychologie eine Marktnische, die durch sportliche, familienfreundliche und leistungsstarke Pkws gekennzeichnet war. Hahnemann besetzte dieses Nischensegment mit seinen Modellen *BMW 1500, 1800* usw. Heute sind es die erfolgreichen 3-er Modelle.

Hahnemann hat damit etwas geschafft, was nicht immer gelingt. Er hat den Konsumenten mit seiner Positionierung glaubhaft darlegen können, dass die damaligen *BMW*-Modelle sowohl familiengerecht als auch sportlich und leistungsstark waren. Und dies, obwohl *BMW* zu dieser Zeit nur Pkws der oberen und unteren Qualitäts- und Preisklasse produzierte und dementsprechend auch dieses Image im Konsumentenbewusstsein verankert war und die damaligen *BMW*-Modelle den genannten Attributen nicht unbedingt entsprachen.

Vertiefende Literatur

Al Ries/Jack Trout: Positioning – The Battle for Your Mind, Columbus 1986

Positionierungen sichtbar machen

> **Was Sie in diesem Kapitel erwartet**
>
> *Die Darstellung von Wahrnehmungsräumen oder Positionierungsräumen ist bei der Erarbeitung von Positionierungen äußerst hilfreich. Aufgrund der einfachen und schnellen Darstellung werden in der Praxis häufig die zweidimensionalen Wahrnehmungsräume eingesetzt. Sie zeigen aber nicht vollständig die Realität, weil sie die Vielfalt der Zielgruppenbedürfnisse nicht detailliert darstellen können. Der bessere Weg ist der Einsatz von mehrdimensionalen Wahrnehmungsräumen, weil sie die Zielgruppenbedürfnisse besser darstellen können. Sie lernen in diesem Kapitel die Unterschiede beider Varianten kennen und erfahren darüber hinaus, wie Sie zukünftig Ihre Wahrnehmungsräume bei der Positionierungsarbeit zielorientiert anlegen können.*

Die Wahrnehmungs-Positionierungsräume

Eine Positionierung stellt man am besten fest, indem man einen so genannten Wahrnehmungsraum grafisch darstellt. Aus einer solchen grafischen Darstellung lassen sich wichtige Informationen ablesen, wie z.B.:

- Konkurrenzbeziehungen,
- Konkurrenzproduktentwicklungen (-wanderungen),
- Abgrenzung zur Konkurrenz,
- Attraktivität von Preis und Leistung (Preis-Leistungsverhältnis) sowohl rational als auch emotional,
- Identifikation von Marktnischen und -segmenten,
- Belegung von Marktnischen und -segmenten,
- Zielgruppenpräferenzen,
- relevante Motiv-, Emotions- und Wertedimensionen der Konsumenten,
- Entwicklungen von Produktinnovationen usw.

Die Darstellung solcher Wahrnehmungsräume bei der Erarbeitung einer Positionierung ist äußerst hilfreich. Aufgrund der einfachen Darstellungsmöglichkeit und Handhabung werden meistens nur **zweidimensionale Wahrnehmungsräume** dargestellt. Nachteilig hierbei ist, dass solche zweidimensionalen

Darstellungen die Realität nicht vollständig wiedergeben können, weil sich die Vielfalt der Zielgruppenbedürfnisse im zweidimensionalen Raum nicht detailliert darstellen lässt. Ein besserer Weg ist die Darstellung mehrdimensionaler Wahrnehmungsräume, die die eben erwähnten Schwachpunkte der zweidimensionalen Modelle eliminieren und das Kaufverhalten der Zielgruppe sehr viel besser berücksichtigen.

Nach der Analyse der Konkurrenz und der Analyse der relevanten Achsenmerkmale (Leistungsmerkmale, die für den Kauf eines Produkts bedeutsam sind) des Positionierungsraums legt man die Achsen fest und entwickelt somit den gesamten Positionierungsraum. In diesen Positionierungsraum werden nun alle Wettbewerbsmarken inklusive der eigenen Marke platziert. Diese Platzierung kann zum einen als reale Markenpositionierung und zum anderen zusätzlich als Platzierung aus Sicht der Konsumenten eingetragen werden. Daraus ergibt sich dann die Sichtweise: Tatsächliche Positionierung der Marke im Positionierungsraum und die vom Konsumenten wahrgenommene, empfundene Positionierung (Ausprägungen der realen Leistungseigenschaften). Durch die Gegenüberstellung der „Real-Markenpositionierung" und der von den Konsumenten wahrgenommenen Positionierung werden mögliche Handlungslücken aufgezeigt, wie z.B.:

- ▶ die tatsächliche Positionierungsleistung zur wahrgenommenen Positionierungsleistung (rational und/oder emotional) aus Sicht der Konsumenten,
- ▶ die Differenzierungskraft der eigenen Positionierung vs. Wettbewerbspositionierung,
- ▶ mögliche Anregungen zur rationalen und/oder emotionalen Produktmodifikation, Innovation,
- ▶ die Distanz von Real-Markenpositionierung und der von den Konsumenten wahrgenommenen Positionierung (rational und/oder emotional). Sie zeigt an, dass es zwischen beiden Positionierungen Differenzen gibt, die zu eliminieren sind, und welche Motivation zur Kaufbereitschaft dahinter stehen könnte usw.

Ein einfaches Beispiel für einen solchen zweidimensionalen Positionierungsraum zeigt Abbildung 4. In dem Wahrnehmungsraum kann man erkennen, dass die Menge der Angebote im Bereich „wenig Qualität" und „wenig Genuss" platziert sind. Nur zwei Marken liegen im hochwertigen Bereich „viel Qualität" und „hoher Genuss". Anhand der Abstände zwischen den festgestellten relevanten Eigenschaften aus Konsumentensicht und der Real-Markenpositionierung lassen sich Positionierungsunterschiede ablesen, die zu bearbeiten sind. Es gibt in dem Wahrnehmungsraum eine einzige Marke, deren Real-Markenpositionierung mit der Positionierung aus Konsumentensicht

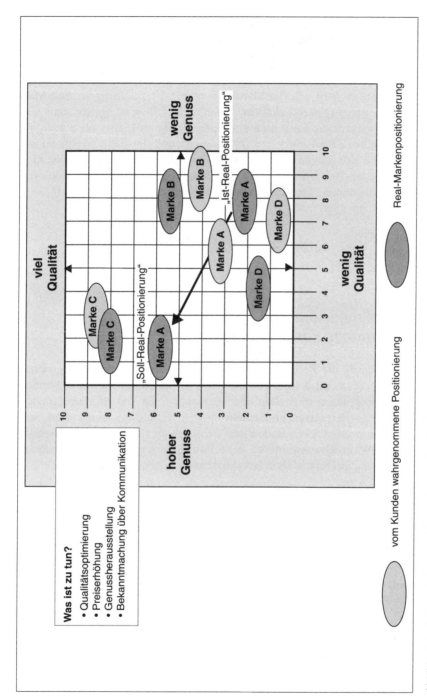

Abbildung 4: Beispiel eines zweidimensionalen Positionierungsraums

Positionierungen sichtbar machen

beinahe übereinstimmt, das ist die Marke C. Zu erkennen ist auch, welche Positionierungsfelder besetzt, überbesetzt oder kaum besetzt sind.

Aus Sicht der Markenverantwortlichen der Marke A soll die existierende Real-Markenpositionierung (dunkles Feld = Ist-Real-Markenpositionierung) verändert werden, weil sich das Management mit der zukünftigen „Soll-Markenpositionierung" (helles Feld) zum einen mehr Erfolg verspricht, und zum anderen, weil durch die Positionierungsoptimierung möglicherweise auch die Distanz zwischen „Real-Markenpositionierung" und der dann erlebten Positionierung aus Konsumentensicht eliminiert werden kann. Die Frage ist hier: Was muss getan werden, um diese „Soll-Markenpositionierung" zukünftig einnehmen zu können? Denkbare Marketinghandlungen wären hier z.B.:

- Qualitätsoptimierung,
- Preiserhöhung,
- werbliche Genussherausstellung,
- Bekanntmachung über zielgruppengerechte Medien.

Die mehrdimensionalen Wahrnehmungs-Positionierungsräume

Im Folgenden soll die Technik der **mehrdimensionalen Wahrnehmungsräume** dargestellt werden, mit der Sie auf einfache Art und Weise im Markt vorhandene Positionierungen darstellen und überprüfen. Sie können damit ebenso Positionierungsalternativen entwickeln und auf Erfolg hin überprüfen oder auch Positionierungslücken finden und sie gegebenenfalls ausfüllen. Mehrdimensionale Wahrnehmungsräume bzw. Positionierungsräume sind gekennzeichnet durch das Heranziehen zielgruppenrelevanter Dimensionen.

Hier ein kleines Beispiel für die Vorgehensweise bei der Entwicklung eines mehrdimensionalen Wahrnehmungsraums. Sie ist relativ einfach:

- Sie befragen Testpersonen über das eigene Produkt bzw. die eigene Positionierung. Die Ergebnisse hierzu tragen Sie im Wahrnehmungsraum mit „P1" gekennzeichnet ein.

- Parallel dazu befragen Sie die Testpersonen über Konkurrenzprodukte bzw. Positionierungen. Diese Ergebnisse tragen Sie später im Wahrnehmungsraum mit „P2" oder „P3" usw. ein.

- Als Hilfsmittel für die Bewertungsarbeit dienen Ihnen einfache Polaritätenprofile und das semantische Differential (siehe dazu Abbildung 5 und 6).

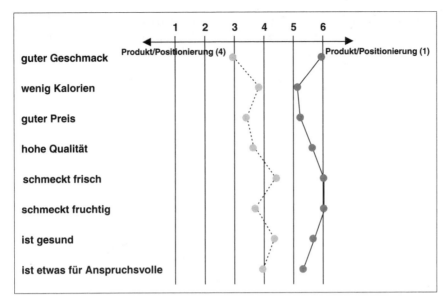

Abbildung 5: Polaritätenprofil (Abtragung der Einstellungen der Verbraucher zum Produkt bzw. zur Positionierung)

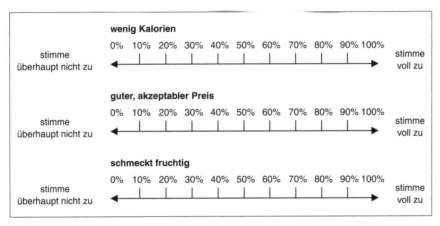

Abbildung 6: Semantisches Differential

Mehrdimensionale Wahrnehmungsräume können die Positionierungsleistungen sowie die Bedürfnis- und Eigenschaftsdimensionen besser darstellen und erklärbar machen. Mit ihnen sind eindeutigere Positionierungen und mögliche Positionierungslücken darstellbar.

In diesem Beispiel, einem dreidimensionalen Wahrnehmungs- bzw. Positionierungsraum, wurde unterstellt, dass die Präferenz für ein Produkt wächst, je näher es an der „Ideal-Position" liegt. Die Wahrnehmung bzw. die Bedürfnis- bzw. Eigenschaftsdimensionen in diesem Beispiel setzen sich schwerpunktmäßig aus drei Grundeigenschaften zusammen:

▶ Kaloriengehalt (Gesundheit)
▶ Genuss (Qualität)
▶ Preis (Relation vom Wert des Produkts zum Grundnutzen).

Die Grundeigenschaften für z.B. diätetische Produkte (hier Kaloriengehalt, Qualität, Preis) sind voneinander relativ unabhängig, das heißt, ein z.B. diätetisches Produkt kann jede nur erdenkliche Kombination der Grundeigenschaften aufweisen. Es kann jedoch nicht gleichzeitig auch dick machen, nur weil es einen geringen Kaloriengehalt aufweist, der hier einmal unterstellt wird. Aus diesem Grund werden die drei Wahrnehmungsfaktoren bzw. Grundeigenschaften als geometrischer Wahrnehmungsraum dargestellt (siehe Abbildung 7).

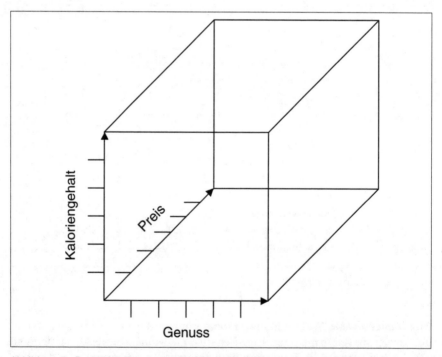

Abbildung 7: Dreidimensionaler Wahrnehmungs- und Positionierungsraum
Quelle: in Anlehnung an: Borg, Ingwer: Mein Produkt, das unbekannte Wesen, Die Grafik – München, 4/1975

Der Vorteil dieses Modells ist, dass jedes Produkt entsprechend seiner Gewichtung und Bedeutung in Bezug auf diese drei Grundeigenschaften in den Positionierungsraum eingetragen und skizziert werden kann. Die Ausnahme bildet hier das „Idealprodukt", das die ideale Gewichtung der drei Grundeigenschaften (Kaloriengehalt sehr gering, untere mittlere Preislage hervorragender Geschmack) innehat. Das „Idealprodukt" entspricht hundertprozentig den Wünschen, Vorstellungen, Erwartungen und Motiven der Verbraucher.

Abbildung 8 stellt den dreidimensionalen Wahrnehmungs- und Positionierungsraum mit Idealproduktplatzierung dar und lässt erkennen, dass das Produkt, das den geringsten Abstand (nach dem Euklidischen Modell) zum Idealprodukt hat, die größten Chancen im Markt haben wird.

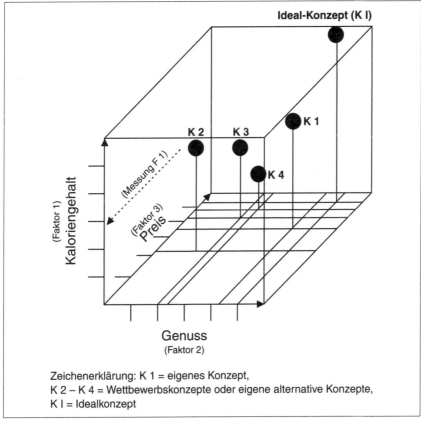

Abbildung 8: Dreidimensionaler Wahrnehmungs- und Positionierungsraum mit Idealproduktplatzierung
Quelle: in Anlehnung an: Borg, Ingwer: Mein Produkt, das unbekannte Wesen, Die Grafik – München, 4/1975

Selten jedoch sind alle Grundeigenschaften dem Verbraucher gleich wichtig. Mal ist der Preis wichtiger, mal die Qualität oder aber der Kaloriengehalt. Häufig ist es so, dass der Verbraucher die Grundeigenschaften entsprechend seiner Wertvorstellungen gewichtet. Damit tritt automatisch in der Darstellung des geometrischen Positionierungsraums eine gravierende Veränderung ein. Entsprechend der Wichtigkeit und Bedeutung werden hier die Grundeigenschaft Kaloriengehalt und Genuss gestreckt, und die Grundeigenschaft Preis wird z.B. eingekürzt. Aus dem würfelförmigen Positionierungsraum entsteht durch die Gewichtung der Grundeigenschaften aus Sicht der Verbraucher ein „nicht geometrischer" Positionierungsraum mit Gewichtungsfaktoren (GF).

Abbildung 9 zum dreidimensionalen Wahrnehmungs- und Positionierungsraum mit Idealproduktplatzierung und Gewichtung der Grundeigenschaften

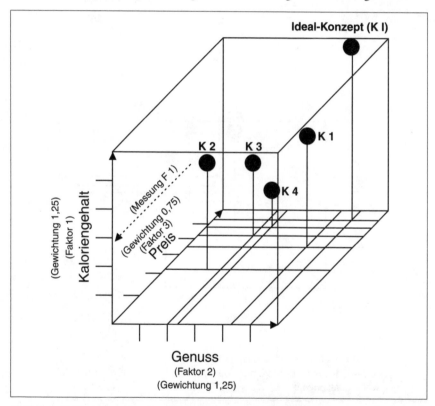

Abbildung 9: Dreidimensionaler Wahrnehmungs- und Positionierungsraum mit Idealproduktplatzierung und Gewichtung der Grundeigenschaften
Quelle: in Anlehnung an: Borg, Ingwer: Mein Produkt, das unbekannte Wesen, Die Grafik – München, 4/1975

verdeutlicht dies. Auch hier gilt wieder: Je geringer die Differenz zwischen dem Ideal- und dem Bewertungsprodukt bzw. der Bewertungspositionierung ist, desto größer ist die Chance auf einen Markterfolg für das betreffende Produkt.

Mit diesem einfachen und sicherlich nicht hoch wissenschaftlich aufgebauten Positionierungsmodell lassen sich unter anderem auch Erkenntnisse im Produkt- und Positionierungs-Potenzial sowohl im rationalen wie auch im emotionalen Bereich feststellen. Mit ihnen kann man gegebenenfalls Positionierungslücken füllen, die vorher vakant waren und nicht entdeckt wurden. Dabei müssen in diesem Beispiel folgende Fragen im Hinblick auf zu fällende Entscheidungen beantwortet werden:

▶ Soll der erlebte Kaloriengehalt produktphysiologisch weiter vermindert werden?

▶ Geht das möglicherweise auf Kosten des Geschmacks?

▶ Welche Kosten werden durch eine physische Modifikation verursacht?

▶ Kann der derzeitige Kaloriengehalt durch eine emotional angelegte Kampagne glaubwürdig reduziert dargestellt der Zielgruppe nahe gebracht werden?

▶ Sollen wir ein neues, qualitativ und technisch besseres Produkt einführen und das alte Produkt auslaufen lassen (gewünschte Kannibalisierung)?

▶ Welche Gefahren können daraus entstehen?

▶ Sollten wir die Verpackung umgestalten. Zum Beispiel weniger Kalorien und mehr Genuss?

Mit diesem Modell können auch Verpackungsalternativen oder aber Geschmacksalternativen usw. überprüft werden. Wenn Sie beispielsweise Ihre Verpackung auf Basis Ihrer hier in diesem Positionierungsraum festgelegten Positionierung überprüfen wollen, müssen die Grundeigenschaften, wie gehabt, feststehen. Wenn nicht, dann müssen sie in der Zielgruppe ermittelt werden, indem die Testpersonen eine vorher fixierte Punktzahl auf die jeweilig zu bewertenden Grundeigenschaften verteilen können. Mit dieser Vorgehensweise können Sie die relative Wichtigkeit der Grundeigenschaften kennzeichnen. Diese werden dann in einen so genannten „Diskriminanzraum" übertragen.

Abbildung 10 zum Diskriminanzraum soll dies verdeutlichen. Die gekennzeichneten Punkte mit dem Buchstaben „P" bedeuten hier Produkte bzw. Produktkonzepte oder aber Positionierungen aus dem vorangegangenen Beispiel. Die mit „E" gekennzeichneten Punkte sind die bewerteten Verpa-

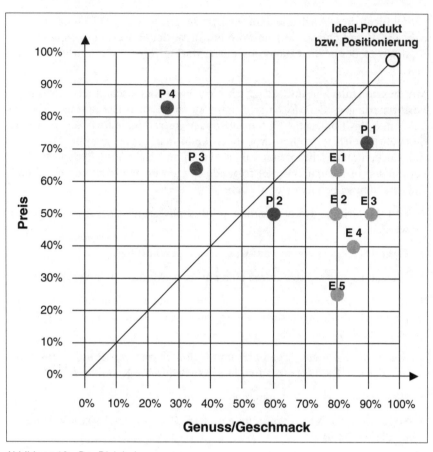

Abbildung 10: Der Diskriminanzraum
Quelle: in Anlehnung an: Borg, Ingwer: Mein Produkt, das unbekannte Wesen, Die Grafik – München, 4/1975

ckungs-Layout-Alternativen. Wie schon zuvor dargelegt, sind die Grundeigenschaften (Kaloriengehalt, Preis und Genuss) für diese Arbeit wieder über das Verfahren zu ermitteln, wie sie in den Abbildungen 11 und 12 dargestellt werden.

Auch hier müssen wieder die Gewichtungen der jeweiligen Grundeigenschaften vorgenommen werden. Die Testpersonen werden gebeten, die Grundeigenschaften nach ihren Vorstellungen und Motiven mit entsprechenden Punkten zu bewerten. Dadurch entsteht wieder ein Dehnungs- und Schrumpfungsprozess des Wahrnehmungs- bzw. Positionierungsraums (siehe hierzu Abbildung 11). Es entsteht hier – wie weitgehend auch in der Realität – das

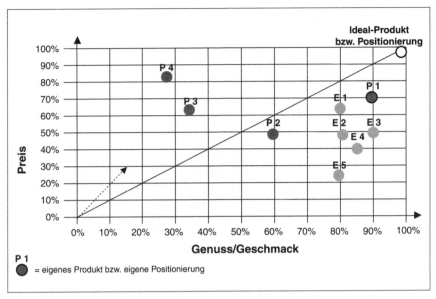

Abbildung 11: Veränderter Diskriminanzraum durch Gewichtung der Grundeigenschaften
Quelle: in Anlehnung an: Borg, Ingwer: Mein Produkt, das unbekannte Wesen, Die Grafik – München, 4/1975

Bild der gedehnten Geschmackseigenschaften zugunsten der Preiseigenschaften.

Die Abbildung zeigt, dass nur eine der entwickelten Verpackungsalternativen in Layout-Form (E1) zusammen mit dem bewerteten Produkt bzw. der bewerteten Positionierung (P1) relativ dicht am „Ideal-Produkt- bzw. Positionierungs-Konzept" liegt. Diese ist es dann auch, die mit der Positionierung korrespondiert und somit eine höhere Kaufakzeptanz auslöst bzw. auslösen kann. Bei entsprechender Optimierung des Verpackungs-Layouts könnte die Verpackungs-Alternative „P1" vielleicht sogar zu einem höheren Preis angeboten werden, weil ihre Kaufakzeptanz durch die ausgezeichnete Geschmackseinstufung hoch genug wäre, den vermutlichen Nachteil des höheren Preises zu kompensieren. Als Kontrolle für die Zuverlässigkeit der „Kaufvorhersage" bietet sich das Verfahren der direkten Befragung an. Diese Ergebnisse werden dann mittels des multidimensionalen Skalierungsverfahrens (MDS) neu bestimmt. Die psychologisch inhaltliche Bedeutung der Eigenschaften, die den psychologischen bzw. emotionalen Wahrnehmungs- und Positionierungsraum aufspannen, wird durch das Verfahren nicht ermittelt. Abhilfe hierbei kann die Untersuchung der Rangordnung der Eigenschaften bringen.

Positionierungen sichtbar machen

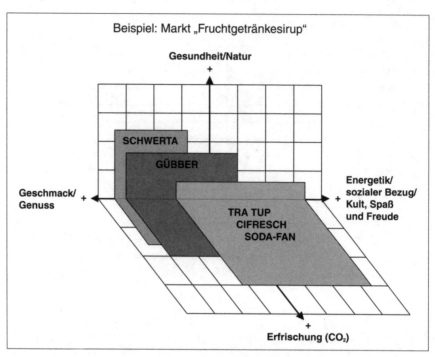

Abbildung 12: Mehrdimensionaler Wahrnehmungs- und Positionierungsraum

Dieses hier dargelegte relativ einfache Modell kann auch *als* **Vorab-Konzept- bzw. Positionierungs-Testverfahren** eingesetzt werden.

Mehrdimensionale Wahrnehmungs- bzw. Positionierungsräume können so aufgespannt werden, wie es Abbildung 12 zeigt.

Ein neues, interessantes Verfahren, das der zunehmenden Bedeutung der emotionalen Dimensionen gerecht wird, ist das **Neuromarketing** mit seinen Erkenntnissen aus der Gehirnforschung, auf das im nachfolgenden Kapitel eingegangen wird.

Vertiefende Literatur

Rainer H.G. Großklaus: Checklist USP – Produktpositionierung und Produktversprechen systematisch entwickeln, Wiesbaden 1982

Rainer H.G. Großklaus: Arbeitshandbuch Werbestrategie und -konzeption, Essen 1990

Kapitel 2

Der Planungsablauf

Was Sie in diesem Kapitel erwartet

Der Positionierungsplanungsablauf zeigt Ihnen, wie Sie Ihre Positionierungsarbeit diszipliniert und zielsicher bewerkstelligen.

Eine praktikable Hilfe für die disziplinierte Vorgehensweise bei der Planung Ihrer Positionierung bietet Ihnen der dafür entwickelte Positionierungs-Planungsablauf. Er zeigt Ihnen, wie Sie vorgehen können, um Ihre Positionierung Schritt für Schritt aufzubauen. Er erhebt allerdings nicht den Anspruch auf Vollkommenheit. Dennoch: Er hilft, bestimmte Probleme systematisch anzugehen und planerisch zu lösen. Es bleibt Ihnen bei der Anwendung dieses Ablaufs selbstverständlich genügend Spielraum, um auf ganz bestimmte markt- oder unternehmensspezifische Gegebenheiten eingehen zu können.

Das Vorgehen nach dem Positionierungs-Planungsablauf ist zum großen Teil aus der täglichen Marketing-Planungsarbeit abgeleitet. Es ist also praxisorientiert und Ihnen somit auch vertraut:

- Beschreibung der Ist- und Soll-Situation,
- Planung und Konzeption (Ziele und Strategie),
- Umsetzung und Durchführung (Maßnahmen),
- Kontrolle.

Wenn Sie sich des Positionierungs-Planungsablaufs bedienen, arbeiten Sie methodisch und logisch abgestimmt, da diese Vorgehensweise die Hauptaufgaben in einzelne Teilaufgaben gliedert und sie in zeitliche Abfolgen stellt. Diese Phasen stellen sich folgendermaßen dar:

- **Die Informationsphase:** In dieser Phase werden Informationen aus vorliegendem und kostengünstig zu besorgendem Material gesammelt, analysiert und komplettiert sowie ausgewertet und verdichtet.

- **Die Konzeptionsphase:** Sie beginnt mit der motivationspsychologischen Verbrauchersegmentierung, führt zu den Marketingzielen und der Marketing- und Positionierungsstrategie sowie der USP-Strategie und endet mit der Copystrategie.

- **Die Umsetzungs-/Durchführungsphase:** Hier wird die korrekte Werbebotschaft umgesetzt in die wirksame Botschaft an die Zielgruppe.

- **Die Markt-Kontrollphase:** Diese Phase ist die Phase der Bewährung von Produkt, Positionierung und Werbung auf dem Zielmarkt. Ergeben sich neue Situationen, die zum Handeln veranlassen, beginnt alles wieder mit der Informationsphase.

Jede dieser Hauptaufgaben beinhaltet weitere Arbeitsschritte. Um welche es sich handelt, zeigt Abbildung 13.

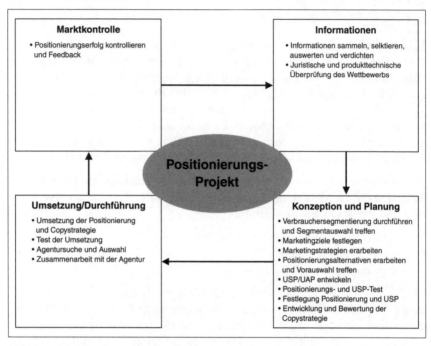

Abbildung 13: Der Positionierungs-Planungsablauf

Wichtig ist, dass jede Arbeitsphase in einem Arbeitspapier dokumentiert wird. Die dann gesammelten Arbeitspapiere der einzelnen Arbeitsphasen verdichten sich letztlich zu einer sehr nützlichen Positionierungsdokumentation. Diese Dokumentation hat für Sie mehrere Vorteile:

▶ In ihr werden alle für Ihr Vorhaben wichtigen Informationen, Überlegungen und Entscheidungen dokumentarisch festgehalten.

▶ Bei möglichen Korrekturen kann jederzeit jeder Arbeitsgang mit seinen vorausgegangenen Informationen, Überlegungen und Entscheidungen leicht nachvollzogen werden.

▶ Alle gesammelten und dokumentarisch festgehaltenen Informationen, Überlegungen und Entscheidungen können für spätere Positionierungsprojekte als Leitfaden und Checkliste eingesetzt werden.

▶ Alle festgehaltenen Informationen, Überlegungen und Entscheidungen können als Basis für den späteren Marketingplan dienen.

▶ Aus der Gesamtheit aller dokumentarisch festgehaltenen Informationen, Überlegungen und Entscheidungen der Arbeitspapiere kann eine sehr nützliche „Brand-History" erarbeitet werden. Sie ist beispielsweise hilfreich, wenn das Positionierungsprojekt später in andere Hände zur weiteren Marktpflege „gelegt" wird, wie z.B. bei einem Wechsel des Produktmanagers. Sie erleichtert dem neuen Produktmanager die Einarbeitung erheblich, weil er alles nachlesen kann.

▶ Besonders wichtig ist die damit verbundene Zeit- und Kosteneinsparung insbesondere, wenn eine Neu- bzw. Umpositionierung ansteht.

Diese Positionierungsdokumentation begleitet das Produkt wie eine Geburtsurkunde. Auch die anfallenden Korrekturmaßnahmen, die während der Lebensdauer der Positionierung anfallen, sind dokumentarisch festzuhalten.

Vertiefende Literatur

Al Ries/Jack Trout: Positioning – The Battle for Your Mind, Columbus 1986
Rainer H.G. Großklaus: Checklist USP – Produktpositionierung und Produktversprechen systematisch entwickeln, Wiesbaden 1982

Kapitel 3

Die Informationsphase

Was Sie in diesem Kapitel erwartet

Ohne eine sorgfältige und zielbezogene Informationserfassung und -auswertung gibt es keine Positionierungsbildung. In diesem Kapitel erfahren Sie, woher Sie Informationen, Daten und Fakten für Ihre Positionierungsarbeit bekommen, wie Sie diese diszipliniert sammeln, selektieren, gegebenenfalls ergänzen, auswerten und schließlich verdichten. Sie erfahren darüber hinaus, wie Sie sich eine „Visuelle Wettbewerbsanalyse" erarbeiten und wie sinnvoll diese ist. Sie können nachlesen, wie Sie Ihren Wettbewerb produkttechnisch und juristisch unter die Lupe nehmen können, um daraus zu lernen, und wie Sie sich einen Wettbewerbsvorsprung erarbeiten.

Die Phase der Informationen – Sammlung, Selektion, Analyse und Verdichtung von sekundären Daten, Fakten und Informationen

Ohne eine sorgfältige und zielbezogene Informationserfassung und -auswertung gibt es keine Positionierungsbildung. Ihr wichtigster Grundsatz, insbesondere in dieser Phase, sollte sein: Kosten sparen! Betreiben Sie aus diesem Grund zuerst einmal Sekundärforschung oder wie man im Marketingjargon so schön sagt: „Desk-Research". Selektieren Sie jedoch rechtzeitig Informationen, die keine Relevanz und keinen Wert für die anstehende Positionierungsbildung haben. In dieser Phase kann weniger durchaus mehr sein. Häufig wird hier sehr oberflächlich gearbeitet, weil diese Aufgabe eine wenig aufregende Detail- und Fleißarbeit ist. Von daher wird sie häufig als unbeliebt, stupide und langweilig eingestuft. Dem ist bei weitem nicht so. Nachteilig wirkt sich auch die Unsicherheit im Umgang mit dem Sammeln, Selektieren und Interpretieren von Informationen aus. Auch permanenter Termindruck führt dazu, dass diese wichtige Arbeit vernachlässigt wird.

Klar ist: Die Informationsphase liefert wichtige Entscheidungsgrundlagen für die Entwicklung einer Positionierungsstrategie. In gut organisierten Unternehmen liegen die dafür benötigten Daten und Fakten analysiert, selektiert und interpretiert in der Marketingstrategie vor.

Sehr sinnvoll ist es, wenn Sie die Daten und Fakten – wenn sie nicht schon dementsprechend in einer SWOT-Analyse vorliegen – nach Marktchancen und Marktrisiken ordnen, weil sich daraus leichter realistische Zielvorgaben für die Positionierungsbildung ableiten lassen.

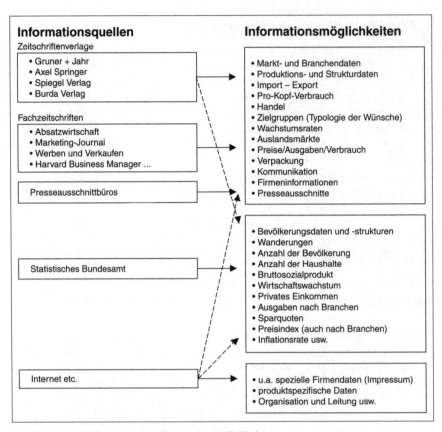

Abbildung 14: Informationsquellen und -möglichkeiten

Häufig reichen die sekundärstatistischen Daten und Fakten für die Positionierungsarbeit nicht aus. Sie müssen durch Primärerhebungen und hier im Falle der Positionierungsbildung durch eine motivationspsychologische Verbrauchersegmentierung (auf die später separat eingegangen wird) und gegebenenfalls flankiert durch eine Neuromarketing-Studie (siehe dazu auch S. 136ff.) ergänzt werden.

Woher Sie die sekundärstatistischen Daten und Fakten bekommen, zeigt Ihnen Abbildung 14. Ergänzen Sie diesen Informationsquellennachweis, umso wertvoller wird er für Sie werden.

Die gewonnenen Informationen übernehmen Sie am besten in die nachfolgenden Arbeitshilfen. Sie sind einfach und überschaubar angelegt. Gerade deswegen sind sie auch praktikabel und immer wieder einsetzbar. Diese Arbeitshilfen sollten Sie nach und nach, entsprechend den gegebenen Situatio-

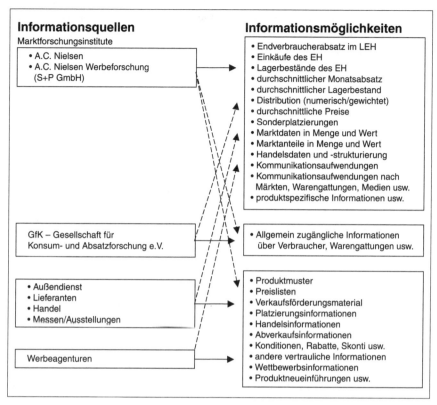

Abbildung 14: Informationsquellen und -möglichkeiten (Fortsetzung)

nen, immer wieder aktualisieren. Sie eignen sich später für die Archivierung in der „Positionierungsdokumentation".

Folgende Checklisten erleichtern Ihre Analysearbeit:

Abbildung 15: **Marktinformationen:** Bei dieser Arbeitshilfe geht es um die **Sammlung von Informationen über Ihren Zielmarkt.** Wenn die eine oder andere Frage hier nicht recherchierbar ist, wenn Sie keine Informationen z.B. über die Marktgröße, die Wachstumsentwicklung usw. erhalten können, dann setzen Sie in die Spalte „entfällt" ein Häkchen. So wissen Sie später, dass Sie hierzu keine Informationen erhalten konnten. Im umgekehrten Fall, wenn Sie also Informationen erhalten haben, setzen Sie ein Häkchen in die Spalte „verfolgen". In der Spalte „Bemerkungen" werden wichtige oder aber außergewöhnliche Situationen, Vorkommnisse usw. beispielsweise zur Frage Marktgröße oder Wachstumsentwicklung eingetragen. Haben Sie die Arbeit z.B. zur Frage Marktgröße oder aber Wachstumsentwicklung abgeschlossen, dann dokumentieren Sie das in der Spalte „Erledigungsvermerk" mit einem Häk-

Sammlung, Selektion, Analyse und Verdichtung

chen oder mit „ja" oder „OK". Jede Frage zur Marktinformation hat für den einen oder anderen eine unterschiedlich gewichtete Bedeutung. Je nach dem, wie wichtig z.B. die Information Marktgröße oder Wachstumsentwicklung für Sie ist, kennzeichnen Sie die Bedeutung im „Skalierungsteil". Hat die Marktgröße z.B. in Ihrem Fall große Bedeutung, dann dokumentieren Sie das mit einem Punkt unter +3 usw. Hat sie jedoch keine Bedeutung für Sie, dann tragen Sie in der Spalte –3 oder –2 usw. einen Punkt ein. Hat die Marktgröße für Sie weder eine positive noch eine negative Bedeutung, dann tragen Sie einen Punkt in die Spalte 0 ein. Diese Skalierungsdokumentation hat u.a. den Vorteil, dass Sie bei späteren konzeptionellen Arbeiten an diesem Produkt sehen können, wie sich die Bedeutung der einzelnen Informationen möglicherweise verändert hat oder aber, auf welche Informationen mit welchem Schwerpunkt Sie Ihre Marketingkonzeption aufgebaut haben.

Die hier aufgeführte Vorgehensweise gilt analog für die Arbeitshilfe in Abbildung 16: **Unternehmensdiagnose** (Sammlung von Informationen über das eigene Unternehmen).

Abbildung 17: **Analyse und Interpretation der Daten und Fakten fragt nach Markt- und Wettbewerbsdaten.** Sie betrachtet über einen Zeitraum von fünf Jahren die Entwicklung des Marktes und den aktuellen Stand, hier speziell z.B. Export- oder Importgrößen. Auf Basis dieser und weiterer ermittelter Daten und Fakten, die Sie dann in die betreffenden Spalten eintragen, können Sie für die kommenden drei Jahre (unter Berücksichtigung von möglichen Risiken und zu nutzenden Chancen) Prognosen für Ihr Unternehmen erstellen. Diese tragen Sie dann in die betreffenden Spalten ein. Mit dieser Arbeitshilfe 17 selektieren und werten Sie die Informationen aus. Sie erarbeiten sich somit eine interessante und umfassende Produktdokumentation. Sie kann Ihnen später einmal hervorragende Dienste leisten, wenn Sie z.B. ähnliche Projekte bearbeiten müssen und dann auf diesen praktischen Leitfaden zurückgreifen können.

Mit Abbildung 18: **Mit dem visuellen Wettbewerbsspiegel** haben Sie **Ihren engeren Wettbewerb werbemäßig voll im Visier.** Diese Arbeitshilfe gestattet Ihnen, die Konkurrenz auf Stärken und Schwächen hin zu überprüfen und dabei gleichzeitig die Chancen zu entdecken. Nehmen Sie also Ihre Konkurrenz genau unter die Lupe. Analysieren Sie, was sie „bildlich" und „hörbar" macht. Sehr sinnvoll ist es, wenn Sie sich zu diesem Punkt mit Ihrer Werbeagentur zusammensetzen und über Ihr geplantes Positionierungsprojekt sprechen, sozusagen ein Pre-Production-Meeting (PPM) mit Ihrer Agentur durchführen. Das sollte Ihre Agentur von Ihnen in diesem Meeting dann mindestens erfahren:

- das Vorhaben klar dargestellt,
- die anvisierten Ziele des Vorhabens,
- den Stand der bisherigen Informationen zu diesem Vorhaben,
- mögliche Termine, Kostenrahmen,
- Kontaktperson usw.

Machen Sie Ihre Agentur darauf aufmerksam, dass es sich hierbei nicht um ein Briefing handelt!

Darüber hinaus sollten Sie Ihre Agentur bitten, Ihnen bei der Zusammenstellung des „Visuellen Wettbewerbspiegels" behilflich zu sein, indem folgende Unterlagen und Informationen gesammelt werden:

- TV-Spot-Aufzeichnungen,
- Funk-Spot-Aufzeichnungen,
- Kinofilm-Aufzeichnungen
- Anzeigenkampagnen,
- Plakatkampagnen,
- Internetauftritt,
- Salesfolder,
- Verpackungsauftritt,
- Verkaufsförderungsmittel usw.

Das gleiche gilt für ausländische Werbemittel. Ganz besonders diese bieten sehr häufig hervorragende und höchst interessante Positionierungs- und USP-Ansätze. Dies gilt auch für die nachfolgende kreative Umsetzung. Die Quelle der Inspiration liegt in den dort herrschenden Lebensgewohnheiten, -einstellungen und ganz anders gelagerten Charakteristiken der Konsumenten sowie in den dort herrschenden Wettbewerbsregeln.

Wie setzen Sie diese Arbeitshilfen erfolgreich ein? In der Spalte „Status" tragen Sie beispielsweise die derzeitige Positionierung Ihres Wettbewerbs ein. Möglicherweise haben Sie in der Positionierungsstrategie Ihres Wettbewerbs Schwächen erkannt. Diese Schwächen tragen Sie in die Spalte „Erkannte Probleme des Wettbewerbs" ein. Die gleiche Vorgehensweise wenden Sie an, wenn Sie die Chancen Ihres Wettbewerbs erkennen. Diese Chancen könnten unter Umständen ja auch die Chancen für Ihr Produkt bzw. für Ihre Positionierung sein. Weitere, vielleicht ganz andere, Chancen tragen Sie dann in die Spalte „Eigene Möglichkeiten, die Lücken des Wettbewerbs nutzen" ein.

Informationen vom Zielsegment	entfällt	ver-folgen	Bemerkungen/ Daten/Hinweise	Erledigungs-vermerk	−3	−2	−1	0	+1	+2	+3
1. Markt											
• Marktgröße (Menge und Wert)											
• Größe Marktsegmente (Menge und Wert)											
• Saisonale Absatz- und Umsatzstruktur											
• Wachstumsentwicklung der letzten 3 Jahre											
• Werbeaufwendungen											
• Besetzungsgrad Wettbewerb											
• Substitutionsgefahr											
• Import/Export											
• Markteintrittsbarrieren											
• Marktaustrittsbarrieren											
• Technologieveränderungen											
• Preisniveau											
• Bedarfsstabilität											
• Bedürfnisstruktur											
• Kaufmotive/Einstellungen/Motive											
• Kaufprozesse											
• Informationsverhalten											

Abbildung 15: Marktinformationen

Informationen vom Zielsegment	entfällt	ver-folgen	Bemerkungen/ Daten/Hinweise	Erledigungs-vermerk	−3	−2	−1	0	+1	+2	+3
2. Handel/Absatzmittler											
• Entwicklung Anzahl der Absatzmittler											
• Zukünftige Entwicklung											
• Strukturen des Handels											
• Angebotsformen											
• Sortimentsbreite, -tiefe und -lage											
• Präsentationstechniken											
• Preispolitik											
• Serviceleistungen											
• Zielgruppen											
• Anteil Food/Nonfood											

Abbildung 15: Marktinformationen

Sammlung, Selektion, Analyse und Verdichtung

Informationen vom Zielsegment	entfällt	ver-folgen	Bemerkungen/ Daten/Hinweise	Erledigungs-vermerk	-3	-2	-1	0	+1	+2	+3
3. Wettbewerbsanalyse											
• Anzahl und Bedeutung der wichtigsten Wettbewerber											
• Marktanteil (Menge und Wert)											
• Image/Bekanntheitsgrad (gestützt/ungestützt)											
• Verbraucheranteile											
• Marktdurchdringung											
• Art des Wettbewerbs											
• Absatz/Umsatz											
• Erkennbare Stärken und Schwächen											
• Erkennbare Chancen und Probleme											
• Erkennbare Unternehmens-Philosophie											
• Marketing-Mix-Schwerpunkte											
Produkt											
• Produkte											
• Sortimente											
• Produktqualität											
• Leader Produkte/-Sortimente											
• Produktlebenszyklen											

Abbildung 15: Marktinformationen

Informationen vom Zielsegment	entfällt	ver-folgen	Bemerkungen/ Daten/Hinweise	Erledigungs-vermerk	-3	-2	-1	0	+1	+2	+3
3. Wettbewerbsanalyse											
Produkt											
• Markenartikelstrategie											
• Me-too-Strategie											
• Dachmarkenstrategie											
• Diversifikationen											
• Neuprodukteinführungen											
Verpackung											
• Material											
• Form											
• Größe											
• Design											
• Informationen/Aussagen											
• Technik											
• Schutzfunktion/Zusatznutzen											
• Aufwand/Gestaltung											
Markenpolitik											
• Absenderstrategie											
• Hersteller als Produktname											

Abbildung 15: Marktinformationen

Sammlung, Selektion, Analyse und Verdichtung

Informationen vom Zielsegment	entfällt	ver-folgen	Bemerkungen/ Daten/Hinweise	Erledigungs-vermerk	−3	−2	−1	0	+1	+2	+3
3. Wettbewerbsanalyse											
Markenpolitik											
• Phantasiename											
• Name mit Produktbezug											
• Wortzeichen											
• Bildzeichen											
• Markenschutz											
• Assoziationen zu Produktname, Wortzeichen sowie Bildzeichen											
Distributionspolitik und Vertriebspolitik											
• Vertriebskanäle											
• Distribution numerisch und gewichtet											
• Distribution führend und verkaufend											
• Distributionslücken											
• Distribution einkaufend											
• Vertriebsorganisation											
• Außendienstmitarbeiterstärke											
• Verkaufspolitische Maximen											
• Handelsagenturen/Leasing-Außendienst											

Abbildung 15: Marktinformationen

Informationen vom Zielsegment	entfällt	ver- folgen	Bemerkungen/ Daten/Hinweise	Erledigungs- vermerk	-3	-2	-1	0	+1	+2	+3
3. Wettbewerbsanalyse											
Preispolitik											
• Preisstrategie											
• Bruttoabgabepreise											
• Rabatte/Skonti/Rechnungsrabatte/ Vergütungen/ Verbandsrabatte/ Werbekostenzuschüsse/ Listungsgelder/Aktionsrabatte usw.											
• Nettoabgabepreise											
• Netto-Nettopreise											
• Spannen- oder Aufschlagsmöglichkeiten für den Handel											
• Aktionspreise											
• Endverbraucherpreise											
Werbepolitik											
• Zielgruppe											
• Positionierung											
• Werbe-/Copystrategie											
• USP („einzigartiges Verkaufsversprechen")											

Abbildung 15: Marktinformationen

Sammlung, Selektion, Analyse und Verdichtung

Informationen vom Zielsegment	entfällt	ver-folgen	Bemerkungen/ Daten/Hinweise	Erledigungs-vermerk	−3	−2	−1	0	+1	+2	+3
3. Wettbewerbsanalyse											
Werbepolitik											
• Reason Why (Begründung)											
• Brand-Image (Markenimage)											
• Tonality (Stil und Ton der Werbung)											
• *Mediastrategie*											
– Zielgruppe											
– Selektion											
– Einsatzzeitraum											
– Einsatzort											
– Basismedien											
– Reichweite											
– Frequenz											
– Formate											
– Budget											
Verkaufsförderungspolitik											
• Ziele											
• Kommunikationsplattform											
– USP und Beweisführung											

Abbildung 15: Marktinformationen

Informationen vom Zielsegment	entfällt	ver-folgen	Bemerkungen/ Daten/Hinweise	Erledigungs-vermerk	–3	–2	–1	0	+1	+2	+3
3. Wettbewerbsanalyse											
Verkaufsförderungspolitik											
– Strategie bei Verbraucher											
– Strategie bei Handel											
– Strategie bei Außendienst											
• Mitteleinsatz											
• Aktionsfrequenz											
• Akzeptanz der Maßnahmen											
– bei Verbraucher											
– bei Handel											
– bei Außendienst											
• Erfolg der Maßnahmen											
– bei Verbraucher											
– bei Handel											
– bei Außendienst											
Public-Relations											
• Zielgruppe											
• Kommunikationsplattform											
• Positionierung											

Abbildung 15: Marktinformationen

Sammlung, Selektion, Analyse und Verdichtung

Informationen vom Zielsegment	entfällt	ver-folgen	Bemerkungen/ Daten/Hinweise	Erledigungs-vermerk	−3	−2	−1	0	+1	+2	+3
3. Wettbewerbsanalyse											
Public-Relations											
• Medien											
• Reichweiten											
• Frequenzen											
• Gestaltung											
• Tonality											
• Maßnahmen											
• Budget und -split											
Zielgruppenbeschreibung											
• Soziodemographische Merkmale											
– Alter											
– Geschlecht											
– Haushaltsgröße											
– Haushaltsnettoeinkommen											
– Bildung											
– Wohnort und -größe											
– Familienstand											
– Anzahl Kinder usw.											

Abbildung 15: Marktinformationen

Informationen vom Zielsegment	entfällt	ver-folgen	Bemerkungen/ Daten/Hinweise	Erledigungs-vermerk	−3	−2	−1	0	+1	+2	+3
3. Wettbewerbsanalyse											
• Motivationspsychologische Merkmale											
– Einstellungen											
– Verhalten											
– Motive											
– Wünsche											
– Kaufmotivation											
– Kauf- und Konsumgewohnheiten											
– Kaufprozess											
– Verwendungsgelegenheiten											
– Verwendungsort											
– Verwendungszeit											
– Hemmwirkungen											
– Mediapräferenzen											

Abbildung 15: Marktinformationen
Quelle: Rainer H.G. Großklaus: Das How-to-Buch Marketingplan, 2. Auflage, München 2002

Informationen über das Unternehmen	entfällt	ver- folgen	Bemerkungen/ Daten/Hinweise	Erledigungs- vermerk	-3	-2	-1	0	+1	+2	+3
1. Unternehmensentwicklung											
• Absatzentwicklung											
• Umsatzentwicklung											
• Marktanteil (Menge und Wert)											
• Image											
• Goodwill											
• Öffentlichkeitsvertrauen											
• Bekanntheitsgrad (gestützt/ungestützt)											
• Kostenentwicklung											
• Preisentwicklung											
• Konditionsentwicklung											
• Deckungsbeitragsentwicklung											
• Gewinnentwicklung											
• Umsatzrendite											
• Cash-flow											
• Rentabilität											
• Außenstände											
• Investitionsentwicklung											
• Kapital und Kapitalstruktur											

Abbildung 16: Unternehmensdiagnose

Informationen über das Unternehmen	entfällt	ver-folgen	Bemerkungen/ Daten/Hinweise	Erledigungs-vermerk	−3	−2	−1	0	+1	+2	+3
2. Finanzen											
• Investitionen für Forschung und Entwicklung											
• Investitionen für Verfahrensentwicklung											
• Investitionen für Produktentwicklungen											
3. Produktion											
• Produktionsprogramm											
• Produktionstechnologie											
• Patente / Lizenzen											
• Produktionskapazität											
• Kapazitätsauslastung											
• Produktivität											
• Lagerkosten											
• Lagerumschlag											
• Produkttechnologiebeherrschung											
• Qualität der Anwendungstechnik											
• Verfahrensbeherrschung											
• Erfahrung / Kompetenz											
• Standort / Infrastruktur											

Abbildung 16: Unternehmensdiagnose

Sammlung, Selektion, Analyse und Verdichtung

Informationen über das Unternehmen	entfällt	ver-folgen	Bemerkungen/ Daten/Hinweise	Erledigungs-vermerk	−3	−2	−1	0	+1	+2	+3
4. Personal											
• Anzahl Personal											
• Personalkosten											
• Personalkostenanteil gemessen am Umsatz											
• Qualität Personal											
• Leistungsfähigkeit des Personals											
• Arbeitseinsatz											
• Motivation											
• Teamgeist											
• Betriebsklima											
• Lohn- und Gehaltspolitik											
• Anteil Führungskräfte, Angestellte, Arbeiter											
• Art und Weise der Personalsuche											
• Art und Weise der Personalqualifikation											
5. Marketing											
• Anzahl Marketingmitarbeiter											
• Qualifikation der Marketingmitarbeiter											
• Ist Marketing im Unternehmen hoch angesiedelt?											

Abbildung 16: Unternehmensdiagnose

Informationen über das Unternehmen	entfällt	ver-folgen	Bemerkungen/ Daten/Hinweise	Erledigungs-vermerk	–3	–2	–1	0	+1	+2	+3
5. Marketing											
• Art und Weise der Qualifikation											
• Marketingkonzept											
• Werbekonzept											
• Vertriebs- und Verkaufskonzept											
• Verkaufsförderungskonzept											
• Public Relations-Konzept											
• Budget											
6. Organisation											
• Entscheidungsverhalten der Führungskräfte											
• Kontrolle der Führungskräfte											
• Informationsfluss im Unternehmen usw.											

Abbildung 16: Unternehmensdiagnose
Quelle: Rainer H.G. Großklaus: Das How-to-Buch Marketingplan, 2. Auflage, München 2002

Sammlung, Selektion, Analyse und Verdichtung

Kriterien zur Bewertung Fakten/Daten zur Analyse	Entwicklung der letzten 5 Jahre	Jetzige Situation	Prognose für die nächsten 3 Jahre	Risiken für uns	Chancen für uns
Markt/Marktsegment • Exportgrößen • Importgrößen • Volumen (Menge) • Volumen (Wert) • Mengenanteil am Gesamtmarkt • Wertanteil am Gesamtmarkt • Wachstumsentwicklung (Menge) • Wachstumsentwicklung (Wert) • Preisentwicklung • Preisindex • Kaufkraft • Werbeaufwendungen • Werbeanteil in Prozent gemessen am Gesamtwerbeaufkommen des Gesamtmarktes (Share of voice) • Besetzungsgrad des Marktes (Hersteller/Wettbewerb) • Saisonalität/Saisonalitätstrend • Neuproduktaufnahme • Handelsentwicklung • Zielgruppenmerkmale • Konsumgewohnheiten • Verpackungstechnik/-design • Gebindetrends • Technologie • Rechtliche Aspekte • Beschäftigungsgrad • Warenzeichenrecht					

Abbildung 17: Analyse und Interpretation der Markt- und Wettbewerbsdaten

Kriterien zur Bewertung					
Fakten/Daten zur Analyse	Status Situation	Trend/ Prognose für die nächsten 3 Jahre	Stärken und Möglichkeiten der Konkurrenz	Schwächen der Konkurrenz	Abzuleitende Chancen und Möglichkeiten für uns

Zielgruppenmerkmale
• Soziodemographische Merkmale
  – Alter
  – Geschlecht
  – Bildung
  – Beruf
  – Familienstand
  – Haushaltsnettoeinkommen
• Motivationspsychologische Merkmale
  – Motivationen
  – Wünsche
  – Neigungen
  – Einstellungen zu bestimmten Produkten und Medien
  – Kaufmotivation und -gewohnheiten
  – Einkaufsorte
  – Konsum-/Verwendungsgewohnheiten
  – Konsum-/Verwendungsintensität
  – Konsum-/Verwendungszeit
  – Besondere Hemmwirkungen (z.B. Preisschwellen)
  – Medienpräferenzen und -verhalten
  – Schätzungen: Größe der Zielgruppe					

Abbildung 17: Analyse und Interpretation der Markt- und Wettbewerbsdaten

Kriterien zur Bewertung	Wir selbst			1. Hauptwettbewerber			2. Hauptwettbewerber		
	Marktanteil...../Distribution...... Bekanntheitsgrad......gestützt/.....ungestützt			Marktanteil...../Distribution...... Bekanntheitsgrad......gestützt/.....ungestützt			Marktanteil...../Distribution...... Bekanntheitsgrad......gestützt/.....ungestützt		
Fakten/Daten zur Analyse	Stärken	Schwächen	Unsere Chancen	Stärken	Schwächen	Unsere Chancen	Stärken	Schwächen	Unsere Chancen
Wir und der wichtigste Wettbewerb									
Zielgruppenmerkmale									
• Soziodemographische Merkmale									
– Alter									
– Geschlecht									
– Bildung									
– Beruf									
– Familienstand									
– Haushaltsnettoeinkommen									
• Motivationspsychologische Merkmale									
– Motivationen									
– Wünsche									
– Neigungen									
– Einstellungen zu bestimmten Produkten und Medien									
– Kaufmotivation und -gewohnheiten									
– Einkaufsorte									
– Konsum-/Verwendungsgewohnheiten									
– Konsum-/Verwendungsintensität									
– Konsum-/Verwendungszeit									
– Besondere Hemmwirkungen (z.B. Preisschwellen)									
– Medienpräferenzen und -verhalten									
– Schätzungen: Größe der Zielgruppe									

Abbildung 17: Analyse und Interpretation der Markt- und Wettbewerbsdaten

Kriterien zur Bewertung	Wir selbst Marktanteil...../Distribution..... Bekanntheitsgrad.....gestützt/......ungestützt			1. Hauptwettbewerber Marktanteil...../Distribution..... Bekanntheitsgrad.....gestützt/......ungestützt			2. Hauptwettbewerber Marktanteil...../Distribution..... Bekanntheitsgrad.....gestützt/......ungestützt		
Fakten/Daten zur Analyse	Stärken	Schwächen	Unsere Chancen	Stärken	Schwächen	Unsere Chancen	Stärken	Schwächen	Unsere Chancen
Wir und der wichtigste Wettbewerb									
Produktpolitik									
• Produktqualität									
• Form/Farbe/Größe/Gewicht									
• Nutzenfunktion									
• Konsistenz									
• Anzahl von Substitutions- und Komplementärprodukten									
• Produktpolitische Aktivitäten									
• Sortimentsbreite, -tiefe und -lage									
• Leader-Sortiment									
• Nutzenfunktion									
• Innovationsaktivitäten									
• Me-too-Politik									
• Neuproduktpolitik									
• Zweit- und Handelsmarken									
• Erkennen von Sortimentslücken									
• Technologie									
• Lebenszyklus									
Preispolitik									
• Bruttoabgabepreis									
• Nettoabgabepreis									
• Spanne/Aufschlag									
• Rabatte/Skonti usw.									
• Endverbraucherpreis									
• Sonderpreisaktionen									
• Aktionsanteiliger Umsatz									
• Aktionspreis-Niveau									
• Variable Kosten									
• Deckungsbeitrag									
• Betriebsergebnis									

Abbildung 17: Analyse und Interpretation der Markt- und Wettbewerbsdaten

Sammlung, Selektion, Analyse und Verdichtung

Kriterien zur Bewertung / Fakten/Daten zur Analyse	Wir selbst Marktanteil...../Distribution..... Bekanntheitsgrad......gestützt/.....ungestützt			1. Hauptwettbewerber Marktanteil...../Distribution..... Bekanntheitsgrad......gestützt/.....ungestützt			2. Hauptwettbewerber Marktanteil...../Distribution..... Bekanntheitsgrad......gestützt/.....ungestützt		
	Stärken	Schwächen	Unsere Chancen	Stärken	Schwächen	Unsere Chancen	Stärken	Schwächen	Unsere Chancen
Wir und der wichtigste Wettbewerb									
Werbe- und Copystrategie									
• Werbeziele									
• Zielgruppe									
• USP (Unique Selling Propositioning = einzigartiges Verkaufsversprechen = objektives Versprechen) und/oder UAP (Unique Advertising Propoitioning) = einzigartiges Werbeversprechen = subjektives Versprechen)									
• Reason Why (Begründung und Art der Begründung bzw. Beweisführung)									
• Angestrebtes Markenimage									
• Stil und Ton der Werbung (Tonality)									
• Bekanntheitsgrad									
Mediastrategie									
• Zielgruppe									
• Zielsetzung									
• Festlegung der Kommunikationsfaktoren z.B.: – Anzeigenformat – TV- und Funk-Spot-Länge und -Zeit – Darstellungsweise – Art und Weise der Demonstration – Informationsgehalt – Verständlichkeit der Werbebotschaft									
• Reichweite									
• Frequenz									
• Durchschnittskopntakte									
• Gross-rating-points (Bewertung einer Kampagne mit GRP's = Durchschnittskontakte x Reichweite %)									

Abbildung 17: Analyse und Interpretation der Markt- und Wettbewerbsdaten

Kriterien zur Bewertung	Wir selbst			1. Hauptwettbewerber			2. Hauptwettbewerber		
	Marktanteil...../Distribution.....			Marktanteil...../Distribution.....			Marktanteil...../Distribution.....		
Fakten/Daten zur Analyse	Bekanntheitsgrad......gestützt/.....ungestützt			Bekanntheitsgrad......gestützt/.....ungestützt			Bekanntheitsgrad......gestützt/.....ungestützt		
	Stärken	Schwächen	Unsere Chancen	Stärken	Schwächen	Unsere Chancen	Stärken	Schwächen	Unsere Chancen
Wir und der wichtigste Wettbewerb									
Medienabgrenzung – Print – Plakat – TV – Funk – Kino – Internet/Homepage									

Budgetstrategie
 – Budgetvolumen
 – Budget-Split
 – Share of Voice
   (Werbeanteil am Gesamtwerbe-
   aufkommen des Marktsegments)
 – Budget pro Marktanteilspunkt
   (Werbeanteil : Marktanteil)									

Public-Relations und Produktpublizität • Zielgruppe • Akzeptanz in der Zielgruppe • Medienpräsenz • Thema • USP • Stil und Ton • Medien • Frequenzen • Reichweite • Budgetvolumen • Bekanntheitsgrad									

Abbildung 17: Analyse und Interpretation der Markt- und Wettbewerbscaten

Sammlung, Selektion, Analyse und Verdichtung

Kriterien zur Bewertung	Wir selbst			1. Hauptwettbewerber			2. Hauptwettbewerber		
	Marktanteil..../Distribution.....			Marktanteil..../Distribution.....			Marktanteil..../Distribution.....		
Fakten/Daten zur Analyse	Bekanntheitsgrad.....gestützt/.....ungestützt			Bekanntheitsgrad.....gestützt/.....ungestützt			Bekanntheitsgrad.....gestützt/.....ungestützt		
	Stärken	Schwächen	Unsere Chancen	Stärken	Schwächen	Unsere Chancen	Stärken	Schwächen	Unsere Chancen
Wir und der wichtigste Wettbewerb									
• Differenzierung zum Wettbewerb									
• Unternehmensidentität vorhanden									
• Message									
• Boschaft									
• Slogan									
• Headlines									
• Zeitraum									
• Ort									
• Art der Kampagne									
• Lobbyismus									
• B2B-Kommunikation									
Messen/Veranstaltungen									
• Produkte/Sortiment									
• Zielgruppe									
• Messethematik									
• Budget									
• Ausstellungsstil/Auftritt									
• Farbe									
• Design									
• Licht									
• Standgröße									
• Standarchitektur									
• Standplatzierung									
• Standausstattung									
• Produktdemonstration									
• Exponate									
• Standbesetzung									
• Auftritt Standbesetzung									
• Beratung									
• Anzahl Kontakte zu Standbesetzung/ Kosten der Messe/zu Deckungsbeitrag									

Abbildung 17: Analyse und Interpretation der Markt- und Wettbewerbsdaten

Kriterien zur Bewertung / Fakten/Daten zur Analyse	Wir selbst Marktanteil..../Distribution..... Bekanntheitsgrad.....gestützt/.....ungestützt			1. Hauptwettbewerber Marktanteil..../Distribution..... Bekanntheitsgrad.....gestützt/.....ungestützt			2. Hauptwettbewerber Marktanteil..../Distribution..... Bekanntheitsgrad.....gestützt/.....ungestützt		
	Stärken	Schwächen	Unsere Chancen	Stärken	Schwächen	Unsere Chancen	Stärken	Schwächen	Unsere Chancen
Wir und der wichtigste Wettbewerb									
Markenpolitik • Produkt-/Sortimentsname • Zusammensetzung (Ursprung des Namens) • Wort-/Bildzeichen • Patentrechtlich geschützt? • Hat die Marke Bekanntheit? • Ist die Markenbekanntheit größer als die Unternehmensbekanntheit? • Welche Markenstrategie wird „gefahren"? (Dachmarkenstrategie, Einzelmarkenstrategie, Familienmarkenstrategie, Discountstrategie, Me-too-Strategie ....)									
Positionierung • Zielgruppenmerkmale (soziodemographisch/motivationspsychologisch) • Abgedeckte psychologische Felder/Erlebniswelten • Hauptverbrauchervorteil (USP) • Produktkategorie • Art und Zeit des Konsums • Höhe des Preises (Preisniveau) • Identifizierung mit dem eigenen Unternehmen • Potenzialgewinnung (woher kommt das Konsumentenpotenzial)									

Abbildung 17: Analyse und Interpretation der Markt- und Wettbewerbsdaten

Kriterien zur Bewertung	Wir selbst Marktanteil..../Distribution..... Bekanntheitsgrad.....gestützt/.....ungestützt			1. Hauptwettbewerber Marktanteil..../Distribution..... Bekanntheitsgrad.....gestützt/.....ungestützt			2. Hauptwettbewerber Marktanteil..../Distribution..... Bekanntheitsgrad.....gestützt/.....ungestützt		
Fakten/Daten zur Analyse	Stärken	Schwächen	Unsere Chancen	Stärken	Schwächen	Unsere Chancen	Stärken	Schwächen	Unsere Chancen
Wir und der wichtigste Wettbewerb									
Promotion									
• Budget									
• Ziele									
– im Produktbereich									
– beim Außendienst									
– beim Handel									
– beim Endverbraucher									
• Kommunikationsplattform (ähnlich der Werbestrategie)									
– Hauptversprechen (USP)									
– Beweisführung									
– beim Außendienst									
– beim Handel									
– beim Endverbraucher									
• Maßnahmen (Endverbraucher)									
– Mitteleinsatz									
– Zweitplatzierungen									
– Displaypaletten-Platzierungen									
– Sonderpreisaktionen									
– Verkostungsaktionen									
– Produktdemonstrationen									
– Produkte/Sortimente									
– Preisniveau									
• Maßnahmen (Handel)									
– Mitteleinsatz									
– Zweitplatzierungen									
– Anteil Zweitplatzierungen									
– Displaypaletten-Platzierungen									
– Incentive-Aktionen									
– Konditionen, Rabatte, Skonto									

Abbildung 17: Analyse und Interpretation der Markt- und Wettbewerbsdaten

Kriterien zur Bewertung	Wir selbst Marktanteil...../Distribution...... Bekanntheitsgrad.....gestützt/.....ungestützt			1. Hauptwettbewerber Marktanteil...../Distribution...... Bekanntheitsgrad.....gestützt/.....ungestützt			2. Hauptwettbewerber Marktanteil...../Distribution...... Bekanntheitsgrad.....gestützt/.....ungestützt		
Fakten/Daten zur Analyse	Stärken	Schwächen	Unsere Chancen	Stärken	Schwächen	Unsere Chancen	Stärken	Schwächen	Unsere Chancen
Wir und der wichtigste Wettbewerb – Rabatte/Price-off-Promotion – Schulungen – Sonderplatzierungsabsprachen • Maßnahmen (Außendienst) – Wettbewerbe – Schulung – Prämien – Führung • Ergebnisse der Promotion **Promotion** • numerische Distribution % • gewichtete Distribution % • Distributionslücken • Distributionsqualität (gewichtet, numerisch) • Abverkäufe pro Monat und führendes Geschäft • Einkäufe des Einzelhandels • Endverbraucherabsätze im Einzelhandel **Verpackung** • Material • Größe/Gewicht • Farbe • Abbildungen • Text/Informationen • Technik/Funktion									

Abbildung 17: Analyse und Interpretation der Markt- und Wettbewerbsdaten

Sammlung, Selektion, Analyse und Verdichtung

Kriterien zur Bewertung	Wir selbst Marktanteil....../Distribution...... Bekanntheitsgrad......gestützt/......ungestützt			1. Hauptwettbewerber Marktanteil....../Distribution...... Bekanntheitsgrad......gestützt/......ungestützt			2. Hauptwettbewerber Marktanteil....../Distribution...... Bekanntheitsgrad......gestützt/......ungestützt		
Fakten/Daten zur Analyse	Stärken	Schwächen	Unsere Chancen	Stärken	Schwächen	Unsere Chancen	Stärken	Schwächen	Unsere Chancen
Wir und der wichtigste Wettbewerb • Anmutung • Signalfunktion • Umweltfreundlich • Verbraucherfreundlich • Handhabung • Deklaration • Wertigkeit • Sonderausstattung • Displaywirkung • Zusatz-/Zweitnutzen									
Service • Warenlieferung • Warenabfertigung • Garatieleistung • Kundendienst • Kundenberatung • Kundenzufriedenheit • Beschwerdemanagement									
Produktion • Patente/Lizenzen • Produktionsprogramm • Produktionskapazität • Produktivität • Verfahrensbeherrschung • Produkttechnologiebeherrschung • Erfahrung/Kompetenz • Produktionskosten • Qualität der Anwendungstechnik • Standort/Infrastruktur									

Abbildung 17: Analyse und Interpretation der Markt- und Wettbewerbsdaten

Kriterien zur Bewertung	Wir selbst			1. Hauptwettbewerber			2. Hauptwettbewerber		
Fakten/Daten zur Analyse	Marktanteil...../Distribution..... Bekanntheitsgrad.....gestützt/.....ungestützt			Marktanteil...../Distribution..... Bekanntheitsgrad.....gestützt/.....ungestützt			Marktanteil...../Distribution..... Bekanntheitsgrad.....gestützt/.....ungestützt		
	Stärken	Schwächen	Unsere Chancen	Stärken	Schwächen	Unsere Chancen	Stärken	Schwächen	Unsere Chancen
Wir und der wichtigste Wettbewerb									
Marketing									
• Niveau Marketingorganisation									
• Erfahrung									
• Kompetenz									
• Image im Unternehmen									
• Anzahl der Mitarbeiter									
• Agenturen									
• Marketingkonzept vorhanden									
• Vertriebskonzept vorhanden									
• Promotion-Niveau									
• Kommunikationskonzept erfolgreich									
Personal									
• Qualität Personal									
• Leistungsfähigkeit									
• Arbeitseinsatz									
• Betriebsklima (Sinngemeinschaft)									
• Teamgeist									
• Lohnpolitik									
Organisation									
• Qualität der Führungskräfte									
• Entscheidungsverhalten der Führung									
• Informationsfluss im Unternehmen									
• Serviceleistung									
• Zweckmäßigkeit der Organisation									
• Bedeutung des Marketing im Unternehmen									
• Ganzheitliches Marketing wird durchgeführt									

Abbildung 17: Analyse und Interpretation der Markt- und Wettbewerbsdaten
Quelle: Rainer H.G. Großklaus: Das How-to-Buch Marketingplan, 2. Auflage, München 2002

Sammlung, Selektion, Analyse und Verdichtung

Bewertungsfaktoren / Überprüfungsfaktoren	Status	Erkannte Probleme des Wettbewerbs	Möglichkeiten, die der Wettbewerb hat (Chancen)	Eigene Möglichkeiten, die Lücken des Wettbewerbs zu nutzen (Chancennutzung)
Positionierung (Kurzbeschreibung)				
Emotionale Felder und Motive				
Zielgruppenbeschreibung (soziodemographisch und motivationspsychologisch)				
USP/Benefit/Promise (objektiv und subjektiv)				
USP-Begründung				
Beweisführung				
Stil und Ton				
Brand-Image				
Produktkategorie				
Art und Zeit des Konsums				
Preisniveau				
Identifikation mit dem Unternehmen vorhanden?				
Potenzialgewinnung				

Abbildung 18: Visueller Wettbewerbsspiegel

Die Informationsphase

Bewertungsfaktoren Überprüfungsfaktoren	Status	Erkannte Probleme des Wetbewerts	Möglichkeiten, die der Wettbewerb hat (Chancen)	Eigene Möglichkeiten, die Lücken des Wettbewerbs zu nutzen (Chancennutzung)
Umsetzung der Copystrategie: • Format und Story • Headline • Body-Copy • An Pack/Pack shot • Claim • Darstellung (formale Execution der Copystrategie): • Life Style • Slice of Life • Side by Side-Vergleich • Umbrellastrategie • Monostrategie • Sortimentsdarstellung				
Mediastrategie: • Medienwahl • Reichweite • Frequenz • Kontakte • Gross-rating-points (GRP) (Reichweite x Kontakte) • Zeitraum • Regional, national, europaweit				

Abbildung 18: Visueller Wettbewerbsspiegel

Sammlung, Selektion, Analyse und Verdichtung

Bewertungsfaktoren / Überprüfungsfaktoren	Status	Erkannte Probleme des Wetbewerbs	Möglichkeiten, die der Wettbewerb hat (Chancen)	Eigene Möglichkeiten, die Lücken des Wettbewerbs zu nutzen (Chancennutzung)
Verpackungsstrategie: • Aussage auf Verpackung • Darstellung Verpackung • Form, Design Verpackung • Handhabung • Packungsaussage und -anmutung im Vergleich zur Werbekampagne • Kommunikationsgrad Verpackung/Etikett • Positionierung und USP bei Verpackung/Etikett erkennbar?				
Budgetstrategie und -volumen				
„Share of Voice"				
Werbe-/Marktanteilratio (Werbeanteil : Marktanteil)				
Budget-Split (Media, VKF, PR usw.)				

Abbildung 18: Visueller Wettbewerbsspiegel
Quelle: Rainer H.G. Großklaus: Das How-to-Buch Marketingplan, 2. Auflage, München 2002

98 *Die Informationsphase*

Ein sehr wichtiger Punkt – den es zu bearbeiten gilt – ist der Punkt der Erfolgskennziffern, z.B. das Verhältnis Werbeanteil zu Marktanteil. Da der Marktanteil eng mit den Werbeaufwendungen korreliert, sind bestimmte Vergleichsdaten von der Konkurrenz für Ihr eigenes Unternehmen wichtig und darüber hinaus höchst interessant, weil Sie daraus einen großen Nutzen ziehen können. Die darin enthaltenen Informationen sagen Ihnen, welche Anstrengungen Ihre Konkurrenz im Vergleich zu Ihnen unternimmt, um ihre Marktposition zu verteidigen. Um hier tiefer in die Materie einsteigen zu können, benötigen Sie folgende Informationen:

- den Marktanteil in Menge und Wert (dieser wurde auch schon in der Konkurrenzanalyse erhoben),
- das Budgetvolumen in Euro,
- den „Share of Voice" (zur Berechnung des „Share of Voice" benötigen Sie das gesamte Werbeaufkommen der Branche sowie die Werbeinvestitionen Ihrer Konkurrenz und Ihre eigenen Werbeinvestitionen).

Eine Frage stellt sich nun: Wie können Sie diese Daten zielorientiert verarbeiten? Hierzu ein kleines Beispiel. Nehmen wir an, Ihr Hauptwettbewerber hat einen Werbeanteil von 39 Prozent – gemessen am Gesamtwerbeaufkommen der Branche – sowie einen wertmäßigen Marktanteil von 29 Prozent. Der Markt insgesamt kann als ein junger, wachstumsstarker Markt bezeichnet werden. Zwei starke Anbieter beherrschen diesen Markt, Ihr Unternehmen ist eins davon. Darüber hinaus gibt es noch einige andere Anbieter, die allerdings keine so große Rolle spielen. Sie sind eher als Grenzkostenanbieter zu bezeichnen, die einen preisaggressiven und teilweise ruinösen Wettbewerb untereinander führen. Obwohl Ihr Leistungsangebot qualitativ besser ist, haben Sie nur einen wertmäßigen Marktanteil von 26 Prozent. Der Werbeanteil Ihres Produkts liegt bei 23 Prozent. Nach der Werbe-/Marktanteils-Beziehung ergeben sich für Sie folgende Erkenntnisse:

■ Hauptwettbewerber

– Werbeanteil (Share of Voice) : $\frac{39}{29}$ = 1,4 Werbe-/Marktanteilsfunktion
– Marktanteil (Share of Market) :

■ Ihr Produkt

– Werbeanteil (Share of Voice) : $\frac{23}{26}$ = 0,89 Werbe-/Marktanteilsfunktion
– Marktanteil (Share of Market) :

Obwohl Sie mit einem geringeren Budgetaufwand Ihre Position im Markt verteidigen, haben Sie dennoch mit dem eingesetzten Budget ein besseres Marktanteilsniveau realisieren können als Ihre Konkurrenz. Mit immerhin 16

Prozent-Punkten weniger Werbeanteil haben Sie einen Marktanteil realisiert, der nur 3 Prozent-Punkte unter dem Marktanteil Ihrer Konkurrenz liegt. Ihre Konkurrenz dagegen hat 16 Prozent-Punkte mehr einsetzen müssen, um 3 Prozent-Punkte mehr Marktanteil zu gewinnen. Das Fazit ist, dass Sie Ihren Mitteleinsatz vielleicht mit mehr Fingerspitzengefühl gehandhabt haben. Gleichzeitig wird damit zum Ausdruck gebracht, dass Ihr Produkt eine bessere Kaufakzeptanz hat. Vielleicht war Ihre Werbekampagne auch sehr viel kreativer, ansprechender und merkfähiger als die Ihrer Konkurrenz. Auf der anderen Seite könnten Sie aber auch aus der Sichtweise der Potentzialgewinnung festgestellt haben, dass Sie Ihre Mittel ineffektiver oder zu zaghaft eingesetzt haben. Hätten Sie mehr in Ihren Markt investiert, hätten Sie vielleicht sogar einen höheren Marktanteil erringen können und dies wahrscheinlich mit einer akzeptablen Werbe-/Marktanteilsratio. In diesem Beispiel wäre es gut gewesen, wenn Sie den Werbeanteil gleich dem Marktanteil gesetzt hätten. Zu erwähnen bleibt jedoch für diese Methode, dass sie die immer erwünschte Kreativität nicht berücksichtigt. Dennoch stellt diese Methode wegen ihrer einfachen Handhabung ein doch recht effizientes Analyse-, Planungs- und Budgetierungsinstrument dar.

Marktfaktoren	Produkte			
	Ihr Produkt (A)	Hauptwettbewerber (B)	Differenzergebnis (A)	(B)
Werbeanteil	23 %	39 %	– 16	+ 16
Martkanteil	26 %	29 %	– 3	+ 3

Empfehlenswert ist es, sich – möglichst sofort – eine **Erfahrungskurve der Werbe-/Marktanteilbeziehung** über Ihren Wettbewerb und über Ihr eigenes Produkt anzulegen.

Ein Beispiel aus dem Tafelschokoladenmarkt. Die hier dargelegten Zahlen und Produktnamen sind aus rechtlichen Gründen geändert. Die Werbeausgaben in diesem Markt belaufen sich auf 66 698 100,00 Euro. Insgesamt wurden 200 000 t Tafelschokolade abgesetzt. Ihre Marke z.B. Alpa hat eine Tonnage in Höhe von 7 024 t abgesetzt (siehe hierzu Abbildung 19: Share of Voice und Werbeausgaben pro Tonnage (WAR)). Die hier ermittelten, wichtigen Ergebnisse übertragen Sie dann in eine Erfahrungskurve, wie sie Abbildung 20 zeigt.

Beispiel: Tafelschokoladenmarkt				
Marken	Werbe-ausgaben	„Share of Voice"	Tonnage	Werbe-ausgaben pro Tonnage in € „WAR"
Sachard	4 413 000,00	6,62 %	48 136,00	91,68
Sport	17 281 000,00	25,91 %	35 438,00	587,64
Mohr	45 000,00	0,07 %	1 400,00	32,14
Sengel	8 958 000,00	13,43 %	4 938,00	1 814,09
Dalicio	4 157 000,00	6,23 %	328,00	12 673,78
Alpa	1 614 000,00	2,42 %	7 024,00	229,78
A.A	30 230 000,00	45,32 %	102 736,00	294,25
Marken total	**66 968 100,00**	**100,00 %**	**200 000,00**	**333,49**

Abbildung 19: Share of Voice und Werbeausgaben pro Tonnage (WAR)

Die dafür notwendigen Informationen erhalten Sie z.B. von der A.C. Nielsen GmbH und Schmidt & Pohlmann, deren Adressen Sie im Anhang nachlesen können. Möglicherweise erhalten Sie diese und andere Informationen auch von Ihrer Werbeagentur oder von Ihrem Marketingberater.

Eine solche Erfahrungskurve hat den Vorteil, dass Sie die daraus gewonnenen Erkenntnisse sofort in Ihre Marketingplanung und Budgetüberlegungen einbeziehen können. Aus Ihrer Erfahrungskurve können Sie zumindestens Anhaltspunkte für die einzusetzende Budgethöhe entnehmen, die z.B. für die erfolgreiche Durchsetzung Ihrer Positionierungsstrategie notwendig ist.

Zusätzlich zu diesen Arbeiten motivieren Sie Ihren **Außendienst**, ebenfalls wichtige Informationen einzuholen. Hier eine kleine Checkliste dazu:

▶ Produktmuster aller Größen, Sorten und Preislagen
▶ Substitutions- und Komplimentärprodukte
▶ Preislisten
▶ Salesfolder
▶ Verkaufsförderungs- und Werbemittel
▶ Preise:
  – Bruttoabgabepreise (Listenpreise)
  – Nettoabgabepreise
  – Konditionen (Naturalrabatte, Rechnungsrabatte, Skonti, Platzierungsrabatte usw.)

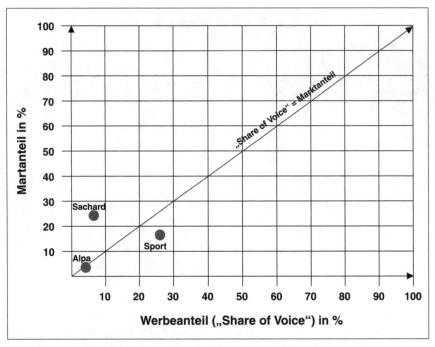

Abbildung 20: Erfahrungskurve Werbe-/Marktanteils-Ratio

- Handelsspanne
- Aktionspreise
- Endverbraucherpreise
▶ Produkte
- Neue Konkurrenzprodukte
- Mögliche Substitutionsprodukte
- Verpackung und Verpackungsänderungen
- Durchgeführte Preisaktionen bzw. -modifikationen,
▶ Verkaufsförderungsmaßnahmen
- Verkostungsaktionen
- Eingesetzte Verkaufsförderungsmittel usw.

Fotografieren Sie alle Produktmuster für Ihr Archiv. Anschließend überlassen Sie die Produktmuster dem **Labor**, mit der Bitte um eine konkrete Rezeptur- bzw. Technolgie-Analyse z.B. über:

▶ Farbe
▶ Geruch
▶ Substanz
▶ Konsistenz

- Geschmack
- Design
- Aussehen
- Qualität.
- Technologie usw.

In Zusammenarbeit mit den Bereichen **Labor, Forschung und Entwicklung, Einkauf, Produktion und Technik** erhalten Sie weitere Informationen z.B. über:

- Quelle der Rohware/Technologie
- Kosten der Rohware/Technologie
- Lieferbedingungen und Beschaffenheit der Rohware/Technologie
- Haltbarkeit der Rohware/Technolgie usw.

Die Quelle der Rohware und alles, was damit zusammenhängt, sind später für die Suche und Entwicklung Ihrer Positionierung und eines USP sehr wichtig. Es können sich z.B. Optimierungsmöglichkeiten für die Positionierung und für den USP herausstellen, Beispielsweise wenn die Verpackungen von den Abteilungen Produktion und Technik analysiert werden. Das kann überraschende Ergebnisse für Verbesserungsempfehlungen mit sich bringen.

Hierzu ein Beispiel: Ein Unternehmen A hatte vor einigen Jahren einmal das Produkt einer bekannten Marke – wir nennen sie hier B – für „Süßen Brotaufstrich" imitiert und eingeführt. Das Produkt wurde im Glas abgefüllt. Die Zielgruppe dieser bekannten Marke waren Kinder, Jugendliche und Erwachsene. Die Erwachsenen konsumierten diese Marke, weil sie sie aus ihrer Kinder- und Jugendzeit schon kannten. Durchgeführte Schwächeanalysen brachten das Unternehmen A auf eine wunderbare Idee. Es verpackte die Imitation in einer Tube. Die dann folgende Produktaussage: *„Jetzt wird auf die Tube gedrückt"* sprach klar nur die Zielgruppe Kinder an. Über den Spieltrieb der Kinder wurde die Zielgruppe besonders „witzig" angesprochen. Die Einführung war damals recht erfolgreich.

Der nächste wichtige und unumgängliche Schritt in dieser Informations- und Analysephase ist die juristische Überprüfung der Konkurrenzkampagnen und Werbemittel.

Die Phase der juristischen Überprüfung des Wettbewerbs

Lassen Sie alle Werbemittel und Werbekampagnen Ihrer Konkurrenz auf Rechtmäßigkeit überprüfen. Ziel dieser Überprüfung ist herauszufinden, was Ihre Konkurrenz aus juristischer Sicht gut und richtig, oder auch falsch und schlecht gemacht hat. Fehler Ihrer Konkurrenz könnten für Sie vielleicht Positionierungschancen und -lücken darstellen, die Sie nutzen können (sollten).

Wer vollzieht eine solche juristische Prüfung? Eine Möglichkeit wäre, Ihren Hausjuristen mit dieser Aufgabe betrauen, eine andere, diese Prüfung Ihrer Agentur zu überlassen. Viele Werbeagenturen beschäftigen eigene Hausjuristen. Wenn beides machbar ist, umso besser. Sie erhalten dann zwei von einander unabhängige Aussagen, was sein darf, was nicht, und was, mit einem gewissen Risiko behaftet, nach dem geltenden Wettbewerbs- und Deklarationsrecht „durchgefochten" werden kann. Hier bleibt dann zu prüfen, welche Kosten und welcher Erfolg dahinter stehen. Dies ist immer individuell abzuwägen.

Was Sie dem Juristen zur Überprüfung vorlegen sollten:

- den ausgearbeiteten „Visuellen Wettbewerbspiegel",
- die Produktkonkurrenz-Analyse (hiermit kann ermittelt werden, ob die Aussagen mit der Produktformel übereinstimmen),
- die Print-, TV- und Funkkampagnen, Verpackungen, Etiketten, Salesfolder, Plakate usw.,
- mögliche eigene Positionierungsstrategien, die Sie schon einmal grob angedacht haben aufgrund des vorliegenden „Visuellen Wettbewerbsspiegels" und der darin enthaltenen „Schwächen" des Wettbewerbs.

Welche Fragen zu den oben genannten Informationen sind nun für die Planung Ihrer Positionierung wichtig und juristisch zu beantworten? Die folgende Checkliste soll Ihnen Anhaltspunkte liefern für das, was Sie mindestens wissen sollten, und gegebenenfalls Anstöße für eventuelle Ergänzungen und Modifikationen geben.

Checkliste juristische Überprüfung
• Gibt es juristische Bedenken zu: – Kampagnen (TV, Funk, Anzeigen, Plakate usw.)? ❏   – Verkaufsförderungsmittel (Salesfolder, Flyer, Plakathänger usw.)? ❏   – Internetauftritt, Homepage? ❏   – Etiketten und Label? ❏   – Verpackung (erweiterte Frage: ist sie geschützt)? ❏   – Markenpolitik (Name, Farbe, Form, Design, Technik usw.) ❏   – Produktstruktur? ❏   – Texten und Aussagen? ❏   – Darstellung der Informationen (sowohl verbal als auch visuell wie auch melodisch)? ❏   – ... ❏
• Sonstige Bedenken: – heute ❏   – zukünftig ❏   – national ❏   – international/auf europäischer Ebene? ❏
• Bekanntgabe, welche Quellen zur Ermittlung der Recherchen verwendet worden sind (als Nachweis für spätere Unstimmigkeiten) ❏
• Überprüfung der eigenen Positionierungsstrategie, die Sie innehaben bzw. planen ❏
• Mögliche Kosten für die Durchsetzung der angedachten Positionierungsstrategie (z.B. Anmeldung der Marke, Name schützen lassen, weitere juristische Klärung z.B. für verbale und visuelle Umsetzung usw.). ❏
• Schlüssige Zusammenfassung und juristische Empfehlung ❏

Lassen Sie den oder die Juristen ebenso wie die Bereiche Forschung, Entwicklung und Technik mit der Abbildung 21: „Produkttechnische und juristische Überprüfung" arbeiten. Sie dient Ihnen später auch als Schlussdokument, das der Positionierungs-Dokumentation beigefügt wird.

Bewertungsfaktoren / Überprüfungsfaktoren	mögliche, ernsthafte Bedenken und Begründungen	Quellenangabe, Verordnungen	mögliche Gegenmaßnahmen und Kosten	unsere eigenen Möglichkeiten/Chancen	unsere Risiken, Kosten sowie Zeitrahmen	was soll wann unternommen werden		
						nichts	kurzfristig	mittelfristig
Labor/Technik								
• Produktstruktur								
• Produktzusammensetzung								
– Rohware								
– Vitamine								
– Mineralien								
– Material usw.								
• Produkttechnik								
• Deklarationsvorschriften usw.								
Labor	Datum:			Unterschrift:		zurück an Marketing!		

Abbildung 21: Produkttechnische und juristische Überprüfung

106 *Die Informationsphase*

Bewertungsfaktoren / Überprüfungsfaktoren	mögliche, ernsthafte Bedenken und Begründungen	Quellenangabe, Verordnungen	mögliche Gegenmaßnahmen und Kosten	unsere eigenen Möglichkeiten/ Chancen	unsere Risiken, Kosten sowie Zeitrahmen	was soll wann unternommen werden		
						nichts	kurzfristig	mittelfristig

Rechtsabteilung
• TV – Funk – Print – Internet
  – Aussage
  – Aussagen in Verbindung mit Bild und Ton
  – Markenname (schutzfähig?)
  – Markenname in Verbindung mit Bild, Ton und Deklaration
  – Markensymbole (schutzfähig?)
  – Markenfarben (geschützt?)
  – Verpackung (schutzfähig?)
  – Verpackung in Verbindung mit Bild und Deklaration
• Verkaufsförderung
  – Aussagen bei den VKF-Mitteln
  – VKF-Mittel in Verbindung mit Bild und Ton
    = Durchsagen im Handel usw.
• Generelle Zusammenfassung
• Labor
• Rechtsabteilung								

Labor	Datum:		Unterschrift:			zurück an Marketing!		

Abbildung 21: Produkttechnische und juristische Überprüfung

Über welche Erkenntnisse verfügen Sie bis hierher aufgrund Ihrer Recherchen? Fassen wir kurz zusammen:

Arbeitshilfe „Analyse und Interpretation der Markt- und Wettbewerbsdaten" (Abbildung 17): Sie wissen alles über Ihren Zielmarkt, seine Entwicklung über die letzten fünf Jahre und die heutige Situation des Marktes. Sie haben aufgrund der Vergangenheitswerte schon einmal eine Prognose für die nächsten drei Jahre erstellt und haben daraus die möglichen Risiken wie auch die möglichen Chancen ermittelt. Darüber hinaus haben Sie die eigenen Stärken und Schwächen und die möglichen Chancen ermittelt. Mit der gleichen Vorgehensweise sind Sie bei Ihren beiden wichtigsten Hauptwettbewerbern vorgegangen. Die Bewertung Ihres eigenen Unternehmens und die Bewertung Ihrer Konkurrenz bezieht sich dabei auf folgende Fakten und Daten:

- soziodemografische und motivationspsychologische Zielgruppenmerkmale,
- Produktpolitik,
- Preispolitik,
- Werbepolitik,
- Mediapolitik,
- Public-Relations- und Produktpublizitätspolitik,
- Budgetpolitik,
- Messe- und Veranstaltungspolitik,
- Markenpolitik,
- Positionierungspolitik,
- Promotionspolitik,
- Distributionspolitik,
- Verpackungspolitik,
- Servicepolitik,
- Produktionspolitik,
- Marketingpolitik,
- Personalpolitik,
- Organisationspolitik.

Arbeitshilfe „Visueller Wettbewerbsspiegel" (Abbildung 18): Mit dieser Arbeitshilfe verfügen Sie über volle Kommunikationstransparenz im Hinblick auf Ihre Konkurrenz. Sie wissen ganz genau, wie Ihre Konkurrenz im Markt, sowohl visuell als auch verbal, über bestimmte Medien auftritt.

Arbeitshilfe „Share of Voice und Werbeausgaben pro Tonnage" (Abbildung 19) **und Arbeitshilfe „Erfahrungskurve Werbe-/Marktanteils-Ratio"** (Abbildung 20): Sie kennen die Stärke oder Schwäche der eigenen Werbe-/Marktanteilsbeziehungsfunktion wie auch die Ihrer Konkurrenz über das Anlegen einer Erfahrungskurve. Mit der **Arbeitshilfe „Produkttechnische und juristi-**

sche Überprüfung" (Abbildung 21) verfügen Sie auch über Kenntnisse darüber, wo die Stärken und Schwächen Ihrer eigenen Produktpolitik, aber auch die Ihrer Konkurrenz liegen und wo aus juristischer Sicht die Stärken und Schwächen bei Ihrem eigenen Produkt aber auch dem Ihrer Konkurrenz zu sehen sind.

Mit diesen Erkenntnissen haben Sie sich ein umfassendes Bild über Ihren Markt, Ihr Unternehmen und den Wettbewerb geschaffen. Es empfiehlt sich jetzt, diese Erkenntnisse in einem **Management-Papier I** kurz und prägnant schriftlich zu fixieren, damit Sie später wissen, wie Sie und warum Sie so oder eben so entschieden haben. Der Aufbau eines solchen **Management-Papiers I** könnte folgendermaßen aussehen:

- die **Marktsituation** mit kurzer Prognose und Begründung,
- die **Absatzmittlerstrukturen**,
- die **Wettbewerbssituation** und das Leistungsangebot,
- die **Zielgruppenbeschreibung**,
- die **eignen Stärken/Schwächen und Risiken/Chancen** und die des engeren Wettbewerbs,
- die **Lösung**: Ziele, Strategie, Maßnahmen sowie weiteres Vorgehen und Kosten.

Dieses Management-Papier I bekommen – je nach Wichtigkeit und Unternehmensgepflogenheiten – alle wichtigen Ressorts wie auch Ihre Werbeagentur. Möglicherweise sollte Ihre Agentur mit weiter reichenden Informationen ausgestattet werden, damit sie einen detaillierten und tieferen Einblick in das Projekt erhält und gegebenenfalls zu dem einen oder anderen Punkt qualifizierter Stellung nehmen kann. Ein schriftliches Management-Papier I ist in dieser Phase sehr wichtig. Sie können alles noch einmal in Ruhe nachlesen, gegebenenfalls wahrgenommene Informationslücken schließen bzw. Überflüssiges eliminieren.

Der nächste Schritt, der sich hier anschließt, wenn Sie eine erfolgreiche Positionierung entwickeln wollen, ist die unumgängliche **Psychologische Verbrauchersegmentierung**. Dieser Schritt kostet Geld, und dafür benötigen Sie in der Regel das O.K. Ihrer Geschäfts- bzw. Marketingleitung. Bisher haben Sie ja mehr oder weniger im „Desk-Research-Verfahren" und somit kostensparend gearbeitet.

Vertiefende Literatur

Rainer H.G. Großklaus: Das How-to-Buch Marketingplan, 2. Auflage, München 2002
Rainer H.G. Großklaus: Arbeitshandbuch Werbestrategie und -konzeption, Essen 1990
Erwin Matys: Praxishandbuch Produktmanagement, Frankfurt 2005
IFAM-Institut: Die 199 besten Checklisten für Ihr Marketing, Landsberg/Lech 1998
Manfred Schwarz, Jürgen Wulfestieg: Die Sehnsucht nach dem Meer wecken, Frankfurt 2003
Werner Pepels: Handbuch Moderne Marketingpraxis, Band 1, Düsseldorf 1993

Kapitel 4

Die Phase der Konzeption und Planung

Die psychologische Verbrauchersegmentierung

Was Sie in diesem Kapitel erwartet

Die Praxis zeigt mehr denn je: Ohne die psychologische Segmentierung geht es nicht mehr. Je weniger Differenzierungsmöglichkeiten Produkte und Dienstleistungen durch ihren Grundnutzen darstellen können, umso stärker müssen sie mit emotionalen Werten unterstützt werden. In diesem Kapitel erfahren Sie, wie Sie die Planung und Vorgehensweise einer psychologischen Verbrauchersegmentierung einleiten, welchen Nutzen und welche Ergebnisse diese für Ihre Positionierungsarbeit bringen kann und wie Sie die Ergebnisse einer solchen Studie für Ihre Positionierungsarbeit mit ein- und umsetzen können.

Die Bedeutung der soziodemografischen und psychologischen Verbrauchersegmentierung heute

Die soziodemografische Methode der Verbrauchersegmentierung geht von der Annahme aus, dass die soziodemografischen Merkmale das Verhalten der Zielgruppenmitglieder der Segmente bestimmen. Die Praxis zeigt aber, dass dies nicht der Fall ist. Denn: Je weniger Differenzierungsmöglichkeiten Produkte und Dienstleistungen durch ihren Grundnutzen deutlich machen, umso stärker müssen sie subjektiv (emotional) ausgerichtet werden. Die Emotionen, wie z.B.

- Liebe,
- Freiheit,
- Abenteuer,
- Geborgenheit,

um nur einige zu nennen, sind es, die zum Kauf „verführen". Umso stärker muss auch die psychologische Verbrauchersegmentierung eingesetzt werden.

Es ist nachgewiesen, dass es enge Zusammenhänge zwischen:

- der Persönlichkeitsstruktur,
- dem sozial-psychologischen Verhalten,
- der Einstellung zum relevanten Produkt (die Affinität zu einem bestimmten Produkt)

und dem allgemeinen Kaufverhalten der Verbraucher gibt. Das sozialpsychologische Rollenverhalten wird von diesen Einflüssen gelenkt, das Rollenverhalten bestimmt wiederum die Bedürfnisse, Einstellungen und Motive bezüglich einer bestimmten Lebensführung und den Kauf entsprechender Produkte. Hier wird deutlich, dass die unterschiedlichen Ausprägungen der Einflüsse zu Markenablehnungen bzw. zu Markenpräferenzen im interessierenden Umfeld führen. Dennoch gibt es Verbrauchergruppen, die die gleichen Persönlichkeits- und Einstellungsstrukturen zeigen, aber aus unterschiedlichen sozialen Schichten kommen und aufgrund ihrer sozialen „Herkunft" nicht die gleiche Kaufkraft für die spezielle Befriedigung ihrer Wünsche zur Verfügung haben.

Aufgrund dieser Erkenntnisse geht man davon aus, dass die Ablehnung oder Präferenz (trotz möglicherweise hoher Identifizierung) einer Marke durch:

- soziale und/oder
- finanzielle

Faktoren gesteuert wird. Abbildung 22 verdeutlicht dies.

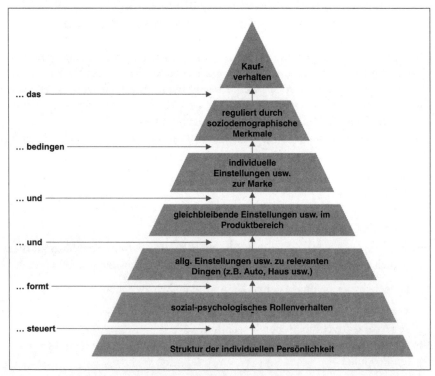

Abbildung 22: Psychologische Kaufverhaltenszusammenhänge
Quelle: Rainer Großklaus: Checklist USP – Produktpositionierung und Produktversprechen systematisch entwickeln, Wiesbaden 1982

Die Phase der Konzeption und Planung

Eines jedoch sollten Sie stets bei Ihrer Positionierungsarbeit berücksichtigen: Bei der psychologischen Verbrauchersegmentierung stehen immer die Merkmale im Vordergrund, die das tatsächliche Verhalten der Verbraucher bestimmen:

▶ die individuelle Persönlichkeit
▶ sowie ihre Einstellung, Verhaltensweisen, Emotionen und Motive.

Dennoch: Die Praxis wünscht sich selbstverständlich auch heute noch die soziodemografischen Daten zur Vervollständigung und Abrundung des Verbraucherbilds, jedoch sind diese eher zweitrangig. Siehe hierzu auch das Beispiel der Waschmittelmarken *Persil Color* und *Ariel Color* dargestellt im Kapitel „Die Marktführerposition" (S. 36 ff.). Das Fazit der Marketingverantwortlichen bei *Procter & Gamble* war: Weg von der rein soziodemografischen Zielgruppenbeschreibung, hin zur motivationspsychologischen Zielgruppendefinition. *Procter & Gamble* gelang es mit der motivationspsychologischen Zielgruppenbeschreibung und entsprechenden Produktleistungsmerkmalen, das Vertrauen der Zielgruppe zurück zu gewinnen. *Persil* und *Ariel* tauschten wieder die Plätze. Mit dieser Vorgehensweise wurde die Positionierung der Marke *Ariel* fundamental gestärkt.

Über die psychologische Verbrauchersegmentierung, die eine heterogene Verbraucherschaft in homogene potenzielle Segmente (Cluster) aufsplittet, lässt sich also eine erfolgreiche Positionierung finden. Erfolgreiche Marken haben in der Regel ein „Single Minded Positioning". Aus diesem Grunde – und hier werden in vielen Unternehmen die meisten Fehler gemacht – kann man eine Marke, ein Produkt nicht einfach in ein Segment aus einer Segmentationsstudie „hineinpositionieren". Ein solches Segment wird durch eine bestimmte Kombination von über- und unterdurchschnittlich ausgeprägten psychologischen Faktoren bestimmt.

Deshalb muss die Positionierung einer Marke auf (idealer Weise) *einen* psychologischen Faktor (Bündel von mehreren psychologischen Eigenschaften, die reduziert werden) hin erfolgen. Dadurch werden in den verschiedenen Verbrauchersegmenten verschieden viele Zielgruppenmitglieder wirksam angesprochen. Dies geschieht entsprechend den unterschiedlichen mittleren Ausprägungen des psychologischen Faktors in den jeweiligen Verbrauchersegmenten und seiner unterschiedlichen Korrelation mit anderen wichtigen psychologischen Faktoren. Abbildung 23: „Psychologische Eigenschaftsbündel/-dimensionen" verdeutlicht das eben beschriebene Thema.

Der eigentliche Ausgangspunkt der Positionierung einer Marke ist die „positiv diskriminierende" Produkteigenschaft. Aus dieser Perspektive gesehen ist dann zu ermitteln, mit welchen psychologischen Faktoren eines Verbrauchersegments sowohl die rationalen als auch die emotionalen Eigenschaften eines

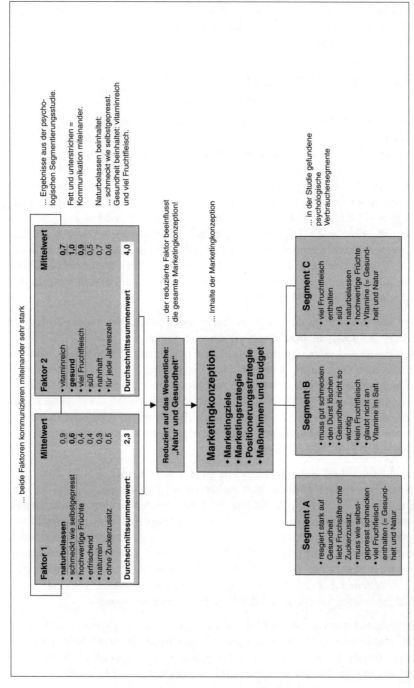

Abbildung 23: Psychologische Eigenschaftsbündel/-dimensionen

Produkts glaubhaft „verknüpfbar" sind (z.B. die Zigarette *Marlboro:* Zigarette rauchen, Männlichkeit, Freiheit, Abenteuer ...). Diese zielgruppenspezifischen rationalen und emotionalen Produkteigenschaften sind dann gleichermaßen die Stärken, aber auch die Schwächen des Produkts, die in der Positionierung deutlich werden. Die Verbraucher, die die Stärken inklusive Teilschwächen akzeptieren, sind in der Marketingwelt die „Heavy User" (Intensivverwender). Die, die sie nicht oder weniger akzeptieren, werden als „Non-User" bzw. als „Light User" bezeichnet. Dies als zusätzlicher Hinweis für Ihre späteren Positionierungsüberlegungen und alles, was damit zusammenhängt.

Lernen Sie Ihre Zielgruppe und Ihre Positionierungsmöglichkeiten kennen

Nachdem Sie sich ausreichend mit der Analyse Ihres Marktes, des Wettbewerbs und Ihres Unternehmens beschäftigt haben, ist es jetzt an der Zeit, sich intensiv den verschiedenen Verbraucher-Typen, ihren Einstellungs- und Verhaltensweisen, Erwartungen, Motiven und Emotionen zu widmen. Das Wissen um die tatsächliche Zielgruppe hat höchste Priorität. Um an die Zielgruppe heranzukommen, müssen Produkt und Werbung heute ein sehr engmaschiges imaginäres Netz durchdringen.

Die erfolgreiche Positionierung eines Produkts setzt voraus, das Produkt physisch und werblich der Zielgruppe so anzubieten, dass es „passt", das heißt den Vorstellungen, Erwartungen und Motiven der anvisierten Zielgruppe in optimaler Weise entspricht.

Um diese Zielgruppe zu finden und ihre Motive, Vorstellungen und Erwartungen an das Produkt herauszufinden, setzen erfolgreiche Unternehmen neben der soziodemografischen Segmentierung mit großer Priorität auf die motivationspsychologische Verbrauchersegmentierung und/oder auf das neue Neuromarketing, auf das später eingegangen wird. Die motivationspsychologische Verbrauchersegmentierung konzentriert sich auf die spezifischen Bedürfnisse, Motive, Emotionen, Erwartungen, Einstellungen und Verhaltensweisen der Verbraucher. Die Zielgruppe wird damit primär nach psychologischen Kriterien und nicht – wie sonst üblich – nur nach soziodemografischen Merkmalen ermittelt und definiert. Die psychologischen Merkmale sind es, die über Kauf oder Nichtkauf entscheiden. Damit schafft diese Untersuchung eine hervorragende Ausgangssituation für die Bestimmung und Definition der Zielgruppe und letztlich auch für eine erfolgreiche Positionierungsmöglichkeit. So wird klar: Nur wenn Sie Ihre Zielgruppe hundertprozentig kennen, werden Sie im Markt erfolgreich sein.

Die psychologische Verbrauchersegmentierung hilft, Märkte, Zielgruppen und Positionierungsmöglichkeiten zu finden. Erste Anhaltspunkte haben Sie dafür bereits in der vorangegangenen „Informationsphase" erarbeitet. Diese liefern die informative Basis für die anstehenden Überlegungen und Richtlinien sowohl für die Marketing- als auch für die Positionierungsstrategie und die spätere Copystrategie. Trotzdem gibt es eine Reihe von zum Teil namhaften Unternehmen, die es sich leisten „wollen" – unter Missachtung dieser Erkenntnisse – ihr Leistungsangebot mit einer „Probierpositionierung" ins Rennen zu schicken. Was daraus entsteht, ist schon hundertmal beschrieben worden, so dass hier nicht weiter darauf eingegangen werden muss. Würden diese Unternehmen den so entgangenen Gewinn in eine angemessene, kostengünstige Studie investieren, wären sie besser beraten und hätten unter Umständen zusätzlichen Gewinn realisiert. Beispielhaft für Unternehmen, die ihre Märkte, Zielgruppen und Positionierungsmöglichkeiten genau kennen, seien hier genannt:

- *Ferrero*
- *Nestlé*
- *Beiersdorf*
- *Mercedes, BMW* usw.
- *Eckes/Granini*
- *Coca-Cola*
- *Marlboro*
- *West*
- *Suchard* u.v.a.

Positionierungsstrategien sind nicht nur für große finanzstarke Unternehmen gedacht. Sie sind ganz besonders auch für kleine und mittelständische Unternehmen von größter Wichtigkeit, um sich Wettbewerbsvorteile auf einem engen und dynamischen Markt zu verschaffen. Dass die Entwicklung von Positionierungsstrategien und die damit verbundene Segmentierung nicht immer gleich mit hohen Kosten verbunden sind, zeigt das Näherungsverfahren mithilfe von Verlagsstudien, auf das später noch detailliert eingegangen wird.

Ergebnisse der motivationspsychologischen Verbrauchersegmentierung

Welche Erkenntnisse eine motivationspsychologische Verbrauchersegmentierungs-Studie Ihnen für die strategische Marketing- und Positionierungsarbeit bietet, soll hier kurz skizziert werden:

1. Die Anzahl der psychologischen Segmente im interessierenden Produktumfeld.
2. Die Größe der psychologischen Segmente (hier werden Käufer erfasst, die das Produkt schon verbrauchen, aber auch die latent motivierten Verbrauchergruppen).
3. Die Beschreibung der psychologischen Segmente (hier wird das Gemeinsame, die Persönlichkeitsstruktur, das Persönlichkeitsverhalten usw. jedes Segments, das das gleichartige Interesse an bestimmten Produkten, Dienstleistungen usw. verursacht, erklärt).
4. Die Einstellungen, Erwartungen, Motive, Verhaltensweisen der Segmente. Sie bilden den Hintergrund des Kaufentscheids für ein Produkt bzw. eine Dienstleistung.
5. Das Kauf- und Verbrauchsverhalten der Segmente (hier werden die segmentspezifische Produkt-, Marken- sowie Konkurrenzmarken-Durchdringung zum einen und die Kauf- und Konsum-Intensität zum anderen ermittelt und definiert).
6. Das Media-Verhalten der Segmente (hier werden die wirtschaftlichen Faktoren zur Erreichung der Segmente bzw. von deren Zielgruppenmitgliedern über die Kommunikationspolitik definiert, also welche Medien wie und zu welchem Zeitpunkt genutzt werden).

Diese sechs Punkte stellen zugleich auch das eigentliche Ziel der motivationspsychologischen Segmentierung dar.

Der Nutzen der motivationspsychologischen Verbrauchersegmentierung

Das Wissen, das Sie aus dieser Studie ziehen werden, ist enorm und gibt Ihnen einen entscheidenden Wissensvorsprung gegenüber Ihrer Konkurrenz:

1. Konzentration des Produktangebots und der entsprechenden Kommunikationsmaßnahmen auf ein oder mehrere Segmente, bei denen große Gemeinsamkeiten bezüglich der psychologischen Faktoren der Verbraucher und des Produkts bestehen.
2. Über den dann auftretenden starken Identifizierungsgrad der Verbraucher mit dem Produkt oder der Dienstleistung entsteht dann auch zwangsläufig eine sehr starke Bindung an das Produkt bzw. die Dienstleistung.

3. Erhöhung der Marktstabilität des Produkts und somit Ausweitung des Lebenszyklusses des Produkts, der Dienstleistung.

4. Abblockung der Anbieter, die für anonyme Segmente (Zielgruppen) produzieren. Somit entsteht eine weitere Festigung dieser markentreuen Segmente für das eigene Produkt, die eigene Dienstleistung.

Die Möglichkeiten der psychologischen Verbrauchersegmentierung

Aus den gewonnenen Verbraucherinformationen dieser Studie bieten sich dem Marketingverantwortlichen (Produktmanager, Marketingmanager, Werbe- und/oder Verkaufsförderungsmanager, Vertriebsmanager usw.) hervorragende Controlling-Möglichkeiten, wie sie Abbildung 24 sichtbar macht.

Die Vorgehensweise bei der psychologischen Verbrauchersegmentierung

In der Praxis hat sich ein Sechs-Phasen-Ablauf bei der Erarbeitung einer solchen Studie bewährt (siehe Abbildung 25).

■ **Phase 1: Festlegung des zu befragenden Personenkreises**

In dieser Phase wird die Struktur der zu befragenden Personengruppen bestimmt. In der Regel sind das vorstrukturierte Konsumentengruppen, die gleiche Verhaltensweisen, Motivationen usw. aufzeigen, die sich aber dennoch differenzieren z.B. durch Alter, Geschlecht, Kaufkraft und Verbrauchsintensität. Was die Verbrauchsintensität betrifft, so definiert man die unterschiedlichen Zielgruppen nach folgenden Klassen:

- Intensivverwender (Heavy User)
- Normalverbraucher (Normal User)
- Leichtverwender (Light User)
- (Noch-)Nichtverwender (Non-User).

Eine weiter segmentierte Struktureinteilung zeigt beispielsweise Abbildung 26. Eine Anmerkung dazu: Je tiefer strukturiert wird, desto größer muss auch die Anzahl der befragten Probanden sein.

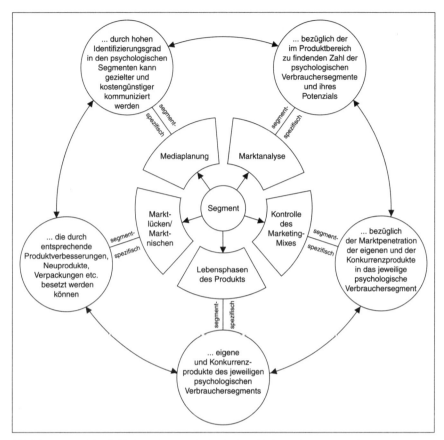

Abbildung 24: Möglichkeiten der psychologischen Verbrauchersegmentierung – Controlling-Möglichkeiten

■ Phase 2: Erfassung und Auswahl der Segmentierungsmerkmale

Hier wird über eine qualitative Vorstudie geklärt, welche Persönlichkeitsmerkmale sowie Verwendungsmotive im interessierenden Produktumfeld von Bedeutung sind.

■ Phase 3: Bildung der motivationspsychologischen Verbrauchersegmente

In dieser Phase wird erhebungstechnisch ein dreistufiges Vorgehen empfohlen, das in Abbildung 27 dargestellt wird. Hier finden in der Regel Gruppendiskussionen und/oder psychologische Einzelexplorationen statt. Befragt werden circa 150 bis 250 Personen. Eine solche Studie hat die Funktion einer Leitstudie. Durch sie werden die motivationspsychologisch zu unterscheidenden Verbrauchersegmente abgegrenzt. Allerdings ist hier noch keine Größen-

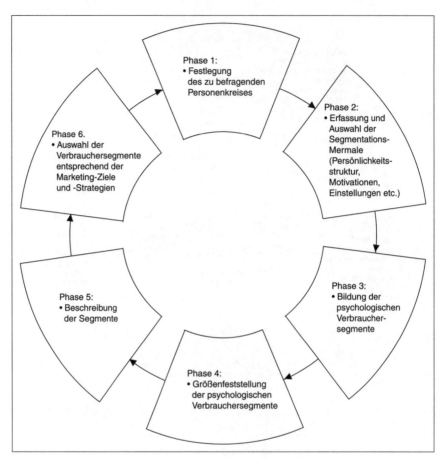

Abbildung 25: Vorgehensweise bei der motivationspsychologischen Verbrauchersegmentierung

feststellung der Segmente möglich. Die Größenfeststellung kann erstmals in der qualitativen Hauptstudie vorgenommen werden. Ein wichtiges Ziel der qualitativen Vorstudie ist es, die schlummernden Motive und Einstellungen der Konsumenten kennen zu lernen, die in einem bestimmten Produktumfeld relevant sein könnten. Hiermit ist es möglich, Items/Statements zu formulieren, mit deren Hilfe in der qualitativen Hauptstudie, über Erkenntnismerkmale und Motive, die Ausprägungen der Persönlichkeitsmerkmale gemessen werden können. Die Befragung erstreckt sich auf produktbezogene Einstellungen und Konsumverhaltensweisen mit dem Ziel, Hypothesen für die Items/Statementbildung zu erhalten.

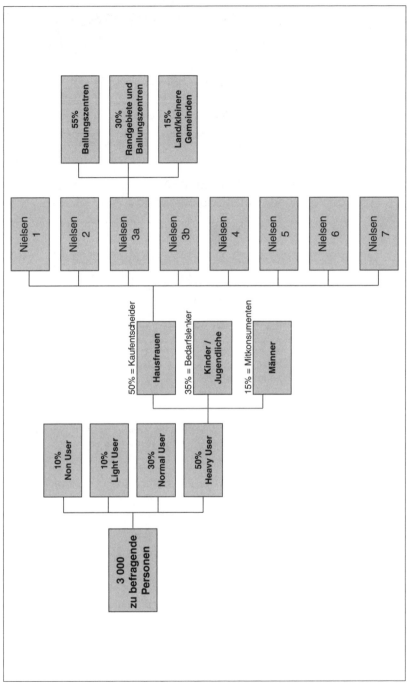

Abbildung 26: Beispiel einer verfeinerten Zielgruppenstruktur-Unterteilung

Die psychologische Verbrauchersegmentierung

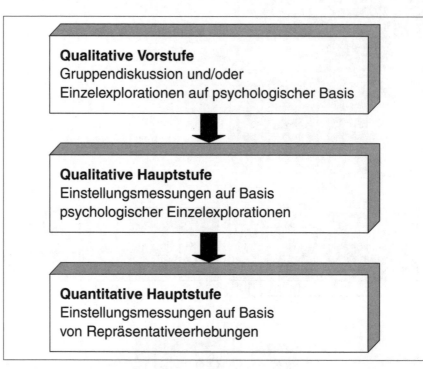

Abbildung 27: Erhebungstechnisches Vorgehen zur Erfassung und Gewichtung von Segmentierungsmerkmalen
Quelle: Rainer H.G. Großklaus: Arbeitshandbuch Werbestrategie und -konzeption, Essen 1990

Die Items/Statements werden über Einstellungsskalen gemessen, wie sie Abbildung 28 darlegt.

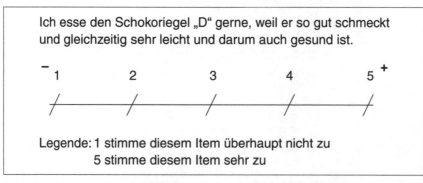

Abbildung 28: Einstellungsskala für die Messung der Ausprägung der Items/Statements

Je nach Akzeptanzgrad ordnet der Befragte die Items/Statements den Punkten auf der Einstellungsskala zu. In der quantitativen Hauptstudie können dann erstmals durch nationale Repräsentativerhebungen bei circa 1 500 bis 2 000 Befragten die Gewichte der motivationspsychologisch abgegrenzten Verbrauchersegmente ermittelt werden. Ebenso wie in der qualitativen Hauptstudie werden in der quantitativen Hauptstudie Einstellungsskalen zur Einstellungsmessung eingesetzt. Für die Auswertung solcher komplexen Studien kommen fast immer spezielle EDV-Programme zum Einsatz. In der Regel sind dies hauptsächlich (bei der qualitativen und quantitativen Hauptstudie) Faktoren- und Clusteranalysen-Programme. Im Verlauf der Bildung von motivationspsychologischen Verbrauchersegmenten ist jedes Segment als eine Gruppe von Verbrauchern definiert, die eine ähnliche Persönlichkeits- und/oder Motivationsstruktur aufzeigen, die sich aber dennoch von den übrigen Konsumenten signifikant differenzieren. Die Abb. 29 zeigt auf, welche abgrenzbaren motivationspsychologischen Verbrauchersegmente z.B. hier im Fruchtsaftsegment gefunden wurden.

Insgesamt haben in diesem Beispiel 14 Einstellungsdimensionen zur Segmentbildung beigetragen:

▶ **Bereich A:** Fruchtsaft allgemein (sechs Faktoren wie z.B. Natürlichkeit, Gesundheit, natürlicher Geschmack usw.)

▶ **Bereich B:** Das Unternehmen/die Marke (fünf Faktoren wie z.B. hoher Preis, Qualitätsbewusstsein, das Unternehmen/die Marke als Qualitätsmerkmal usw.)

▶ **Bereich C:** Kalorienarmer Fruchtsaft (drei Faktoren wie z.B. wenig Kalorien, Schlankbleiben usw.)

Die unterschiedliche Ausprägung dieser Faktoren hat letztlich zu den in Abbildung 29 aufgezeigten motivationspsychologisch abgrenzbaren Verbrauchersegmenten geführt.

■ **Phase 4: Gewichtung und Größenfeststellung der motivationspsychologischen Verbrauchersegmente**

In dieser Phase werden die per Definition abgrenzbaren Segmente quantifiziert. Hier wird unter den 1 500 bis 2 000 Befragten festgestellt, wie groß das Verbraucherpotenzial jedes einzelnen Segments ist. Die Größenfeststellung wird über komplizierte Hochrechnungen mittels EDV erreicht. Abbildung 30 zeigt nochmals auf, wie die Vorgehensweise bei der Quantifizierung der Segmente ist.

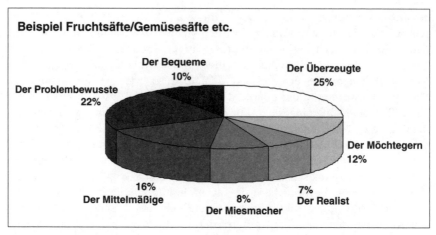

Abbildung 29: Abgrenzbare motivationspsychologische Verbrauchersegmente
Quelle: Rainer H.G. Großklaus: Arbeitshandbuch Werbestrategie und -konzeption, Essen 1990

■ **Phase 5: Beschreibung der motivationspsychologischen Verbrauchersegmente**

In dieser Phase werden die Segmente entsprechend den gefundenen Persönlichkeitsmerkmalen und Verwendungsmotiven detailliert beschrieben. Darüber hinaus werden weitere wichtige Fakten für die strategisch-planerische Arbeit (werbeplanerisch und -konzeptionell) erläutert, wie z.B.:

► Markenpräferenzen
► Markenloyalität
► Einkaufsverhalten
► Produktmerkmale
► Konsummerkmale
► Konsumverhalten
► Mediaverhalten und -präferenzen
► soziodemografische Merkmale usw.

Im Folgenden soll ein Beispiel aus dem Fruchtsaftmarkt eine solche Verbrauchersegmentbeschreibung verdeutlichen. Im Segment: „Der überzeugte Fruchtsafttrinker – der Jasager" findet man überwiegend die folgenden wichtigen Merkmale:

► **Bereich A:** Die Konsumenten legen großen Wert auf die gesundheitliche Wirkung von Fruchtsäften. Diese Fruchtsäfte müssen in erster Linie auch für Kinder geeignet sein.

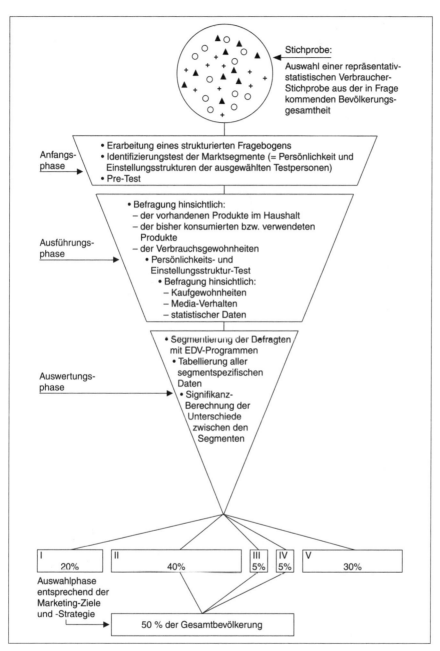

Abbildung 30: Quantifizierung der motivationspsychologischen Verbrauchersegmente
Quelle: in Anlehnung an: Compagnon Marktforschungsinstitut GmbH, Stuttgart, „Modell der marketingorientierten Marktforschung"

- **Bereich B:** Die Konsumenten sind überzeugt, dass die Marke XY ein qualitativ hochwertiges Produkt ist und diese auch gehobene Ansprüche befriedigt.
- **Bereich C:** Alle Konsumenten befürchten vorwiegend, dass sie von einem klaren Fruchtsaft um den Geschmack/Genuss gebracht werden.
- **Allgemeines:** In diesem Segment sind überwiegend Fruchtsaftkenner vorhanden. Sie sind in der Regel eher als konservativ zu bezeichnen und legen großen Wert auf qualitativ hochwertige Produkte, die zugleich bekannt sind, ein gutes Image haben und gut schmecken. Sie sind prestigebewusst. Schlüsseldimension für ihre Einstellung gegenüber Fruchtsäften ist ihr klassisches Verhältnis zu Familie und moderner, gesunder Ernährung (auch Lebensweise). Diese Hausfrauen suchen ihr Prestige in einer Haushaltsführung, die in erster Linie auf Gesundheit und „nur Gutem" basiert, auf moderner, gesunder Ernährung, die auch schmeckt. Diese Einstellung führt daher nicht immer zu ökonomischem Denken. Sie geben lieber etwas mehr Geld für Produktqualität und Produktimage aus. Sie bleiben bezogen auf die Markentreue relativ stabil. Diese Merkmale sind in diesem Segment stärker vertreten als in den übrigen Segmenten. Ihre konservative Einstellung erklärt die schwach ausgebildete Tendenz, einen Markenwechsel vorzunehmen. Bezüglich des Media-Verhaltens findet die TV-Werbung noch überproportionale Beachtung. Ebenso starke Beachtung finden die Programmzeitschriften.

Weitere wichtige Ergebnisse der Studie über Gemüsesäfte sind:
- Wichtigste Konsumbarrieren für Gemüsesäfte sind die Geschmacksvorbehalte. „Was so gesund ist, kann einfach nicht schmecken".
- Hinzu kommt, dass sich die einzelnen Gemüsesaftarten deutlich unterscheiden:
  - bei der Erstverwendung
  - bei typischen Konsumsituationen (Tomatensaft = Katerfrühstück)
  - bei der Bedeutung des Geschmacks (Karottentrunk = süßlich)
  - bei der Gesundheitsbewertung (Karottentrunk = Provitamin A = Haut und Augen/Gemüsesaft = wenig Kalorien, viel Vitamine usw.)

  Diese Unterschiede erfordern eine spezifische Information/Botschaft über die jeweiligen Gemüsesaftarten unter einem gemeinsamen Unternehmensdach.
- Das Unternehmen XY genießt bei den Konsumenten ein sehr positives Image. Es wird als der kompetente Hersteller für Qualität und Geschmack in dieser Branche wahrgenommen. Somit empfiehlt sich, den Unterneh-

mensnamen (Dachmarkennamen) als eine Art Qualitätssiegel in die spätere Werbebotschaft zu übernehmen.

Die soziodemographischen Daten: Es sind eher nichtberufstätige Frauen im Alter zwischen 32 und 55 Jahren mit einem Haushaltsnettoeinkommen bis über 2 300 Euro und mehr. Das Wohnumfeld kennzeichnet sich überwiegend durch Ballungsgebiete aber auch ländliche Wohngegenden.

Dieses Segment ist als Zielgruppe von den Produktmerkmalen her gesehen als sehr geeignet für das Produkt XY einzustufen. Insgesamt umfasst dieses Segment rund 20 Prozent – gemessen an der Gesamtbevölkerung. Abbildung 31 zeigt hier auf, welche Segmente für das Produkt XY in Frage kommen und wie sich z.B. die Werbe-/Copystrategie auszurichten hat, um erfolgreich zu sein.

■ **Phase 6: Auswahl der motivationspsychologischen Verbrauchersegmente**

Diese Arbeitsphase ist schon Bestandteil marketing-strategischer Überlegungen und -ziele. Eine wichtige Aufgabe in dieser Phase besteht darin, unter Berücksichtigung verschiedener Auswahlkriterien die richtigen und passenden Segmente herauszufinden.

Abbildung 32 dient Ihnen hier wieder als Arbeitshilfe. In die vertikale Leiste tragen Sie die ausgewählten Segmente und in die horizontale die zielorientierten Auswahlkriterien ein. Alle eingetragenen zielorientierten Auswahlkriterien erhalten entsprechend ihrer Bedeutung einen Gewichtungsfaktor, um so die Ergebnisse Ihrer Auswahl quantifiziert sichtbar zu machen. Der niedrigste Wert für einen Gewichtungsfaktor ist hier z.B. 1 und der höchste Wert 10. Ein Beispiel: Wenn die Positionierungsmöglichkeiten für Sie von besonders großer Bedeutung sind, dann müsste dieses Auswahlkriterium die Gewichtung 10 erhalten. Wenn Sie jetzt noch, um im vorangegangenem Beispiel im Segment „Der überzeugte Fruchtsafttrinker – Der Jasager" zu bleiben, der Meinung sind, dass z.B. die Segmentgröße und das daraus abgeleitete Absatz- und Umsatzvolumen hervorragend sind, dann geben Sie diesem Segment die höchste Punktzahl, hier die 5. Multiplizieren Sie die 5 Punkte für das Segment mit dem Gewichtungsfaktor der Positionierungsmöglichkeiten 10, dann haben Sie eine Gesamtpunktzahl von 50 erreicht. Diese Vorgehensweise führen Sie für das jeweils zu bewertende Segment über alle Auswahlkriterien fort. Sie erhalten dann im Anschluss der Bewertung eines Segments eine Gesamtpunktzahl. Das Segment mit der höchsten Punktzahl sollten Sie aus marketing-strategischer Sicht präferieren.

	Segment A Der überzeugte FS-Trinker	Segment B Der Möchtegern FS-Trinker	Segment C Der Mittelmäßige	Segment D Der Bequeme
Einstellungen:	Legt großen Wert auf die gesundheitliche Wirkung von FS. Ist überzeugt von der XY-Qualität, die auch gehobene Ansprüche befriedigt. (Leitbild)	Legt Wert auf die gesundheitliche Wirkung und den natürlichen Geschmack (Obst selbstgepresst) von FS. Die Dickflüssigkeit ist für ihn Qualitätsmerkmal. Ist überzeugt, dass XY ihm Genuss bereitet.	Hat durchschnittliche Ausprägung in den Faktoren. Keine negative Einstellung gegenüber FS von XY. (Mitläufer)	– Der natürliche Geschmack von selbstgepresstem Saft hat keine Bedeutung. – Dickflüssigkeit ist Qualitätsmerkmal. – XY ist nicht zu teuer.
Häufige Verwendung: Fruchtsaft Orange/Apfelsaft Gemüsesaft Fruchtsaftähnliche Getränke	++ 0 ++ 0	0 – 0 +	++ 0 0 0	0 0 – ++
Trinken lieber dickflüssige/trübe Säfte	– –	+	0	+
XY: HU XY: NU/LU	+ –	0 –	– 0	0 +
Segmentgröße	8 %	10 %	10 %	3 %

Legende: HU Heavy User; NU/LU Normal User/Light User; FS Fruchtsaft
Zeichen: + + überproportional; + proportional; 0 durchschnittlich; – unterdurchschnittlich; – – sehr wenig

Abbildung 31: Kurzbeschreibung der motivationspsychologischen Verbrauchersegmente Fruchtsäfte

Auswahlkriterien → Segmente ↓	Marktvolumen	Positionierungsmöglichkeiten	USP-/UAP-Möglichkeiten	Verbrauchsintensität	Marktbesetzung	Marktentwicklung	Marktanteilserreichung	Distributionserreichung	Deckungsbeitragserreichung	Benötigtes Budgetvolumen	Produktionsmöglichkeiten	Technisches Know-how	Imageaufladung möglich?	Gesamtnote
Gewichtung *														
Segment A														
Segment B														
Segment C														
Segment D														

* **Gewichtung:** 1 = sehr niedrig, 2 = mittelmäßig, 3 = hoch, 4 = sehr hoch
bzw.: 1 = schlecht, 2 = weniger schlecht, 3 = gut, 4 = sehr gut

Abbildung 32: Auswahl der motivationspsychologischen Verbrauchersegmente nach zielorientierten Auswahlkriterien
Quelle: Rainer H.G. Großklaus: Das How-to-Buch Marketingplan, 2. Auflage, München 2002

Das Näherungsverfahren mithilfe von Verlagsstudien

Nicht jedes Unternehmen kann und möchte sich jedoch eine solche Studie leisten. Neben diesen sehr aufwändigen, komplexen und recht teuren motivationspsychologischen Verbrauchersegmentierungs-Verfahren gibt es auch andere Möglichkeiten, mit weit geringeren Aufwendungen an das gewünschte Ziel zu kommen.

Als Beispiel dafür sei auf die Methode des **Näherungsverfahrens** in Verbindung mit der „Matrix für die Wiederfindung der Segmente über Kampagnen/Sujets" hingewiesen. Diese Methode wird von der Münchener Werbeagentur Serviceplan (Dr. Peter Haller und Rolf Stempel, „In Zukunft entscheidet das Gesamtkonzept" (interne Broschüre, o.J.)) häufig eingesetzt. Dieses Verfahren basiert darauf, dass ausgesuchte Verbrauchertypen auf ihre Ähnlichkeit mit den Typologiemerkmalen von Verlagsstudien („Brigitte-Typologie" von Gruner + Jahr sowie auch die „Typologie der Wünsche" vom Burda-Verlag) hin überprüft werden.

Wenn Sie aus Kostengründen mit dieser recht interessanten Arbeitsmethode arbeiten möchten, dann sei hier noch auf zwei Dinge hingewiesen:

1. Erkundigen Sie sich bei den Verlagen danach, ob Ihre Branche und Produktkategorie in den Verlagsstudien geführt wird.

2. Diese Methode weist selbstverständlich eine gewisse Fehlerquote auf, da die speziellen psychologischen Fakten und Dimensionen Ihres Produkts in solchen Verlagsstudien nicht immer voll, manchmal auch gar nicht berücksichtigt werden und somit die ausgewiesenen Fakten verständlicherweise dann eher eine globalere Bedeutung haben. Anders liegt der Fall, wenn Ihr Produkt oder die Produktgattung in dieser Verlagsstudie ausdrücklich berücksichtigt wurde. Dann lassen sich selbstverständlich qualitativ höherwertige Informationsgehalte daraus ableiten.

Auch wenn Ihr Produkt in solchen Verlagsstudien nicht voll berücksichtigt wird, ist es empfehlenswert, sich mit den Verlagen in Verbindung zu setzen, um möglicherweise andere Informationen über Ihr Produkt oder die Produktgattung zu erhalten. Das können Auszählungen und andere mögliche Daten und Fakten sein.

Abbildung 33 und Abbildung 34 zeigen Ihnen, wie Sie mit dieser interessanten Methode selbst oder mit Ihrem Team eine arbeitsfähige Segmentationsbasis für Ihre marketing- und werbestrategische Arbeit schaffen können.

Wie nun damit arbeiten? In der oberen Reihe der „Übereinstimmungs-Matrix" tragen Sie die für Sie relevanten Verlagstypen ein, die Sie in der Verlags-

Abbildung 33: Übereinstimmungs-Matrix für die Arbeit des „Näherungsverfahrens" mit den Typologiemerkmalen von Verlagstypen
Quelle: in Anlehnung an Dr. Peter Haller/Rolf O. Stempel: In Zukunft entscheidet das Gesamtkonzept, München (eigene Veröffentlichung von Serviceplan Werbeagentur)

Die psychologische Verbrauchersegmentierung 133

Typen und ihre Merkmale	Gefallsüchtiger Mode-Extremist	Modisch-elegante Frau	Modisch-progressiver Mädchentyp
Kommunikationsfelder / Verwendungssituationen	• auffallend • gewagt • sexy • poppig	• romantisch • elegant • damenhaft • korrekt • individuell • modisch	• jugendlich • progressiv • modisch • verspielt • poppig
1 Autofahren	x	x	x
2 Strand, Badeanstalt	x		x
3 Sonnenbaden	x		x
4 Stadtbummel	x	x	
5 Spaziergang in freier Natur			x
6 Zu Hause auf dem Boden			
7 Weg zur Arbeit			
8 Sport: Minigolf, Federball, Ski		x	
9 Beim Einkauf			
10 Verkehrsmittel			x
Mögliche Sujets:	1 Baden in Ibizza 2 beim Passieren einer Diskothek 3 im tiefen Ausschnitt eingehakt	1 Stadtbummel in Florenz, Rom 2 offenes Mercedes Cabrio 3 Hamburger Derby auf der Gegengeraden	1 VW-Buggy am Strand 2. Kirschen pflücken im Gegenlicht 3 Beim Mofafahren

Abbildung 34: Matrix für die Wiederfindung der Segmente über Kampagnen/Sujets
Quelle: in Anlehnung an Dr. Peter Haller/Rolf O. Stempel: In Zukunft entscheidet das Gesamtkonzept, München eigene Veröffentlichung von Serviceplan Werbeagentur)

studie finden und die zu Ihrer Produktkategorie passen. Zum Beispiel: „Gefallsüchtiger Modeextremist" usw. Anschließend tragen Sie die „Eigeneinstufung der Verlagstypen" (auffallend, gewagt/sexy usw.) Ihrer Produktgattung z.B. aus der „Brigitte-Typologie" ein. Den „erwarteten Signalcharakter" entnehmen Sie ebenfalls aus dieser Verlagsstudie. Ist dieser in der Verlagsstudie nicht ausgewiesen, dann müssen Sie selbst kreativ werden und ihn eigenständig entwickeln. Ihre Aufgabe ist es herauszufinden, ob es aus Ihrer Sicht und Ihrer Empfindung nach auch eine Übereinstimmung bezüglich der „Einstufung der Verlagstypen" und dem „erwarteten Signalcharakter" gibt oder geben könnte. Machen Sie die Übereinstimmung (was könnte zueinander passen?) in der Matrix sichtbar, indem Sie aufzeigen, wo „völlige Übereinstimmung" und wo eine „hohe Übereinstimmung" besteht, wobei natürlich die „identische Übereinstimmung" qualitativ höher bewertet wird. Wenn Sie diese Arbeit erfolgreich beendet haben, dann wissen Sie, wie Ihre Zielgruppe gekennzeichnet ist, wie sie in etwa aussieht. Der jetzt folgende Schritt fordert wiederum Ihre kreativen Fähigkeiten. Jetzt entwickeln Sie mit Ihrem Team eine „Matrix für die Wiederfindung der Segmente (Zielgruppen), die über

Kampagnen/Sujets" stattfindet. Mit dieser Arbeit legen Sie fest, wie Sie mit welcher Positionierungs- und Werbestrategieausrichtung Ihre ausgewählte Zielgruppe erreichen (wiederfinden) können.

Übertragen Sie jetzt die relevanten Verlagstypen aus der „Übereinstimmungs-Matrix" in Ihre „Wiederfindungs-Matrix" (z.B. „Gefallsüchtiger Modeextremist").

Die Eigeneinstufung der Verlagstypen betrachten Sie nun als Kommunikationsfelder, und in der senkrechten Leiste tragen Sie die möglichen, denkbaren „Lifestyle-Situationen" ab, in denen sich die „Kommunikationsfelder" sozusagen bildlich ausleben können. Anschließend versuchen Sie sich in Bildern vorzustellen, wie Sie die „Kommunikationsfelder" (z.B. *„sexy"*) mit der „Lifestyle-Situation" (*„Strand"*) verbinden und wie Sie diese Verbindung visuell entsprechend des Verlagstypus darstellen können. Die Ergebnisse daraus sind die zukünftigen Sujets- bzw. Kampagnenansätze, die Sie einsetzen sollten.

Mit dieser Vorgehensweise und den daraus resultierenden Ergebnissen können Sie dann Ihre Marketing-, Positionierungs- und Werbe-/Copystrategie ausrichten und so Ihre definierte Zielgruppe finden und erfolgreich ansprechen. Mit der Auswahl des Verbrauchersegments haben Sie sich zwangsläufig auch über die Positionierungsstrategie Ihres Produkts Gedanken gemacht und sich entschieden.

Neben dem Näherungsverfahren mithilfe von Verlagsstudien gibt es ein neues interessantes Segmentierungsverfahren, das die Erkenntnisse der Neurobiologie und Neuropsychologie nutzt, um erfolgreiche Positionierungsmöglichkeiten zu finden. Genannt wird dieses Verfahren **Limbic**, und es wurde von Dr. Hans-Georg Häusel entwickelt. Dieses Verfahren beschreibt nicht nur, wie Milieus oder Typologien das Verhalten von Verbrauchern beeinflussen, sondern erklärt auch die Ursachen ihrer Verhaltensweisen. Mit diesem Verfahren können u.a. auch andere Typologien (z.B. Verlagstypologien) überprüft und übertragen werden. Namhafte Unternehmen nutzen dieses Verfahren schon, darunter auch *Coca-Cola*. Aufgrund sehr interessanter Positionierungsaspekte soll hierauf später näher eingegangen werden.

Vertiefende Literatur

Rainer H.G. Großklaus: Checklist USP – Produktpositionierung und Produktversprechen systematisch entwickeln, Wiesbaden 1982
Rainer H.G. Großklaus: Das How-to-Buch Marketingplan, 2. Auflage, München 2002
Erich Bauer: Markt-Segmentierung als Marketing-Strategie, 1976
Davidson Meyer: Offensives Marketing, Freiburg 2001

Ein neuer Positionierungsansatz mithilfe der Neurobiologie und Neuropsychologie

> *Was Sie in diesem Kapitel erwartet*
>
> *Sie lernen die neue moderne Disziplin mit Namen Neuromarketing kennen und erfahren, was Gehirnforschung ist und was kann zu einem besseren Verständnis des Verbrauchers beitragen kann. Durch diese moderne Methode soll Coca-Cola den Beweis für seine Überlegenheit gegenüber Pepsi erbracht haben.*

Insgesamt gibt es weit mehr als 1 200 Motive, Emotionen und Bedürfnisse in der Marketing- und Kommunikationswelt, die teilweise für große Verwirrung sorgen. Unternehmen, die in Massenmärkten tätig sind, wie z.B. die Nahrungsmittel- und Konsumgüterindustrie, haben es schwer, die richtigen Motive und Emotionen zu finden. Hilfestellung gibt hier überraschenderweise eine vollkommen andere wissenschaftliche Disziplin, die Neurobiologie und Neuropsychologie. Dank der modernen Gehirnforschung, die in den letzten Jahren stark fortgeschritten ist, kann man heute feststellen, wie Entscheidungen im Kopf der Konsumenten tatsächlich ablaufen und welche Motive und Emotionen es gibt.

Der Diplom-Psychologe und Unternehmensberater Dr. Hans-Georg Häusel befasst sich im Rahmen seiner Forschungstätigkeit mit dem Thema Neuromarketing.[1] Er hat in diesem Zusammenhang herausgefunden, dass für die Steuerung unserer Motivationen und Emotionen insbesondere das **limbische System** in unseren Köpfen zuständig ist. Besonders interessant für Marketing- und Kommunikationsexperten ist die Verknüpfung der Erkenntnisse aus dieser Studie mit den Ergebnissen der empirischen Konsumentenuntersuchung. Das Resultat ist, dass mit der Anwendung dieses Wissens Marketing- und Kommunikationsexperten Produkte nun sozusagen „gehirngerecht" positionieren können.

Die Gehirnforschung zeigt, dass das gesamte menschliche Verhalten neben den Grundbedürfnissen Nahrung und Sexualität von drei großen Motiv- und Emotionssystemen gesteuert wird:

▶ **Dominanz** (Leistung, Macht, Status, Wut, Überlegenheit, Autonomie, Durchsetzung). Die Menschen, die sich von diesem Modul angesprochen fühlen, streben nach Macht, Fortkommen und Sieg. Mit diesem Motiv-

---

[1] In: Hans-Georg Häusel, Brain Script, Freiburg 2004, sowie in „Das limbische System" (in Absatzwirtschaft online), Marketing-Journal 9/2004 und www.markenlexikon.com.

und Emotionssystem werden alle möglichen Statusprodukte angesprochen, wie z.B. Mitgliedschaften in elitären Vereinen wie z.B. Lions, Rotary, Malteseroden oder aber auch der Besitz von Luxusgütern mit Statussignalen usw. Dieses Modul spricht besonders junge Menschen an und hier vor allem das männliche Geschlecht.

▶ **Stimulanz** (Erlebnis, Neues, Individualität, Innovation, Kreativität, Glücksspiel, Neugier). Dieses Motiv- und Emotionssystem weckt Neugierde, Abwechslung und Spaß. Angesprochene Produktfelder sind: Freizeit- und Touristikindustrie, Erlebnisgastronomie, Genussmittelbranche, Unterhaltungselektronik usw. Auch dieses Motivmodul spricht besonders junge Menschen an.

▶ **Balance** (Sicherheit, Ruhe, Harmonie, Ruhe, Stabilität, Zuverlässigkeit, Angst). Balance ist das stärkste Motiv überhaupt. Es lässt den Menschen nach Harmonie, Ruhe und Sicherheit streben und vermeidet Gefahr und Risiken. Folgende Produkte spricht dieses Motiv- und Emotionssystem an: Medikamente, Versicherungen, Qualität, Garantien, Tradition, enge Kundenbeziehungen usw. Dieses Modul spricht eher ältere Konsumenten an und hier besonders das weibliche Geschlecht.

Diese drei Hauptmotiv- und Emotionssysteme bilden das Fundament der menschlichen Persönlichkeit (siehe hierzu Abbildung 35).

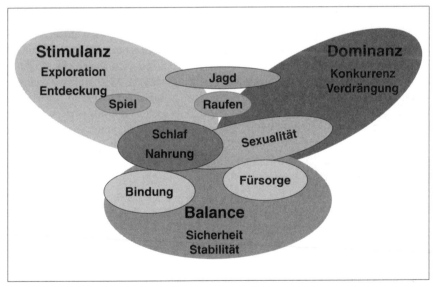

Abbildung 35: Die drei großen Motiv- und Emotionsbereiche
Quelle: Mit freundlicher Genehmigung von Dr. Hans-Georg Häusel, aus: Hans-Georg Häusel, Brain Script, Freiburg 2004, S. 29

Neurobiologie und Neuropsychologie

Da sie immer gleichzeitig wirken und das eine das andere nicht ausschließt, kommt es zu drei Mischformen:

- **Abenteuer/Thrill** (Dominanz/Stimulanz): Menschen, die sich von diesem Modul angesprochen fühlen, möchte sich beweisen, etwas erleben (Dominanz), und sie brauchen Nervenkitzel und Neues (Stimulanz).

- **Offenheit/Genuss** (Stimulanz/Balance): Diese Modulmischung spricht Menschen an, die sich nach Neuem (Stimulanz) sehnen, sich aber doch noch scheuen, die Ordnung (Balance) zu verlassen. Dieses Modul spricht besonders das weibliche Geschlecht an.

- **Disziplin/Kontrolle** (Balance/Dominanz): Dieses Motivfeld resultiert aus dem Bedürfnis nach Ordnung (Balance) und dem Wunsch, Regeln möglichst selbst zu entwickeln und durchzusetzen (Dominanz). Dieses Modul spricht eher ältere Konsumenten an und hier besonders das männliche Geschlecht.

Neben diesen Haupt- und Mischmotiven gibt es noch weitere untergeordnete Submotive. Dazu gehören z.B. Bindung, Fürsorge, Spiel. Diese Submotive sind hinsichtlich der Gehirnbereiche und der neurochemischen Prozesse, die mit ihrer Verarbeitung verbunden sind, sehr eng an die drei Hauptmotiv- und Emotionssysteme angeschlossen. Eine Bewertung dieser Motive wird in unserem Bewusstsein umgesetzt als Gefühle. Sie bestimmen unser Verhalten, zum Beispiel Kauf oder Nichtkauf.

Abbildung 36 zeigt den Motiv- und Gefühlsraum, in dem sich unsere Kauf- und Konsumentscheidung abspielt, aus Sicht der Gehirnforschung. Alle unsere Kaufentscheidungen und Präferenzen werden letztlich durch die drei bereits genannten Motiv- und Emotionssysteme gesteuert. Wie funktioniert nun diese Steuerung? Alle von außen kommenden Reize und Signale, aber auch die vom Großhirn abgerufenen Erfahrungen werden vom **limbischen System** unbewusst bewertet und zensiert. Dabei sind die Bewertungskategorien die drei Motiv- und Emotionssysteme. **Balance**, **Dominanz** und **Stimulanz**. Diese Bewertung erscheint im Bewusstsein in Form von Gefühlen, die als lustvolle Gefühle erlebt werden, wenn diese drei Motiv- und Emotionssysteme Balance (Geborgenheit), Stimulanz (Prickeln), Dominanz (Siegesgefühle) erfüllt werden. Keine lustvollen Gefühle zeigen sich dagegen, wenn die drei negativen Motiv- und Emotionssysteme wie **Angst, Langeweile** oder **Wut** angesprochen werden. Das limbische System entscheidet darüber, was wir Menschen tun oder nicht tun.

Die Erkenntnisse aus der Gehirnforschung helfen den Marketing- und Kommunikationsexperten, Zielgruppen besser zu verstehen und Positionierungen

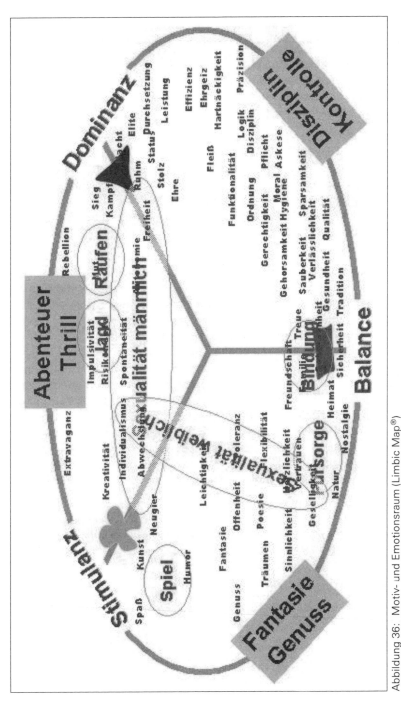

Abbildung 36: Motiv- und Emotionsraum (Limbic Map®)
Quelle: Mit freundlicher Genehmigung von Dr. Hans-Georg Häusel, aus: Hans-Georg Häusel, Brain Script, Freiburg 2004, S. 44

zu entwickeln, die besser kommunizieren. Positionierungen, die einen Logenplatz in den Köpfen der Konsumenten finden und einnehmen.

Wie das nun funktioniert, einen Logenplatz in den Köpfen der Konsumenten einzunehmen, zu pflegen und zu erhalten, zeigt das Beispiel der Zigarettenmarken *Marlboro*, *West* und *Camel* (siehe hierzu Abbildung 37).

Der Markenkern der Zigarettenmarke *Marlboro* liegt deutlich auf der Position „Abenteuer". Die mit diesem Motiv- und Emotionsmodul verbundenen Kernwerte sind „Freiheit", „Kampf", „Männlichkeit" und „Entdeckung". Der Markenkern von *West* („*Test it*" = Stimulanz entdecken) spricht dagegen die soziale Entdeckung mit einem Schuss Abenteuer an. Die Hauptmotive der Marke *West* zeigen meist extrem ausgefallene soziale Situationen und Begegnungen zwischen einem Mann und einer Frau, wobei die Frau in der Regel die dominierende Rolle spielt.

Der neue Markenkern von *Camel* („*Slow down, pleasure up*") liegt im Bereich des „sanften Genusses", einer Mischung aus Balance und Stimulanz. Obwohl diese eben genannten drei Zigarettenmarken geschmacklich im Blindtest von den Konsumenten kaum unterschieden werden können, stehen diese, trotz des motivationalen und emotionalen Kräftespiels, voll hinter ihrer Zigarettenmarke. Die Marke *Camel* ist ein gutes Beispiel für schwere Positionierungsfehler. Das Management von *Camel* ist in den vergangenen 15 Jahren mehrmals durch Positionierungsirrfahrten gegangen und hat die Positionierung ihrer wichtigen Zigarettenmarke mehrmals gewechselt. Von „*Ich gehe meilenweit*" („Urwald-Meilenweit-Mann" = Abenteuer/Thrill) über die „*witzigen Kamele*" (eher Stimulanz) bis zur heutigen Positionierung (sanfter Genuss/Offenheit). Das war ein Irrweg durch das emotionale Gehirn dieser *Camel*-Raucher-Zielgruppe. In deren Köpfen entstand so ein undefinierbarer Gefühlsbrei, der zum Profilverlust der Marke führte und sie unglaubwürdig machte. Die Folge waren dramatische Marktanteilsverluste der Marke *Camel*.

Das große Geheimnis einer erfolgreichen Positionierung ist die Kontinuität. Wer dieses Geheimnis nicht kennt, läuft Gefahr, den „Logenplatz" in den Köpfen der Zielgruppe zu verlieren. Erfolgreiche Marken wie *Marlboro*, *Mercedes*, *BMW*, *McDonald's*, *Duplo*, *After Eight* usw. halten an ihrer Positionierungs-Kontinuität fest, indem sie immer und immer wieder ihre Zielgruppe mit den gleichen Motiv- und Emotionserlebnissen ansprechen und finden.

Wenn ein Positionierungswechsel oder -übergang aus strategischen Gründen vorgenommen werden soll, dann sollte dieser allmählich und mit viel Fingerspitzengefühl vor sich gehen. Dabei sollte das Vertraute unbedingt erhalten bleiben.

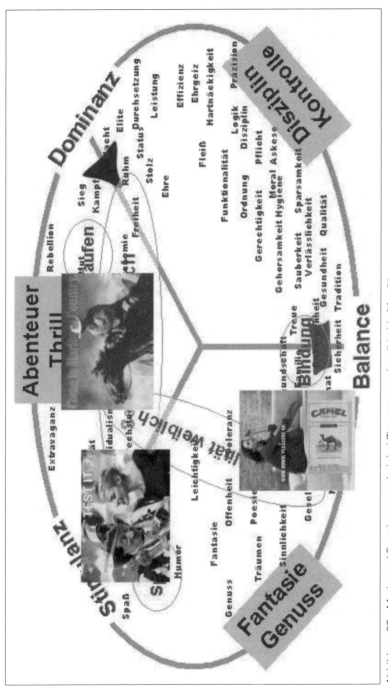

Abbildung 37: Motiv- und Emotionsraum bei drei Zigarettenmarken (Limbic Map®)
Quelle: Mit freundlicher Genehmigung von Dr. Hans-Georg Häusel, aus: Das limbische System, www.absatzwirtschaft.de, 2003

Um eine gehirngerechte Positionierung erfolgreich zu entwickeln, reicht es natürlich nicht aus, nur die genannten Motiv- und Emotionsfelder zu kennen, um dann ein Produkt in das eine oder andere Motiv- und Emotionsfeld zu platzieren. Konsumenten unterscheiden sich, jeder fühlt sich durch sein eigenes Motiv- und Emotionsfeld angesprochen. Ein Konsument betrachtet eine Botschaft nicht immer objektiv, sondern vielmehr subjektiv entsprechend seines persönlichen Motiv- und Emotionsschwerpunkts.

In der Studie wurde herausgefunden, dass bei allen Menschen die vorher genannten drei Motiv- und Emotionalkräfte vorhanden sind, jedoch mit unterschiedlicher Ausprägung. Sie unterscheiden sich erheblich in ihrer Motiv- und Persönlichkeitsstruktur und damit auch in ihren Kaufentscheidungen. Konsumenten mit einer hohen Ausprägung der Balance-Kraft („Bewahrer") präferieren Produkte, die ihnen Sicherheit und Harmonie bieten, Konsumenten mit hoher Ausprägung der Dominanz („Performer") bevorzugen Produkte mit starken Statussignalen.

Aufbauend auf den vorher genannten Motiv- und Emotionsfeldern ergeben sich sechs Gehirn-Typen, die so genannten Limbic®Types:

- **Der Hedonist:** Der Hedonist bevorzugt Genuss, Lustgewinn und Glückserlebnisse. Er liebt das Schrille, Neue, Außergewöhnliche, Individuelle und eine möglichst rasche Belohnung.
- **Der Abenteurer:** Der Abenteurer ist eine Kämpfernatur. Er bevorzugt Spaß, Risiko, Stimulanz und hohe Leistung. Viel weniger Wert legt er auf Qualität und Beratung.
- **Der Performer:** Er ist ehrgeizig, er will an die Spitze. Er liebt Statusprodukte, überlegene Leistung und technische Perfektion.
- **Der Disziplinierer/Controller:** Bevor er kauft, überlegt er sehr lange. Er kauft nur das, was er auch wirklich benötigt. Er liebt vertraute Geschäfte und übersichtliche Angebote/Sortimente.
- **Der Bewahrer:** Für den Bewahrer ist Sicherheit, Vertrauen und Qualität oberstes Gebot. Er liebt Altbewährtes und ist sehr sparsam. Aufgrund von Unsicherheiten ist er Beratungen gegenüber aufgeschlossen.
- **Der Genießer:** Er ist offen für den sanften, phantasievollen Genuss und kauft bewusst ein. Gleichzeitig achtet er meist auf Qualität und Umweltverträglichkeit.

Siehe hierzu die Abbildung 38.

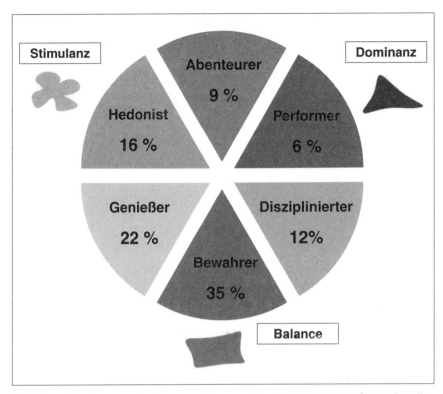

Abbildung 38: Konsumententypen und ihr prozentualer Anteil an der Gesamtbevölkerung (LimbicTypes®)
Quelle: Mit freundlicher Genehmigung von Dr. Hans-Georg Häusel, aus: Hans-Georg Häusel, Brain Script, Freiburg 2004, S. 136

Das Neuromarketing mit seinen Erkenntnissen über das limbische System ist ein Verfahren von mehreren möglichen, wie z.B. die **motivationspsychologische Verbrauchersegmentierung** oder das **Näherungsverfahren in Kombination mit Verlagsstudien**, um eine erfolgreiche Positionierung zu konzipieren. Erwähnt sei hier noch, dass das Limbic-Verfahren die Verfahren mit Verlagsstudien erst erklärbar macht, weil es eben noch sehr viel tiefer ansetzt.

Die „gehirngerechte Positionierung" hilft auf jeden Fall, noch näher an die Konsumenten heranzukommen – durch die richtig gewählten Motiv- und Emotionsfelder, durch die gehirngerechte Zielgruppenselektion und durch die richtige Sprache in der Werbebotschaft.

Um zu einer erfolgreichen Positionierung zu kommen, sollten die klassischen Segmentierungsverfahren nicht zwangsläufig „geschmäht" werden. Mit dem limbischen System (Neuromarketing) kombiniert angewandt, geben sie dem

Marketingspezialisten zusätzliche Einsichten, die er sonst so nicht erhält. Das Neuromarketing ersetzt nicht die bekannten und bewährten Marktforschungsmethoden, es ergänzt bestehende Methoden und schafft viele neue Einsichten, weil es das „Warum" erklärt.

Auf die beiden klassischen Verfahren der motivationspsychologischen Verbrauchersegmentierung und des Näherungsverfahrens mithilfe von Verlagsstudien wurde im Kapitel „Die psychologische Verbrauchersegmentierung" ab Seite 113 ausführlich eingegangen.

Die Gehirnforschung zeigt folgendes Erkenntnisspektrum für das Marketing auf:

▶ welche Emotions- und Motivsysteme es in unserem Gehirn gibt und wie sie sich auswirken,

▶ wie wir die Welt mit diesen Emotions- und Motivsystemen strukturieren,

▶ wie wir unsere Kaufentscheidungen im Kopf treffen,

▶ wie sich Zielgruppen psychologisch, aber auch aus der Sicht der Gehirnforschung unterscheiden,

▶ was Marken für das Gehirn sind und wie sie wirken,

▶ wie sich Konsumenten am POP („Point of Purchase" = Ort des Verkaufs) verhalten.

Hinweis: Das hier dargestellte Verfahren *Limbic*® ist ein urheberrechtlich und patentrechtlich geschütztes Verfahren. Mit freundlicher Genehmigung von Herrn Dr. Hans-Georg Häusel durfte dieser Beitrag mit den dazugehörigen Abbildungen veröffentlicht werden.

Die Erkenntnisse der Gehirnforschung sind sehr aufschlussreich und ihre Nutzungsmöglichkeiten für das Marketing groß. In Verbindung mit den bekannten und bewährten Marketing-Forschungs-Methoden steigt die Qualität der Erkenntnisse für das Marketing und somit auch für die Entwicklung von „gehirngerechten" Positionierungsstrategien damit um ein Vielfaches.

Vertiefende Literatur

Hans-Georg Häusel: Brain Script, Freiburg 2004

Das Marktforschungsbriefing

Was Sie in diesem Kapitel erwartet

Wenn Sie mit komplexen Studien arbeiten, dann müssen Sie mit speziellen Marktforschungsinstituten zusammenarbeiten. Solche Institute wollen klar und zielorientiert gebrieft werden. Wie ein solches Briefing angelegt werden kann, erfahren Sie in diesem Kapitel.

Wenn komplexe und kostenintensive Studien anstehen, sind spezielle Marktforschungsunternehmen gefragt. Sie als Auftraggeber geben dem Institut vor, welche Fragen die in Auftrag gegebene Studie beantworten und welche Schwerpunkte sie behandeln soll. Das bewerkstelligen Sie am besten durch ein kurz gefasstes, präzises Marktforschungsbriefing. Wie ein solches Briefing von Ihnen angelegt werden kann, zeigt Abbildung 39.

In der Regel erhalten Sie von dem Marktforschungsinstitut dann einen Forschungsvorschlag, worin folgende Daten enthalten sind:

- besondere Bemerkungen zum Forschungsvorschlag, wie z.B. zusätzliche tiefenpsychologische Untersuchung oder aber andere Studioauswahl usw.,
- spezielle Zielsetzung für die Forschung/Studie,
- Methoden (einschließlich der Zielgruppenbeschreibung/Testpersonen),
- Zeitplan,
  - Beginn der Erhebung,
  - Erste Vorab-Ergebnisse,
  - Präsentation und Übergabe der Studie,
  - Ansprechpartner,
  - Kostenvoranschlag,
  - Zahlungsweise.

Beauftragen Sie mehrere Marktforschungsinstitute zur Abgabe eines Kostenvoranschlags, sollten Sie nach folgenden Punkten einen Leistungs-Kostenvergleich durchführen:

- Wurde das Problem erkannt?
- Ist das Untersuchungsprojekt vom Institut exakt definiert worden (Re-Briefing)?
- Welcher methodische Ansatz wurde zur Lösung des Problems vorgeschlagen?
- Kann dieser Weg die Lösung bringen?
- Ist dieser Methodenansatz der kostengünstigste?
- Welche anderen Methodenansätze gibt es noch, die dieses Problem ebenso gut lösen?

Projektbeschreibung: • Arbeitstitel	
Marketing-Background • Marktsituation • Spezifisches Problem • Wettbewerb • Andere Studien usw.	
Projektzielsetzung • Beschreibung des Projektziels • Was soll die Studie beantworten? • Sind Hypothesen zu überprüfen? • Wenn ja, welche?	
Zielgruppe • Welches Marktsegment soll erhoben werden? • Wer ist die Hauptzielgruppe? • Wer ist die Randzielgruppe? • Struktur der zu untersuchenden Zielgruppe (z.B. 50% der Hauptzielgruppe, davon 60% Frauen)	
Anvisierte Marketing-Entscheidung z.B.: • Produkteinführung bei Findung einer optimalen Positionierung • Alternative Entscheidungen • Messlatte für die Marketing-Entscheidung (z.B. gefundene Segmente müssen ca. 40% der Bevölkerung repräsentieren)	
Timing • Wann liegt das Testmaterial vor? • Wann werden die Ergebnisse benötigt?	
Kostenrahmen • Kosten inkl. Präsentation im Hause usw.	
Ansprechpartner/ **Unterschrift:**............................ **Datum:**................ **Genehmigt:**................	

Abbildung 39: Marktforschungsbriefing

▶ Enthält die Themenliste alle Punkte, die in die Untersuchung aufgenommen werden sollten?
▶ Wie exakt sind die Daten der Quotierung?
▶ Nach welchen Kriterien erfolgt die Testpersonenauswahl?
▶ Wird das Timing verbindlich zugesagt?
▶ Wie sieht die Relation zwischen Kosten/Stichprobe und Methodenansatz aus?

Empfehlenswert ist es, wenn Sie an folgenden Arbeitsschritten persönlich aktiv mitarbeiten bzw. teilnehmen:

- Fragebogenentwurf (Diskussion und Verabschiedung)
- Überprüfung der Qualifikation der Interviewer
- Informationen über die Stichprobenauswahl usw. einholen
- Festlegung des Auswertungsplans
- Präsentation sowie gemeinsame Diskussion der Ergebnisse und der daraus abzuleitenden Interpretationen und Empfehlungen usw.

Vergessen Sie auf keinen Fall, Ihre betreuende Werbeagentur zu diesen Gesprächen oder aber spätestens zur Präsentation der Studienergebnisse einzuladen. Empfehlenswert ist es, Ihre Agentur bei allen wichtigen Gesprächen zu dieser Studie an Ihrer Seite zu haben. Laden Sie zur Präsentation beispielsweise folgende Unternehmensbereiche ein:

- Vertrieb
- Produktion
- Außendienst
- Werbeabteilung
- Public Relations Abteilung
- Verkaufsförderung
- Recht
- Einkauf
- Forschung und Entwicklung
- Finanzen usw.

Damit erreichen Sie in Ihrem Unternehmen einen hohen Integrations- und Identifizierungsgrad für Ihr Marketing. Ihrer Werbeagentur übergeben Sie nach dieser Präsentation ein Exemplar der Studie, damit diese im internen Agenturkreis noch einmal alles nachlesen und besprechen kann. Gleiches gilt auch für die unmittelbar mit dem Marketing und der Werbung zusammenarbeitenden Abteilungen Ihres Unternehmens. Nach diesen Arbeiten komplettieren Sie Ihre Positionierungsdokumentation um die Unterlagen der „Psychologischen Verbrauchersegmentierung" inklusive des Marktforschungsbriefings.

Vertiefende Literatur

Rainer H.G. Großklaus: Das How-to-Buch Marketingplan, 2. Auflage, München 2002
Rainer H.G. Großklaus: Arbeitshandbuch Werbestrategie und -konzeption, Essen 1990
Erwin Matys: Praxishandbuch Produktmanagement, Frankfurt 2005
Manfred Schwarz, Jürgen Wulfestieg: Die Sehnsucht nach dem Meer wecken, Frankfurt 2003

Marketingziele und Marketingstrategie

Was Sie in diesem Kapitel erwartet

Nachdem die psychologische Verbrauchersegmentierung abgeschlossen ist, sind Marketingziele und Marketingstrategie festzulegen. Hier wird zum einen in Kurzform erläutert, wie Sie Ihre Marketingziele entwickeln und transparent und übersichtlich darlegen, und zum anderen, wie Sie eine Marketingstrategie und ein Marketingkonzept entwickeln können.

Marketingziele festlegen

Ein wesentlicher Unterschied zum üblichen Arbeitsverfahren besteht darin, dass Marketingziele und Marketingstrategie erst schriftlich fixiert werden, wenn die motivationspsychologische Segmentationsstudie vorliegt, dann also, wenn über das Verbraucherprofil Klarheit und Transparenz besteht.

Nachdem Sie die Auswahl der Erfolg versprechenden Verbrauchersegmente (Zielmärkte) getroffen haben, beginnt Ihr nächster Schritt: die Entwicklung und schriftliche Festlegung der Marketingziele. Der Ihnen vorliegende Datenkranz aus der Informationsphase und der psychologischen Verbrauchersegmentierungsstudie bildet den Rahmen für die Erarbeitung und Festlegung der Marketingziele.

Marketingziele sind als Führungsinstrument zu sehen und müssen daher operational formuliert sein. Erst dann können sie ernsthaft als Vorgabe für den Führungsprozess eingesetzt werden. Dieser verständlichen Management-Forderung nach operational definierten (transparenten, überschaubaren, nachvollziehbaren und kontrollierbaren) Zielen kommt Abbildung 40 entgegen. Sie zeigt den Wert des definierten Marketingziels detailliert auf, indem sie die Ziele zerlegt in:

- Zielfelder (Marketingbereiche),
- Zielinhalte (Bestand),
- Zieldimensionen (Höhe, Wert),
- Zielfristigkeiten (Zeitrahmen).

Diese Vorgehensweise wenden Sie auf alle Zielbereiche an wie z.B.:

- Markt,
- Marktanteile,
- Distribution,

Zielfeld	Zielinhalt	Zieldimension	Zielzeiträume 2006 2007 2008 2009 2010
Markt	Marktanteile (Wert) erhöhen	von 56% auf 60%	
Umsatz	Umsatz erhöhen	von 4,5 Mio. Euro auf 7,7 Mio. Euro von 7,7 Mio. Euro auf 9,0 Mio. Euro	
Produkt-Leistung	Erhöhung Deckungsbeitrag I, um die Verlustquoten aus dem vergangenen Jahr auszugleichen	um ca. 5%-Punkte von 20% auf 25% Realisierung über den FAP	
Media	Werbedruck/Reichweite/Frequenz/GRP	Budgeterhöhung um 1,0 Mio. Euro Kontakte in Mio. = 44,79 Reichweite in Prozent = 81 Durchschnittskontakte = 13,2 Reichweite ab 12 Kontakte GRP = 1069	
Werbung	ungestützten Bekanntheitsgrad erhöhen	von 35% auf 50% von 50% auf 65%	

Abbildung 40: Segmentationsschema für die Schaffung von Transparenz bei der Entwicklung von Marketingzielen
Quelle: In Anlehnung an Rainer H.G. Großklaus: Das How-to-Buch Marketingplan, 2. Auflage, München 2002

Marketingziele und Marketingstrategie

- Produkt,
- Preis,
- Deckungsbeitrag,
- Gewinn vor Steuern
- Return on Investment,
- Cashflow,
- Werbung
- Media,
- Verkaufsförderung,
- Vertrieb,
- Außendienst usw.

Die folgende Auflistung von möglichen Marketingzielen für die Konzeptions- und Planungsphase soll Ihnen bei Ihrer Zielfestlegung behilflich sein:

- Qualitative Marketingziele
  - Unternehmens-Goodwill,
  - Imageverbesserung,
  - Verbesserung der Qualifikation des Unternehmens-Know-how,
  - Verbesserung der Außendienst-Qualifikation usw.
- Quantitative Marketingziele
  - Absatz (Menge),
  - Umsatz (Wert),
  - Deckungsbeitrag absolut oder Stückdeckungsbeitrag,
  - Break-even-Point (Menge, Wert)
  - Return on Investment,
  - Marktanteile (Menge, Wert),
  - Bekanntheitsgrad (gestützt, ungestützt),
  - Verbraucheranteile,
  - Verbrauchsintensität,
  - Distribution (numerisch, gewichtet),
  - Distributionslücken (numerisch, gewichtet),
  - Durchschnittsabverkäufe pro Monat und führendem Geschäft,
  - Endverbraucherabsätze,
  - Einkäufe des Einzelhandels,
  - Lagerbevorratung
  - Preise (brutto, netto),
  - Konditionen, Rabatte, Skonti,
  - Budgethöhe usw.

Es soll nun im Rahmen des Themas Positionierung und USP nicht tief greifender auf das Thema Marketingziele eingegangen werden. Der Vollständigkeit halber wurde es an dieser Stelle erwähnt, und es wurden zur praktischen Arbeit einige Arbeitshilfen aufgezeigt.

Marketingstrategie entwickeln

Ihre Marketingziele haben Sie formuliert und festgeschrieben. Sie sind klar, eindeutig und nachvollziehbar und zeigen auf, was Sie wann erreichen wollen. Jetzt stellt sich die Frage, wie Sie Ihre Ziele erreichen wollen. Die Marketingstrategie ist – ebenso wie die Festlegung der Marketingziele – ein fest verankerter Arbeitsschritt in der Marketingplanung und -konzeption. Die Marketingstrategie enthält alle wichtigen Daten, Fakten und Ergebnisse, die für die Positionierungsstrategie und letztlich auch später für die Copystrategie bedeutsam sind. Die Marketingstrategie gibt den generellen Weg für alle folgenden strategischen Arbeiten vor. Auch die Marketingstrategie soll hier nur kurz vorgestellt werden.

Abbildung 41 zeigt, welche Inhalte eine Marketingkonzeption beinhaltet und wie Sie eine solche danach entwickeln können.

Abbildung 42 hilft Ihnen dabei, Ihre Marketingstrategie einfach und übersichtlich anzulegen und zu beschreiben. Die gleiche Vorgehensweise gilt dann für die übrigen Instrumentenstrategien wie:

- Preis,
- Konditionen,
- Distribution,
- Vertrieb,
- Außendienst,
- Verkaufsförderung,
- Werbung,
- Public Relations,
- Service,
- Handel usw.

Vertiefende Literatur

Davidson Meyer: Offensives Marketing, Freiburg 2001
Werner Pepels: Handbuch Moderne Marketingpraxis, Band 1 u. 2, Düsseldorf 1993
Erwin Matys: Praxishandbuch Produktmanagement, Frankfurt 2005
Hans Peter Richter: Investitionsgütermarketing, München 2001
Philip Kotler/Kevin Lane Keller: Marketing Management, 12th edition, New York 2005
Rainer H.G. Großklaus: Das How-to-Buch Marketingplan, 2. Auflage, München 2002

	Zu überprüfende Faktoren	Nicht zu überprüfende Faktoren	Bemerkungen
Marktanalyse, Umfeldanalyse, Unternehmensdiagnose (siehe hierzu die entsprechenden Abbildungen)			
Stärken-/Schwächen- und Chancen-/Risiken-Analyse sowie Portfolio-Analyse (siehe hierzu die entsprechenden Abbildungen)			
Marketingziele • langfristige Ziele (3 bis 5 Jahre) • mittelfristige Ziele (2 bis 3 Jahre) • kurzfristige Ziele (1 Jahr)			
Marketingstrategie • Generelle Marketingstrategie • Zielgruppe (soziodemographisch und motivationspsychologisch beschrieben) • Motivationspsychologische Verbrauchersegmente • Positionierung • Das „wichtigste Faktum" und das „Problem, das zu lösen ist" • Potenzialgewinnung (woher kommt das Potenzial?) – Wettbewerbsmarken – angrenzende Zielgruppensegmente – usw.			

Abbildung 41: Marketingkonzeption

	Zu überprüfende Faktoren	Nicht zu überprüfende Faktoren	Bemerkungen

Marketing-Mix
– Produkt
– Preis
– Vertrieb
– Kommunikation
– Werbung
  – Berücksichtigung des „wichtigsten Faktums" und des Problems, das die Werbung lösen soll
  – Werbeziele
  – Copystrategie
    – Zielgruppe
    – Hauptmitbewerber
    – Positionierung
    – Nutzenversprechen (USP/UAP)
    – Begründung (Reason Why)
    – Tonality (Art und Weise der Werbung)
    – Restriktionen/Bedingungen und gesetzliche, firmenpolitische Einschränkungen
    – Erwartete Reaktionen der Zielgruppe
  – Budget
  – Mediastrategie
    – Zielgruppe
    – Zielsetzung
    – Konkurrenz		

Abbildung 41: Marketingkonzeption

Zu überprüfende Faktoren	Nicht zu überprüfende Faktoren	Bemerkungen
– Public Relations und Produktpublizität – Festlegung der Kommunikationsfaktoren – Format und Darstellungsweise – Art und Weise der Demonstration – Informationsgehalt und -ausführlichkeit – Verständlichkeit der Werbebotschaft – Medialeistung – Reichweite/Frequenz/Durchschnittskontakte – Affinität – Werbezeitraum/Kontinuität – Gross-rating-points – Wirtschaftlichkeit – Werbeträgerauswahl – Print, TV, Funk, Internet, Verkehrsmittel usw. – Marketingmaßnahmen – Produkt, Preis, Distribution, Kommunikation – Endgültige Risikoanalyse – Break-even-Point und Worst-/Best-Case-Analyse – Marketing-Budget – Erfolgskontrolle – Monetäre und nicht-monetäre Ziele überprüfen (Soll-/Ist-Vergleich)		

Abbildung 41: Marketingkonzeption

Generelle Marketing-Strategie: Marktdurchdringungs- und Sortimentsentwicklungsstrategie

Schwerpunkt unserer generellen Strategie ist ein mindestens marktadäquates Wachstum auf wertmäßiger Basis mit dem Ziel der Optimierung des DB III. Wertmäßig wird die zweite Weltmarktführerschaft bis spätestens 2009 angestrebt. Um diese Position zu erreichen, wird noch in 2006 eine technologisch führende System-Marke von uns eingeführt. Diese neue System-Marke wird 10% über dem Marktpreisniveau liegen, um die Marketinganstrengungen finanzieren zu können. Darüber hinaus ist volle Konzentration auf Qualität, Technologie und Service zu legen. Mit der neuen System-Marke werden wir eine dauerhafte Wettbewerbsdifferenzierung sowie eine engere Kundenbindung mit einer einhergehenden Imageaufladung erreichen, die uns mindestens für die nächsten 10 Jahre Wettbewerbsvorteile bietet.

Produkt

Marketingziele	Marketingstrategie	Marketingmaßnahmen	Kosten Schätzung
Konzentration auf DB III-starke Produkte sowie Vereinheitlichung der Produktspezifikation	Standardisierung und Vereinheitlichung des Leistungsprogramms bei gleichzeitiger Ausnutzung von Synergien hin zu Systemkonzepten.	Sofortige Einleitung von ABC-Analysen durch das Controlling in Abstimmung mit dem Produkt-Management und zur Genehmigung der GL vorlegen. Start: sofort/Endergebnis vorliegend bis Mitte März 2007/Freigabe durch GL bis spätestens Ende November 2007/Start Durchsetzung im Markt bis spätestens Januar 2008.	220 000,–
Einführung und Etablierung einer „System-Marke"	Aufbau und Durchsetzung einer attraktiven „System-Welt-Marke".	Markenprofilierung durch nachvollziehbaren psychologischen Programmnutzen (System-Programm). Start: sofort durch Produktion und F+E in Abstimmung mit dem Produkt-Management und Vertrieb/Test in der Zielgruppe abgeschlossen bis Juli 2007/Freigabe durch GL bis Oktober 2007/Start und Durchsetzung im Markt Januar 2008.	220 000,–
Eliminierung der Bezeichnung „Commodity"	Entwicklung und Durchsetzung eines weltweit akzeptierten Programm-Namens, der sich in das Unternehmens-Gefüge einpassen lässt.	Erarbeitung eines System-Programm-Namens mit Werbeagentur. Start: sofort in Abstimmung mit Produkt-Management, Vertrieb, Recht und GL. Freigabe durch GL August 2007. Start und Durchsetzung im Markt Januar 2008.	150 000,–
		Kosten total → prozentual vom DB III →	590 000,– € 2,2%

Abbildung 42: Beispiel einer generellen oder auch Leitstrategienbeschreibung mit Wirkung auf die Instrumentenstrategie für das Produkt
Quelle: In Anlehnung an Rainer H.G. Großklaus: Das How-to-Buch Marketingplan, 2. Auflage, München 2002

Marketingziele und Marketingstrategie

Die wichtigsten Positionierungselemente

> ### Was Sie in diesem Kapitel erwartet
> *Um eine erfolgreiche Positionierung zu entwickeln, ist es sinnvoll, sie in ihre Elemente zu zerlegen, um dann Schritt für Schritt jedes Element konzeptionell bearbeiten zu können. Wie diese Elemente inhaltlich ausgestattet sind und wie Sie diese bearbeiten, erfahren Sie in diesem Kapitel.*

Die Positionierungsstrategie muss mindestens folgende Fragen beantworten können:

- Was ist unser Produkt? (Beschreibung des Leistungsangebots)
- Wer soll unser Produkt kaufen? (Zielgruppenbeschreibung)
- Wer soll unser Produkt verwenden und wie und wann? (Verwendung)
- Warum soll unser Produkt gekauft und verwendet werden? (Nutzendarstellung)
- Welche Konkurrenzprodukte wollen wir mit unserem Produkt ersetzen? (Potenzialgewinnung)
- Wie sollen wir im Markt auftreten? (Stil und Ton)
- Was ist unsere Kompetenz? (Identifikation mit dem Unternehmen und seinem übrigen Sortimenten)

Aus diesem Fragenkatalog lassen sich der gesamte Marken- und Positionierungscharakter, die emotionalen und rationalen Reaktionen, die bei der Zielgruppe entstehen sollen, ableiten.

Damit dieser Fragenkatalog professionell beantwortet und eine Positionierung schrittweise entwickelt werden kann, bedarf es zuvor der Kenntnis der speziellen marketingstrategischen Positionierungselemente, die eine erfolgreiche Positionierung ausmachen:

1. **Die Zielgruppe:** Damit sind die anvisierten Konsumenten gemeint, die angesprochen werden sollen und zu Hauptkäufern und/oder -verwendern gemacht werden sollen.

2. **Das Motiv- und Emotionsfeld bzw. der emotionale Wert eines Produkts:** Hier wird danach gefragt, welches Motiv- und Emotionsfeld bzw. welcher emotionale Produktwert mit der Positionierung und ihrer Ausrichtung kurz-, mittel- und langfristig in die Köpfe der gemeinten Zielgruppe transportiert werden soll, um sich dort festzusetzen.

3. **Der rationale und/oder emotionale Nutzen (Hauptverbrauchervorteil = USP = Unique Selling Propositioning bzw. UAP = Unique Advertising**

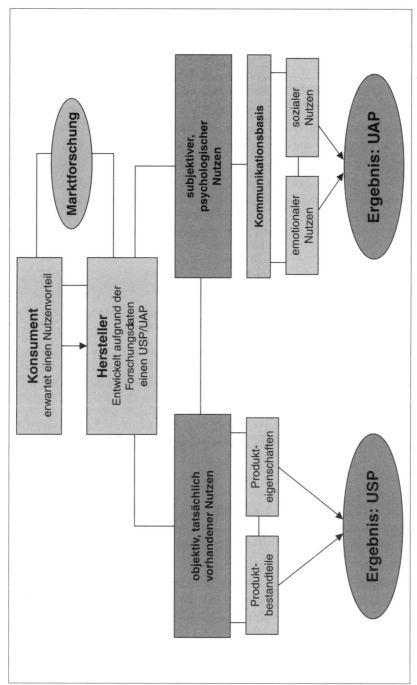

Abbildung 43: Unterschied zwischen USP und UAP

Die wichtigsten Positionierungselemente **157**

Propositioning = emotionaler Nutzen): Hier wird das „Mehr" angesprochen, das das Produkt und/oder Unternehmen der Zielgruppe gegenüber der Konkurrenz bietet. Siehe hierzu Abbildung 43, die den Unterscheid zwischen USP und UAP deutlich macht.

4. **Die Produktkategorie:** Gemeint ist hier, zu welcher Produktkategorie die Konsumenten das Produkt zuordnen sollen und/oder werden.

5. **Die Art und Zeit des Konsums bzw. der Verwendung:** Hier wird festgelegt, wie und wann die gemeinte Zielgruppe das Produkt zubereiten, verbrauchen oder eben nutzen soll.

6. **Die Höhe des Preises:** Damit ist der kalkulierte (gewünschte) Preis gemeint, der im Verhältnis zu den Preisen der Wettbewerbsprodukte realisiert werden soll.

7. **Die Potenzialgewinnung (Woher soll das Potenzial kommen?):** Hier wird geplant, woher das zukünftige Zielgruppen-Potenzial kommen soll. Soll es schwerpunktmäßig von der Konkurrenz kommen oder soll es durch eine neue Bedarfsweckung gewonnen werden?

Ein weiteres, sehr wichtiges marketingstrategisches Positionierungselement, das in vielen Fällen leider unberücksichtigt bleibt, ist:

8. **Die Identifizierung mit dem Unternehmen und seinen übrigen Sortimenten:** Hier ist danach gefragt, wie das Produkt und seine Positionierung zum Unternehmensimage und -auftritt und den übrigen Sortimenten und deren Positionierungen passen.

Abbildung 44 zeigt den Zusammenhang und das Zusammenwirken aller Elemente – die eine erfolgreiche Positionierung ausmachen – auf einen Blick.

Diese acht Positionierungselemente machen deutlich, dass es sich um eher konzeptionelle, marketingstrategische Elemente handelt, die noch nichts mit der Kommunikation bzw. der Werbung und ihrer Umsetzung zu tun haben. Es sind Elemente, die fest in der Marketingstrategie eingebettet sind bzw. werden. Erst später, wenn die Werbe- und Copystrategie ansteht, finden diese Elemente ihre Entfaltung in einer aufeinander abgestimmten Form von Bild, Ton, Farbe und Aktion.

Die Elemente machen die konzeptionelle Entwicklungsarbeit für die Positionierung überschaubar und transparent. Sie bauen zum einen Schritt für Schritt logisch aufeinander auf, und zum anderen korrespondiert jedes Element mit der Marketingstrategie. Von daher kann die Positionierung über ihre Elemente auf Harmonie und Stimmigkeit mit der Marketingstrategie auch überprüft werden.

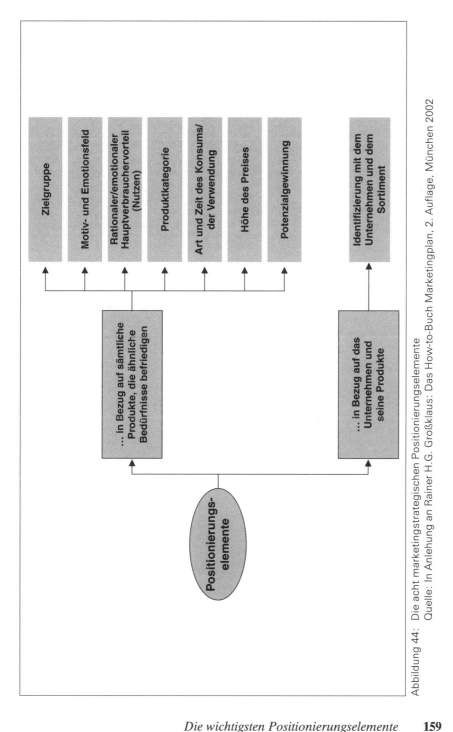

Abbildung 44: Die acht marketingstrategischen Positionierungselemente
Quelle: In Anlehung an Rainer H.G. Großklaus: Das How-to-Buch Marketingplan, 2. Auflage, München 2002

Die folgenden Abbildungen 45 bis 52 (in Anlehnung an Rainer H.G. Großklaus: Das How-to-Buch Marketingplan, 2. Auflage, München 2002) sollen zu einer Vertiefung der Sichtweise der jeweiligen marketingstrategischen Positionierungselemente führen. Sie sollen helfen, folgende Basisfragen bei den Überlegungen zur Positionierungsbildung zu beantworten:

▶ Woran müssen Sie denken, wenn Sie ein Positionierungselement definieren und konzeptionell planen?
▶ Kann die Positionierung erfolgreich sein?

Im engen Zusammenhang mit diesen Basisfragen sind weitere Fragen zu beantworten, wie z. B.:

	Ja	Nein	Was ist zu tun?
Lässt das Zielgruppen-Potenzial dieser Produktkategorie (z.B. Diätschokolade) eine Positionierung zu, die eng mit dem Unternehmensimage und -auftritt korrespondiert?			
Passt die Positionierung zum übrigen Sortiment?			
Kannibalisiert die gewählte Positionierung Sortimentsanteile?			
Ist die Positionierung so angelegt, dass die gemeinte Zielgruppe den Vorteil des Produkts (USP/UAP) erkennt?			
Besteht aufgrund der Unternehmensstärke, -kompetenz und dem Unternehmensimage die Möglichkeit, noch nicht belegte Positionierungen zu belegen, bevor es die Konkurrenz tut?			
Kann sich die Positionierung langfristig positiv von der Konkurrenz abheben?			
Hat die geplante Positionierung eine langfristige Alleinstellung?			
Belegt die geplante Positionierung interessante Motiv-, Emotionsfelder und emotionale Werte?			
Wer könnte die Positionierung kopieren? Wann könnte er das tun?			
Was ist zu tun, wenn die Positionierung vom Wettbewerb kopiert wird (Alarmplan)?			
Stehen genügend finanzielle Mittel für die Durchsetzung der Positionierung zur Verfügung?			

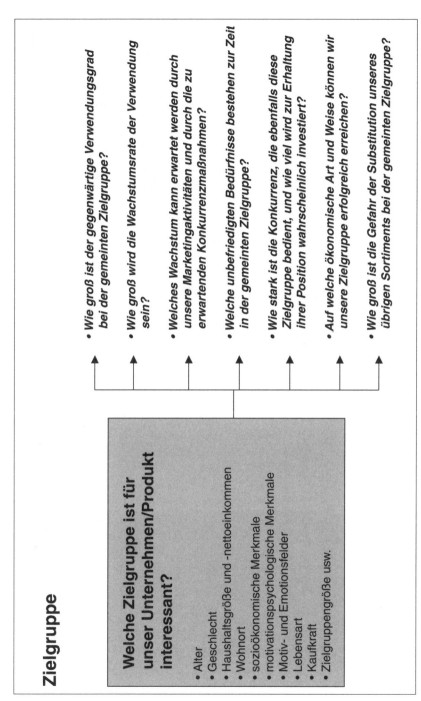

Abbildung 45: Positionierungsplanung und -überprüfung

Die wichtigsten Positionierungselemente

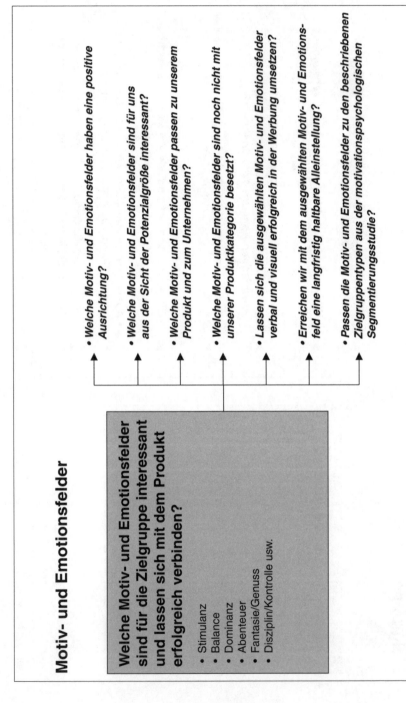

Abbildung 46: Positionierungsplanung und -überprüfung

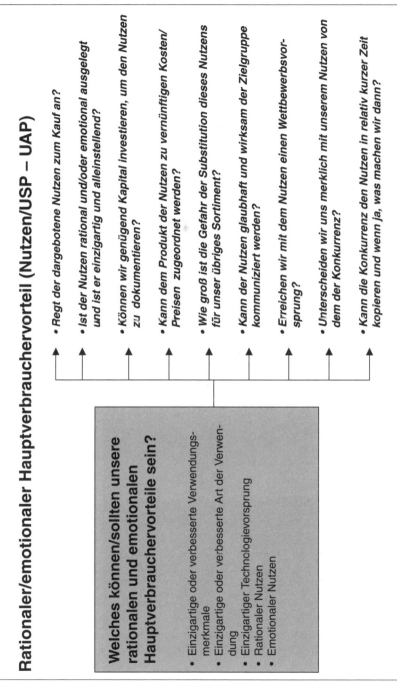

Abbildung 47: Positionierungsplanung und -überprüfung

Die wichtigsten Positionierungselemente

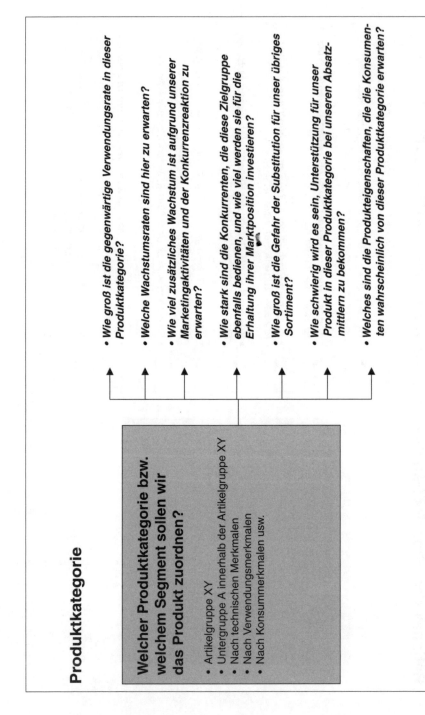

Abbildung 48: Positionierungsplanung und -überprüfung

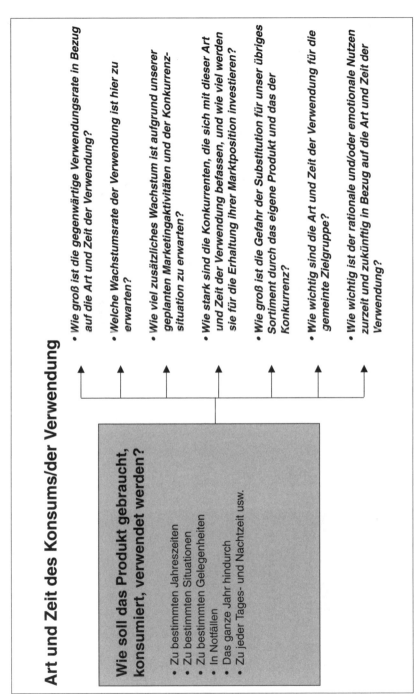

Abbildung 49: Positionierungsplanung und -überprüfung

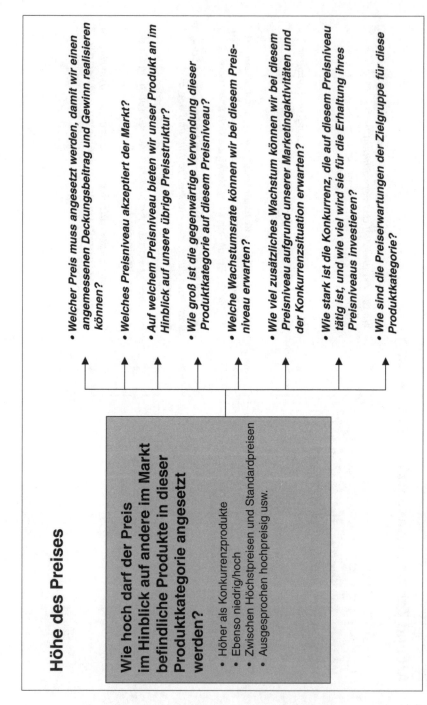

Abbildung 50: Positionierungsplanung und -überprüfung

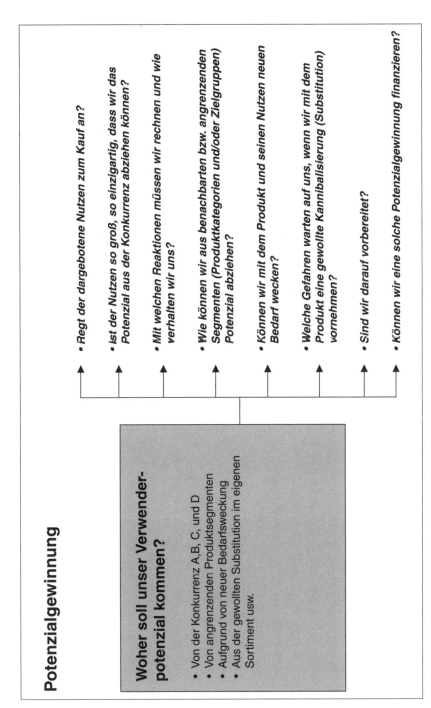

Abbildung 51: Positionierungsplanung und -überprüfung

Die wichtigsten Positionierungselemente **167**

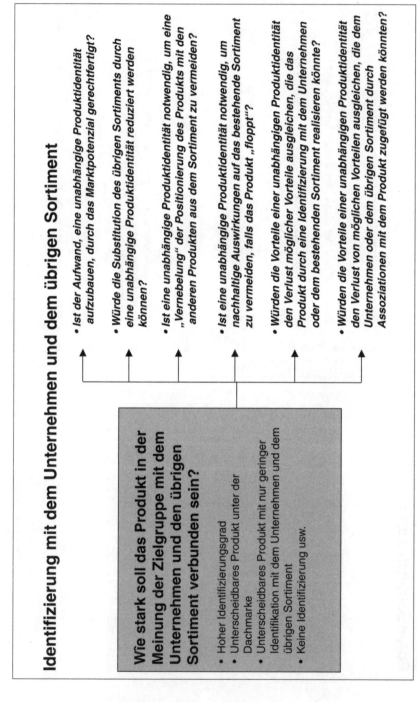

Abbildung 52: Positionierungsplanung und -überprüfung

Um die eigenen Positionierungsmöglichkeiten im Vergleich zu den Wettbewerbspositionierungen überprüfen zu können, empfiehlt es sich, dafür eine Gesamtübersicht zu schaffen. Eine solche Übersicht lässt sich am besten mit einer Matrix darstellen, wie sie Abbildung 53 auf der folgenden Seite zeigt.

Die Beschreibung der Positionierung und insbesondere die Reduktion auf das Wesentliche werden oft unterschätzt. Sehr häufig wird bei der Beschreibung der Positionierung alles Erdenkliche berücksichtigt, was die Positionierung noch verstärken könnte. Genau das Gegenteil wird damit erreicht, weil die Positionierung auf diese Weise nicht mehr eindeutig, nicht wirklich glaubwürdig wirkt.

Die Reduktion auf das Wesentliche macht eine erfolgreiche, bewusste Positionierung aus. Das erfordert für den Konzeptionisten viel Erfahrung und Mut zum Verzicht auf vielleicht interessante Nebensächlichkeiten. Durch die Reduktion auf das Wesentliche, auf das Einfache besteht die große Chance, einen Logenplatz in den Köpfen der Zielgruppe zu gewinnen. Merke: Weniger ist hier mehr!

Vertiefende Literatur

Rainer H.G. Großklaus: Das How-to-Buch Marketingplan, 2. Auflage, München 2002

Positionierungs-elemente	Produkte/Unternehmen			
	Mo-Moccaexpress	Klauswell-Kaffee		Circel-Kaffee
Zielgruppe	Alle Kaffeetrinker	Bohnenkaffeetrinker		Konsumenten von löslichem Kaffee
Motiv-/Emotionsfeld/Wertefelder	Hauptfelder: Stimulanz – Fantasie, Genuss/Nebenfelder: Genuss, Frische, Kreativität	Hauptfelder: Abenteuer – Fantasie, Genuss/Nebenfelder: Kreativität, Genuss, Entdecken, Spaß		Hauptfelder: Fantasie, Genuss Nebenfelder: Harmonie, Sinnlichkeit
Rationaler/emotionaler Hauptverbrauchervorteil	Echter Kaffeegeschmack und niedriger Preis	Gut schmeckend, anregend, aromaversiegelt für anhaltende Frische		Bequemlichkeit, Ruhe und Genuss, niedriger Preis
Produktkategorie	Kaffee	Kaffee		Kaffee
Art/Zeit des Konsums	Zu allen Gelegenheiten, immer wenn etwas los ist	Zu allen Gelegenheiten, immer wenn etwas los ist		Zu allen Gelegenheiten, bei denen die bequeme Art der Kaffeezubereitung wichtig ist
Höhe des Preises	0,20 Euro pro Tasse. 50 Gramm: xxx	0,21 Euro pro Tasse. 50 Gramm: xxx		0,18 Euro pro Tasse. 50 Gramm: xxx
Potenzialgewinnung		Muss durch Markenwanderungsanalysen festgestellt werden!		
Identifizierung mit dem Unternehmen/Sortiment	Mo-Moccaexpress ist der einzige von Mo verkaufte Kaffee. Die Marke wird stark mit dem Unternehmen in Verbindung gebracht, das ein hohes Kaffeeimage hat.	Wichtigstes Produkt im Hause. Die Marke wird mit dem Unternehmen in enge Verbindung gebracht.		Circel löslicher Kaffee wird über eigene Filialen vertrieben mit doppelter Identität: • mit der Filialkette • Eigenmarke der Kette

Abbildung 53: Beispiel von Positionierungsübersichten im Markt
Quelle: In Anlehnung an Rainer H.G. Großklaus: Das How-to-Buch Marketingplan, 2. Auflage, München 2002

Die Entwicklung von Positionierungsmöglichkeiten

> **Was Sie in diesem Kapitel erwartet**
>
> *Die Marketingstrategie ist angelegt, die marketingstrategischen Positionierungselemente sind bekannt. Jetzt können Sie in Eigenregie Positionierungsansätze entwickeln. Wie Sie diese Arbeit erfolgreich bewältigen und welche Techniken und Hilfsmittel Sie dafür einsetzen können, erfahren Sie in diesem Kapitel anhand von vielen praxiserprobten Beispielen.*

Erarbeiten Sie hypothetische Positionierungsalternativen

Laut *Al Ries* und *Jack Trout* brauchen Sie für die Entwicklung von Positionierungsalternativen folgende Eigenschaften:

- **Mut** (nicht zu kopieren, Chancen sofort zu nutzen, zu investieren, sich durchzusetzen usw.),

- **Weitblick** (was passiert in den nächsten fünf bis zehn Jahren bezüglich Wettbewerb, Technologie, unseres Know-hows, Verbraucherverhalten usw.),

- **Sensibilität** (für Markt- und Technologieentwicklungen, für die Mitte des Spektrums von Trends und Wandel usw.),

- **Offenheit** (für alles, was Ihrer Positionierung und nicht Ihnen selbst nützlich ist, für Kritik und Gespräche im Sinne Ihrer Positionierung, nehmen Sie Ihre Agentur unbedingt mit ins Boot, um Ideen zu verbessern usw.),

- **Geduld** (für die Entwicklungs-, Durchsetzungs- und Festsetzungsphase Ihrer Positionierung im Unternehmen selbst und im Markt, für die Expansionsphase Ihrer Positionierung z.B. in andere Absatzkanäle oder Länder usw.),

- **Überblick und Vorsicht** (bei möglichen Modifizierungen Ihrer Positionierung, um dem Wandel der Zeit entsprechen zu können. Ein altes Sprichwort mahnt hier zur Vorsicht: „Je mehr sich die Dinge ändern, desto mehr bleiben sie dieselben").

Wenn Sie sich über diese Punkte ernsthafte Gedanken machen und sie in Ihre Überlegungen mit einbeziehen, werden Sie erfolgreicher sein als jemand, der das nicht tut.

Entwickeln Sie jetzt Schritt für Schritt kreative, hypothetische Positionierungsalternativen mit möglichst langem Lebenszyklus. Nichts ist gefährlicher als die ständige Veränderung einer Positionierung. Es sei hier darauf hingewiesen, dass die Positionierung kein Ersatz für fehlende Kreativität und Marktbeurteilung ist. Betrachten Sie die Positionierung eher als Ausgangspunkt für beides.

Nachdem Sie Ihre Marketingziele und die Marketingstrategie schriftlich fixiert haben, sollten Sie jetzt Positionierungsansätze entwickeln. Es sei denn, Sie übergeben das gesamte Positionierungsprojekt Ihrer Werbeagentur, was nicht immer empfehlenswert sein muss. Insbesondere dann nicht, wenn Ihre Werbeagentur sich mit diesem Thema noch nie ernsthaft und verantwortlich beschäftigt hat. Auch wenn Sie einen Teil dieser Positionierungsarbeit an Ihre erfahrene Werbeagentur delegieren, ist es sinnvoll, dass Sie sich als Verantwortlicher mit diesem Thema selbst auseinander setzen, um bei der Zusammenarbeit mit Ihrer Werbeagentur jederzeit gesprächs- und kritikfähig zu sein.

Erste Hinweise auf mögliche Positionierungsansätze

Positionierungsansätze selbst zu entwickeln ist nicht einfach, insbesondere dann nicht, wenn Sie beginnen, sofort an der Lösung arbeiten, ohne das Problem völlig analysiert und durchdacht zu haben. Um zu Erfolg versprechenden Lösungen zu kommen, ist deshalb unbedingte Disziplin bei der Arbeits- und Vorgehensweise erforderlich. Erste Hinweise auf mögliche Positionierungsansätze erhalten Sie aus den quantitativen und teilweise qualitativen Daten und Fakten der Informationsphase. Nicht zuletzt ist sie auch deshalb so breit angelegt. Hier sind insbesondere folgende Informationshilfen wichtig:

- Analyse und Interpretation der Markt- und Wettbewerbsdaten (Abbildung 17),
- Visueller Wettbewerbsspiegel (Abbildung 18),
- Produkttechnische Überprüfung (Abbildung 21),
- Juristische Überprüfung (Abbildung 21),
- Psychologische Verbrauchersegmentierung,
- Näherungsverfahren mithilfe von Verlags-Typologien,
- „Limbic" (mit den Erkenntnissen aus der Neurobiologie und -psychologie),
- Positionierungsräume (Abbildungen 4, 7 und 12),
- Positionierungselemente (Abbildungen 44 bis 52),
- Positionierungsübersichten im Markt (Abbildung 53).

Bei der Suche nach Positionierungslücken oder hypothetischen Positionierungsmöglichkeiten ist dies der erste Schritt, der zumindest eine grobe Abschätzung von Positionierungsmöglichkeiten und -risiken zulässt. Positionierungshypothesen entwickeln heißt, sich über folgende Fakten völlig im Klaren zu sein:

- Welche Positionierung möchten Sie einnehmen?
- Woher bekommen Sie das Potenzial bzw. welche Wettbewerber werden Sie angreifen?
- Liegt genügend finanzielle Potenz vor, um alles erfolgreich zu bewältigen?
- Wird die Positionierungsalternative langfristig Bestand haben können?
- Passt die Positionierungsalternative zum Unternehmen und zum übrigen Sortiment des Unternehmens?

Lassen Sie Ihre Unternehmensbereiche berichten

Lassen Sie auch die anderen Abteilungen Ihres Unternehmens an der Suche nach hypothetischen Positionierungsalternativen teilhaben. Sie erreichen damit gleich zwei Ziele:

- Sie machen Werbung für Ihr Projekt in den Ressortleiter-Ebenen und wecken Interesse dafür.
- Sie erhöhen den Identifizierungsgrad der Ressortleiter durch deren Mitarbeit am Projekt und erzielen gleichzeitig einen optimalen Durchsetzungsgrad für Ihr Projekt im Unternehmen.

Wenn Sie die Unternehmensabteilungen in Ihr Projekt einbeziehen, dann müssen Sie sie vorher auch entsprechend unterrichten, damit sie erfolgreich mitarbeiten können. Es sei denn, Sie haben die Ressortleiter bereits kontinuierlich am Projekt teilhaben lassen. Dann reicht ein Kurzbriefing mit kurzer Aufgabenerklärung sowie eine Arbeitshilfe in Form einer Checkliste, die aufzeigt, aus welchen möglichen Kriterien heraus eine Positionierung und ein rationales und/oder emotionales Nutzenversprechen (USP/UAP) abgeleitet werden kann:

- Substanz/Technologie des Produkts,
- Produktmerkmale/Rohware,
- Gewinnungsverfahren der Rohware,
- Herkunft der Rohware,
- Transport der Rohware,

- Qualitätsstufen der Rohware,
- Produkttechnisches Know-how,
- (Veredlungs-)Zusätze Fertigungsverfahren,
- Produktwerterhöhung durch Emotionen,
- Fertigungsverfahren usw.

Um eine rasche und konzentrierte Übersicht über die Lösungsansätze Ihrer Ressorts zu erhalten, empfiehlt es sich, diese Lösungsansätze in eine Positionierungs- und Nutzen-Matrix eintragen. Diese Matrix durchläuft alle Ressorts im Unternehmen. Damit erreichen Sie wieder zwei positive Nebeneffekte:

1. Die zirkulierende Matrix bringt den Effekt der Methode 6.3.5 mit sich. Ein Beispiel hierzu: Der Einkaufsleiter z.B. trägt seine Gedanken zu bestimmten Punkten in die Matrix ab. Danach erhält diese Matrix z.B. die Abteilung Forschung und Entwicklung. Der Ressortleiter kann sich aufgrund der gemachten Eintragungen des Ressorts Einkauf inspirieren lassen und möglicherweise interessante Erweiterungen neben den ressortspezifischen Aussagen abgeben usw.

2. Sie erreichen mit dieser Vorgehensweise wieder eine starke Identifizierung durch die lockere und zum Teil ungewöhnliche Einbeziehung zur Mitarbeit an dem Positionierungsprojekt. Gleichzeitig erreichen Sie damit auch eine hohe Projekteffizienz. Wie diese Matrix angelegt sein kann, zeigt Ihnen Abbildung 54.

Auf Basis Ihres eigenen Positionierungsansatzes sowie mit dem Potenzial der befragten Ressorts beginnen Sie jetzt mit der schriftlichen Skizzierung einer, oder besser, gleich mehrerer Hypothesen zur Positionierung. Diese übertragen Sie in eine dafür vorgesehene Matrix für Positionierungsvorschläge, wie sie Abbildung 55 zeigt.

Vorab prüfen Sie schon einmal grob Ihre Positionierungsansätze anhand einiger wichtiger Erfahrungsregeln:

- Lässt das mengenmäßige Markt- und Verbraucher-Potenzial dieser Produktkategorie eine Positionierung wie die Ihrige zu?
- Wenn das zutrifft, sollte Ihre Positionierungsalternative so angelegt sein, dass die anvisierte Zielgruppe ganz klar den Vorteil Ihres Angebots erkennt, um zu verhindern, dass es für „jedermann die zweite Wahl" wird.
- Besteht die Möglichkeit, aufgrund Ihrer Marktstärke noch nicht belegte Positionierungsmöglichkeiten zu besetzen, bevor es die Konkurrenz tut?

Ressort-Berichte Suchfelder	Einkauf Datum vom 07.04 bis 15.04.	F & E/Labor Datum vom 16.04. bis 21.04.	Produktion Datum vom 22.04. bis 30.04.	...
Substanz/Technologie	Florida und Hawaii z.T. auch Südafrika ist eine Baumfrucht, benötigt viel Sonne ...	Aroma kann durch naturidentische Aromen ersetzt werden	Könnte direkt im Herkunftsland produziert werden	
Gewinnungsverfahren der Rohware				
Herkunft der Rohware				
Transport der Rohware				
Qualität der Rohware				
Technologie				
Fertigungsverfahren				
. . .				

Abbildung 54: Positionierungsansätze aus den Unternehmensressorts

Positionierungs-elemente	Positionierungsvorschlag vs. andere Produkte		Hauptkommunkationselemente (Vorrangigkeit)	
	Vorschlag	Begründung	Vorschlag	Begründung
Zielgruppe	Verwender von Bohnenkaffee und solche, die auch gelegentlich löslichen Kaffee trinken	A) Entwicklung der Durchdringung mit löslichem Kaffee im Markt B) Möglichst geringe Substitution unseres eigenen Sortiments	zweitrangig	Zielgruppe wird ohne weiteres bestimmt, indem in der Werbebotschaft Nachdruck auf den speziellen Filterprozess gelegt wird. Er muss nicht zwingend erwähnt werden.
Motiv- und Emotionsfelder	Hauptfelder: Stimulanz – Fantasie, Genuss/Nebenfelder: Genuss, Frische, Kreativität	Emotionales Feld noch nicht bzw. nicht erfolgreich belegt. Mit starkem Budget können wir das Feld „pachten".	erstrangig	Emotionales Feld passt exzellent zu unserer Unternehmens- und Marketingstrategie.
Rationaler/emotionaler Hauptvorteil (Nutzen)	Ein lösliches Produkt mit Geschmack, Aroma und Aussehen wie frischer Bohnenkaffee	Ein „Plus" gegenüber der Konkurrenz, das durch einzigartiges Aussehen und Farbe des Produktes offenbar wird und durch die Bemerkung unterstützt wird, dass es sich um ein besonderes Filterungs- und Gefrierverfahren handelt.	erstrangig	Begründung der Produktgleichheit mit frischem Bohnenkaffee ist das wichtigste Ziel des Marketing-Mix.
Produktkategorie	Innerhalb der allgemeinen Produktgruppe „Kaffee" ist dies eine neue Untergruppe mit hoher Qualität und Bequemlichkeit.	Deutliche „Nicht-Anlehnung" des Produkts an den löslichen Kaffee, der bei dem Zielverbraucher ein niedriges Image hat.	erstrangig	Die Idee, das Produkt in eine neue Untergruppe einzuordnen, ist wesentlich und benötigt daher wichtige Unterstützung durch das Marketing-Mix.
Art und Zeit des Konsums	Alle Gelegenheiten, bei denen Bohnenkaffee konsumiert wird.	Strategie ist es, den Verbrauch von Kaffee zu ergänzen.	zweitrangig	Die Idee der Akzeptierbarkeit des Produkts bei allen Gelegenheiten, bei denen Bohnenkaffee konsumiert wird, bedarf der Unterstützung des Marketing-Mix.

Abbildung 55: Positionierungsvorschläge

Positionierungs-elemente	Positionierungsvorschlag vs. andere Produkte		Hauptkommunkationselemente (Vorrangigkeit)	
	Vorschlag	Begründung	Vorschlag	Begründung
Höhe des Preises	50 g. für 2,50 EUR, das entspricht dem Preis pro Tasse eines Bohnenkaffees bester Qualität sowie einem Preis, der über allen für löslichen Kaffee liegt.	Gleichstellung mi: Bohnenkaffee bester Qualität	—	Der Preis braucht nicht ausdrücklich kommuniziert zu werden.
Potenzal-gewinnung	Zielgruppenmitglieder der Marken XY und ZZ	Lt. Markenwanderungsanalyse kaufen die Verwender von XY und ZZ sehr gerne auch unsere Marke.	zweitrangig	Die Potenzialgewinnung von XY und ZZ wird sich automatisch einstellen.
Identifizierung mit dem Unternehmen und seinen anderen Produkten	Beibehaltung der Unternehmensidentität durch die Verwendung der Dachmarke. Dennoch soll das Produkt Eigenständigkeit erhalten und von überlegender Natur sein.	Nutzung des bestehenden Zielgruppenpotenzials, um die Marketingkosten gering zu halten. Unterscheidung des Produktes, um bei den Bohnenkaffeekonsumenter akzeptiert zu werden.	zweitrangig	Notwendigkeit, eine Identität mit der Marke zu schaffen, aber gleichzeitig klare Begründung einer erkennbaren Überlegenheit des Produkts.

Abbildung 55: Positionierungsvorschläge
Quelle: In Anlehnung an Rainer H.G. Großklaus: Das How-to-Buch Marketingplan, 2. Auflage, München 2002

- Wenn Sie die Marktstärke nicht besitzen, dann können Sie Ihre Produkte klar von der Konkurrenz abheben, indem Sie die Nutzenvorteile dort ansiedeln, wo Ihr stärkster Konkurrent:
  - die Positionierungsmöglichkeit nicht besetzt hat,
  - schwach ist,
  - nicht in der Lage ist zu halten, was er verspricht bzw. kommuniziert hat,
  - nicht anders kann, weil er seine anderen Produkte/Sortimente schützen muss.

- Bauen Sie Ihre Positionierung auf einen rationalen und/oder emotionalen Nutzen auf:
  - der für Ihre Zielgruppe wirklich wichtig ist,
  - der durch Qualität oder Emotionalität des Produkts vollständig erbracht wird,
  - der nicht kopierbar ist, weil Sie die bessere Technik und mehr Investitionsvolumen bereitstellen können und/oder höher akzeptierte emotionale Werte als Produktwert anbieten können,
  - der zum Unternehmensimage und zum übrigen Sortiment passt,
  - den Sie langfristig erhalten und schützen können.

- Steht genügend Budget hinter dieser Positionierungsalternative?

Überprüfen Sie Ihre entwickelten Positionierungsalternativen vorab auch noch einmal mit den Fragen aus dem Fragenkatalog der wichtigsten Positionierungselemente (Seite 156f.), indem Sie jedes Element detailliert durchgehen. Das bringt Ihnen zusätzliche Sicherheit bei der späteren Grob-Vorauswahl.

Die Grob-Vorauswahl der ersten hypothetischen Positionierungsansätze in Eigenregie

In dieser Phase überprüfen und selektieren Sie (und dies am besten mit Unterstützung Ihrer Agentur) die verschiedenen Positionierungsansätze. Trennen Sie jetzt die Spreu vom Weizen. Sie können die Grob-Auswahl Ihrer Positionierungsansätze nach folgenden in der Praxis angewandten Kriterien vornehmen:

- Besetzungsgrad des angestrebten Positionierungsfelds,

- Budgetvolumen zur Durchsetzung der Positionierung (siehe hierzu auch Abbildung 18 „Visueller Wettbewerbsspiegel" und hier unter den dort aufgeführten Themen Budget, „Share of Voice" und Werbeausgaben sowie Werbe-/Markanteilsratio),

- Wahrscheinlichkeitsgrad der visuellen, verbalen und hörbaren Umsetzung der Positionierungsansätze,
- Markt- und Trendanalyse (siehe hierzu das Kapitel „Die Informationsphase", S. 63ff.),
- Wirtschaftlichkeit des Positionierungsansatzes (nach der „Break-even-Point-Methode: Kosten des Positionierungsprojekts dividiert durch den Deckungsbeitrag = Kosten: 2,5 Mio. Euro, Deckungsbeitrag III: 30%. Das bedeutet z.B.,

$$\frac{2,5 \text{ Mio. Euro}}{0,3} = 8\,333\,333{,}33 \text{ Euro}$$

dass ein Umsatz von 8 333 333,33 Euro realisiert werden muss, damit die Wirtschaftlichkeit der Positionierung unter betriebswirtschaftlichen Gesichtspunkten gegeben ist.

- Substitution bzw. Nachahmungs-Potenzial der Positionierung, Absicherung des Partizipierungseffekts,
- Kollisionspunkte mit dem Image des Unternehmens und dem übrigen Sortiment,
- Absicherung der Positionierungskontinuität,
- Besetzung wirkungsvoller emotionaler Felder,
- Starker rationaler Nutzen usw.

Diese Auflistung lässt sich selbstverständlich vervollständigen und erhebt nicht den Anspruch auf Vollständigkeit. Sie können diese Liste erweitern, indem Sie Kriterien aus der psychologischen Verbrauchersegmentierung (S. 113 ff.) herausarbeiten. Positionierung und psychologische Verbrauchersegmentierung sind ja vom Marketinggeschehen eng miteinander verknüpft.

Um in dieser Phase zu aussagekräftigen Ergebnissen zu kommen, empfiehlt es sich, wiederum eine Arbeitshilfe, eine Matrix, anzulegen. Sie zeigt Ihnen auf Anhieb, welche Positionierungsansätze möglicherweise Aussicht auf Erfolg haben werden und welche Positionierungsansätze Sie später in einem Positionierungs-Test überprüfen lassen sollten. Abbildung 56 zeigt Ihnen, wie Sie sich eine solche Matrix anlegen können.

In der Vertikalen tragen Sie die Kriterien für die Vorauswahl ein. In der Horizontalen setzen Sie Ihre Positionierungsansätze ein, die Sie bewerten möchten. Die Wichtigkeit der Kriterien müssen Sie je nach Positionierungswert und -bedeutung aus Ihrer Einschätzung heraus bewerten. Durch die Multiplikation mit den Werten der Gewichtung und den Werten der Kriterien erhal-

Kriterien	Gewichtung	Ansatz A	Ansatz B	Ansatz C	Ansatz D	Ansatz E	Ansatz F
Zielgruppe	10	4	7				
Motiv- und Emotionsfelder	8	4	9				
Rationaler/emotionaler Hauptvorteil (Nutzen)	9	3	8				
Produktkategorie	3	3	6				
Art und Zeit des Konsums	4	5	7				
Höhe des Preises	7	5	8				
Potenzialgewinnung	6	2	7				
Identifizierung mit dem Unternehmen und dem übrigen Sortiment	8	7	7				
Image	7	7	8				
Durchsetzungsmöglichkeit	5	4	8				
Kontinuität	7	3	7				
Verbale und visuelle Umsetzung	6	6	8				
Substitutionsmöglichkeit	6	6	9				
Budget	8	7	8				
Kollisionspunkte	7	5	8				
Rechtliche Aspekte	5	3	8				
Gesamtbewertung		**463**	**893**				

Bewertung der Ansätze: 0,1 = Negativ bzw. nicht wichtig bzw. gefährlich/1,0 = sehr positiv bzw. sehr wichtig bzw. ungefährlich

Abbildung 56: Positionierungs-Grob-Vorauswahl

ten Sie den Gesamtwert eines Positionierungsansatzes. Diese Bewertungsnote versetzt Sie dann in die Lage, eine Vorselektion vornehmen zu können. Die endgültige Auswahl wird – wie schon erwähnt – dann in einem Positionierungs-Test vorgenommen. Nach Abschluss dieser Vorauswahl-Arbeiten, die Sie am besten mit Ihrer Werbeagentur durchführen, haben sich möglicherweise zwei oder drei Favoriten herauskristallisiert. Diese sind es dann auch, die – je nach Unternehmenskultur und -organisation – der Geschäftsleitung in Form eines „Management-Papiers" vorgelegt oder aber präsentiert werden. Bedenken Sie: Positionierung ist Geschäftsleitersache, sie ist auf der höchsten Unternehmensebene angesiedelt. Die folgenden wichtigen Punkte sollten darin entscheidungsreif und zur Meinungsbildung dargelegt werden:

▶ Positionierungsansätze (Empfehlungen),

▶ Begründungen zu diesen Empfehlungen,

▶ Chancen und mögliche Probleme (auch wie die Probleme kurz-, mittel- und langfristig überwunden werden können),

▶ Budgetvorstellungen zur Durchsetzung des jeweiligen Positionierungsansatzes inklusive Begründungen,

▶ Positionierungsmodell (Positionierungsraum incl. möglicher Wettbewerb),

▶ weiteres Vorgehen und Timing (kurzer übersichtlicher Handlungs- und Zeitplan),

▶ das zu erwartende O.K. der Geschäftsleitung bzw. der Management-Ebene mit Datum und Unterschrift.

Abbildung 57 zeigt, wie es angelegt sein kann. Auch diese Arbeitsunterlage gehört später zur Positionierungsdokumentation.

Eine standardmäßige Bewertung der Positionierungsansätze kann somit nicht erfolgen. Das wäre auch nicht sinnvoll, weil Sie damit den einen oder anderen guten Positionierungsansatz diskriminieren und somit aussondern würden. Aus diesem Grunde wurde hier auch kein Bewertungsbeispiel aufgezeigt, sondern lediglich eine Empfehlung zur Anlage einer solchen Matrix unterbreitet, die je nach Situation und Gegebenheiten modifiziert werden muss.

Projektbeschreibung	
Positionierungsvorschläge:	
Begründungen:	
Chancen und Probleme:	
Budgetvorstellungen inkl. Begründung:	
Positionierungskontinuität:	
Emotionale Felder:	
Psychologische Verbrauchersegmente:	
Weiteres Vorgehen:	
Timing/Verantwortlichkeit:	
Datum: ☐ GO ☐ STOP	Genehmigung: Unterschrift:

Abbildung 57: Positionierungs-Management-Papier

Die Positionierungs-Testmöglichkeiten mit Marktforschungsinstituten

Nach der Grob-Auswahl, die Sie mit Ihrer Agentur und gegebenenfalls mit Ihrem firmeninternen Marktforscher vorgenommen haben, gehen Sie nun mit den ausgewählten Positionierungsansätzen in den Test. Zur Unterstützung der Positionierungsfindung ist es empfehlenswert, mögliche Produktmuster von der Forschung und Entwicklung, Produktion und/oder Technik oder aber simulierte Produkte im PC bereitstellen zu lassen. Es hat sich in der Praxis als hilfreich erwiesen, die Testpersonen vor und/oder nach der verbalen Positionierungspräsentation die Produktmuster auf Konzept- und Positionierungsnähe überprüfen zu lassen. Gleichzeitig wird damit die Positionierungsverständlichkeit im Testverfahren erhöht und die Positionierungsglaubwürdigkeit überprüft.

Die Vorgehensweise eines solchen klassischen Tests in Kurzform dargestellt: Nachdem die Testpersonen das Positionierungskonzept gründlich studieren konnten, werden sie nach einem vorgegebenen Schema befragt. Folgende Fragen sollen beantwortet werden:

- Allgemeine Bewertung,
- Vorzüge oder Ablehnung sowie Verständnis,
- Beurteilung bestimmter Grundmerkmale von Konsumgelegenheiten und -intensität,
- Konkurrenzvergleich,
- Substitutionsgrad zu Konkurrenzprodukten,
- Preiserwartung usw.

Nach der Befragung können die Testpersonen das Produkt in Augenschein nehmen bzw. probieren. Im Anschluss an die Bemusterung der „Prototypen" werden die oben genannten Faktoren bei den Testpersonen nochmals abgefragt, um so einen Vergleich der Wertungen von „vorher" und „nachher" machen zu können. Mit dieser Vorgehensweise werden Produkt- und Kommunikationsdifferenzen aufgedeckt sowie Veränderungen in Einstellungen und Präferenzen.

Es gibt zwei Testmöglichkeiten. Die verbale und die visuelle Testmöglichkeit. In der Regel werden in dieser Teststufe zuerst einmal verbale Positionierungskonzepte überprüft. Hierfür werden vorwiegend Beschreibungen in Form von Statements erarbeitet. Auch Experten sind sich nicht recht einig darüber, in welcher Form solche Konzepte überprüft werden sollen, ob mit einem verbalen oder einen visuellen Test. Oftmals werden darum von den Experten beide Testmöglichkeiten präferiert. Beide Testarten zusammen führen möglicherweise auch zu besseren Ergebnissen.

Das Verbal-Positionierungskonzept

Wie schon erwähnt, werden Positionierungskonzeptansätze nicht werblich beschrieben, sondern umschrieben. Präferiert wird in der Praxis eine statementartige Beschreibung, das heißt, eine kurze knappe Ausführung hinsichtlich der Positionierungsrichtung bzw. der Positionierungs-Charakteristik (z.B. die Welt der Abenteuer und Freiheit usw.) sowie des Nutzenvorteils (USP/UAP). Eine weiterführende Beschreibung führt bei den Testpersonen meist zu Irritationen.

Eine Faustregel dazu: Egal, ob Sie kurze Statements oder weiterführende Beschreibungen präferieren, die Beschreibung der Positionierungs-Charakteristik muss in jedem Fall in der Sprache und in dem Verständnisrahmen der Zielgruppe (Testpersonen) erfolgen. Versteht sie die Zielgruppe bzw. Testperson, erhöhen Sie die Chancen zur Durchsetzung Ihres Positionierungsansatzes.

Das Visual-Positionierungskonzept

Das visuelle Positionierungskonzept ist eine bildliche bzw. auch eine grafische Darstellung des Verbal-Konzepts. Beide Ausführungen zusammen konkretisieren das Testkonzept meist eindeutiger. Das visuelle Positionierungskonzept setzt sich zusammen aus:

- Roh-Layouts,
- Storyboards,
- Folder,
- Rohfunkspots,
- Plakat- und Anzeigen-Layouts
- Scribbles usw.

Diese Ausführungen sind, wie schon erwähnt, keine schaltfähigen Darstellungen, da in dieser Phase in der Regel noch intensive Korrekturen ausstehen. Es wäre aus betriebswirtschaftlicher Sicht nicht zu verantworten, mit schaltfertigen Darstellungen (Rein-Layouts usw.) in den Test zu gehen.

Es besteht aber auch die Möglichkeit, Positionierungs-Charakteristiken mit ihren Ausführungen auf dem PC bzw. Laptop anzulegen. Hier ist es dann jedoch sinnvoll, diese Ausführungen tatsächlich schaltfähig anzulegen. Dieses Medium erlaubt unter anderem auch Modifikationen an den Darstellungen in der Testphase aufgrund von Hinweisen der Testpersonen, um so näher an die Ideal-Positionierungs-Charakteristik zu kommen.

Die verschiedenen Positionierungs-Testverfahren

In der Marketingpraxis gibt es unterschiedliche Untersuchungsansätze, die zum Ziel führen können. Welches Verfahren jedoch am besten geeignet ist, hängt von den Zielsetzungen des Tests ab.

Hier das Beispiel eines Untersuchungsansatzes für ein schon im Markt befindliches Produkt, das umpositioniert werden soll: Den Testpersonen werden verbale Positionierungsansätze vorgelegt, die sie bewerten sollen. Die Vorlage vollzieht sich in rotierender Reihenfolge auf dem PC (z.B. über einen Beamer vergrößert auf der Leinwand dargestellt). Ermittelt werden sollen:

- Spontane Assoziationsgehalte,
- Projektive Vorstellungen über Verwender und Verwendungsgelegenheiten,
- Interessensauflösungen,
- Glaubwürdigkeit,

- Eigenständigkeit,
- Unverwechselbarkeit,
- Konsumintensität,
- Kaufanreiz usw.

In weiteren Befragungen können dann erfolgen:

- eine Direktauswahl des subjektiv attraktivsten Positionierungsansatzes mit entsprechenden Begründungen
- sowie soziodemografische Merkmale etc.

Weitere Untersuchungsansätze, die besonders in der ersten Stufe Berücksichtigung finden können, sind z.B.:

■ **Gruppendiskussionen.** Ziel dieser Methode ist es, Erkenntnisse über die verbale Reaktion der Testpersonen aus der Zielgruppe zu sammeln. Solche Erkenntnisse können sein:
- Einstellungen,
- Bedürfnisstruktur,
- Kenntnislage bezüglich
  - des Marktes,
  - der jeweiligen Produkte,
  - der Produktcharakteristika,
  - der Entstehung und Änderung von bestimmten Meinungen und Einstellungen sowie Motivationen in einer Gesprächsgruppenrunde.

In der Regel werden dabei je nach Problemstellung verbale Positionierungsansätze bzw. -statements als Hilfsmittel verwendet.

Um das Verständnis zu verstärken, werden den Testpersonen zur Bewertung der Ansätze folgende Hilfsmittel unterbreitet:

- Rohlayouts,
- Rohfassungen von Funkspots,
- Storyboards,
- Scribbles,
- Grafiken und Bilder,
- Blindverpackungen usw.

Solche Gruppendiskussionen werden in Form einer locker geführten Gesprächsrunde durchgeführt. Entsprechend der Problemstellung wird eine homogene und/oder heterogene Gruppe von Testpersonen zusammengestellt, ausgewählt zwar nach folgenden Kriterien:

- Intensivverwender,
- Normalverwender,
- Leichtverwender,

Die Entwicklung von Positionierungsmöglichkeiten

- Nichtverwender,
- potenzielle Verwender.

Je nach Problemstellung besteht eine Gruppe aus maximal neun bis zwölf Personen, die meist an mehreren Diskussionen teilnehmen.

- **Exploration (Tiefen-Interviews).** Ziel dieser Methode ist die Ermittlung von Einstellungen, Motiven, Emotionen, Bedürfnissen und Erwartungen der Testpersonen. Diese Methode löst gezielt qualitative Probleme. In der Regel werden mündliche Befragungen nach Maßgabe eines Themenleitfadens ohne strikt vorgeschriebenen Ablauf durchgeführt. Je nach Problemstruktur wird die Auswahl der Testpersonen nach der Quotenauswahl vorgenommen. Die Größe dieser Gruppe liegt bei circa 15 bis 60 Personen.

Weitere Testmethoden zur Überprüfung von Positionierungsansätzen sind:

- **Experten-Rating,**
- **Sequenztest usw.**

Ziel solcher Tests sind es, Entscheidungen zwischen zwei oder auch mehreren Positionierungsanätzen auf preiswerte Art vornehmen zu können. Auch hier werden wieder die bekannten Hilfsmittel wie Rohlayouts usw. eingesetzt. Solche Tests werden im Studio unter Anwendung sequentieller (aufeinanderfolgender) Paarvergleiche durchgeführt.

Ein weiteres, interessantes Positionierungs-Testverfahren wurde schon im Kapitel „Die mehrdimensionalen Wahrnehmungs-Positionierungsräume" (S. 48ff.) beschrieben.

Nach erfolgreicher Testphase werden die Testergebnisse der Management-Ebene entscheidungsreif präsentiert und von ihr (hoffentlich) auch schriftlich genehmigt. Auch diese Testunterlagen sind später Bestandteil Ihrer Positionierungsdokumentation.

Parallel zur Arbeit der Findung und Entwicklung von Positionierungsansätzen beginnt auch die Entwicklung eines wirksamen rationalen und/oder emotionalen Nutzenversprechens (USP/UAP).

Die Entwicklung eines wirksamen Nutzenversprechens (USP/UAP)

Innerhalb der Marketing- und Positionierungsstrategie wird auch das „einzigartige Verbraucherversprechen", der Nutzen, ermittelt und bestimmt. Die psychologische Verbrauchersegmentierung hat aufgezeigt, welches oder welche Segmente zu bearbeiten sind, welche individuellen Verbraucherbedürfnisse, -motivationen und -einstellungen für das anzubietende Produkt in Frage kommen, wie das anzubietende Produkt sowohl rational als auch emotional konzipiert sein muss. Die Frage, die jetzt zu beantworten ist, lautet: Welcher Nutzen ist geeignet, die vorhandenen Einstellungen, Vorstellungen, Motive und Gewohnheiten bei der anvisierten Zielgruppe zu befriedigen? Auch hier empfiehlt es sich, mit den Profis aus Ihrer Werbeagentur zusammenzuarbeiten. Hilfestellung für diese wirklich kreative Aufgabe bieten die bisher angelegten Arbeitshilfen:

- Psychologische Verbrauchersegmentierung
- Visuelle Wettbewerbsanalyse,
- Vorüberlegungen zu den Positionierungsansätzen.

Wenn diese Arbeitshilfen aufmerksam durchgearbeitet werden, lassen sich häufig schon recht brauchbare USP-Statements ableiten. Wenn Sie z.B. mit der psychologischen Verbrauchersegmentierungsstudie arbeiten, bedienen Sie sich am besten einer USP/UAP-Such-Matrix. In dieser Matrix werden auf der Vertikalen sowohl die produktspezifischen als auch die emotionalen Produktwerte der anvisierten Zielgruppe eingetragen. Auf der Horizontalen werden dann die zu erarbeitenden USP-Statements eingetragen. Dadurch wird ersichtlich, welche rationalen und emotionalen Felder möglicherweise abgedeckt werden könnten. Abbildung 58 zeigt, wie eine solche praxisorientierte Arbeitshilfe angelegt und gegebenenfalls auch weiterentwickelt werden kann.

Die USP/UAP-Such-Matrix kann auch auf den Wettbewerb bezogen angelegt werden. Hieraus wird dann ersichtlich, welche rationalen und emotionalen Faktoren in den verschiedenen Wettbewerbs-USP/UAPs berücksichtigt sind.

Anhand der aufgezeigten Arbeitshilfen zur Entwicklung starker USP-Statements haben Sic nun die Möglichkeit, attraktive, kreative und zugkräftige USP/UAP-Lösungsansätze zu erarbeiten. Beachten Sie dabei, dass Ihre Lösungsansätze konzeptionskonform sind bzw. das Positionierungskonzept weiter verstärken. Denken Sie auch daran, dass der objektive Nutzen immer der wirksamste ist. Der emotionale Nutzen soll zusätzlich eine unverwechselbare, bindende Verstärkung darstellen. Er muss sich sowohl objektiv (rational) als auch subjektiv (emotional) von Ihrer Konkurrenz absetzen und mit der Posi-

motivationspsychologische Zielgruppenmerkmale \ ausgewählte psychologische Segmente	Segment I	Segment II	Segment III
☐ **Zielgruppenmerkmale** • qualitätsbewusst • kalorienbewusst leben • modern und gesund ernähren • Natur/Natürlichkeit/Früchte • familienbewusst • konservativ • markentreu • prestigestrebend • selbstständig • moderne Lebensweise ☐ **Produktmerkmale** • fruchtfleischhaltig • dickflüssig • kalorienarm • fruchtig • süß • nicht so süß	**Nutzenversprechen reduziert:** ...schmeckt nach Frucht und nicht nach Zucker. Oder: Genuss ohne Reue **Begründung Reason Why** ...Saft pur mit viel Fruchtfleisch. **Fazit:** ...gut schmeckender, gesunder, kalorienverminderter Fruchtnektar für Menschen, die eine ernährungsbewusste Lebensweise bevorzugen, ohne auf Genuss zu verzichten		

Abbildung 58: USP/UAP-Such-Matrix

tionierung gemeinsam eine starke Einheit bilden, die sich sofort in den Köpfen Ihrer anvisierten Zielgruppe langfristig verankert.

Ebenso, wie bei der Positionierungsentwicklung Positionierungsansätze bzw. -statements erarbeitet werden, geschieht das auch bei der Entwicklung von USP/UAP-Ansätzen. Sie werden in Form von Statements erarbeitet. Empfehlenswert ist es hier, wenn Sie selbst, Ihre Agentur und die Ressorts möglichst getrennt nach USP- und/oder UAP-Ansätzen suchen und sie schriftlich festhalten, um so zu einer höheren Anzahl von Möglichkeiten zu kommen.

Bei der Entwicklung von USP- und/oder UAP-Statements bietet sich als Methode insbesondere der **Morphologische Kasten** an. Dem Morphologischen Kasten liegt folgender Ablauf zugrunde: Das definierte Problem wird in seine Problemelemente zerlegt. Für jedes Problemelement werden denkbare Lösungen zusammengetragen. In der Vertikalen werden alle Produktelemente eingetragen. In der Horizontalen werden die Ausprägungen eines jeden Produktelements eingetragen. Anschließend werden die einzelnen Elemente untereinander kombiniert, indem man die Elemente eines Problems mit den Elementen des nächsten Problems vertikal verknüpft. Aus der Vielzahl der im Morphologischen Kasten enthaltenen Elemente lassen sich dann weitere neuartige Kombinationen von USP/UAP-Statements entwickeln. Im Folgenden wird ein solcher Morphologischer Kasten als Arbeitshilfe dargestellt (siehe hierzu Abbildung 59).

Fünf goldene Regeln für die Entwicklung eines attraktiven Nutzenversprechens sollen Sie bei Ihrer Denk- und Entwicklungsarbeit unterstützen:

1. Das Nutzenversprechen sollte nicht in Form von Produktattributen formuliert werden, z.B. der beste Tunfisch, der beste Orangensaft, den es gibt. Vielmehr sollte es eine Aussage sein wie z.B.: „... schmeckt wie selbst gepresst" oder „... schmeckt nach Frucht und nicht nach Zucker" usw.

2. Das Nutzenversprechen sollte im Hinblick auf die Konkurrenz kompetitiv angelegt sein.

3. Die Zielgruppe sollte durch das Nutzenversprechen so motiviert werden, dass Kaufakte ausgelöst werden.

4. Das Nutzenversprechen sollte möglichst nicht das eigentliche Thema oder aber der Slogan sein.

5. Das Nutzenversprechen muss auf glaubwürdige Art und Weise differenzieren.

Ausprägungen der Parameter	1	2	3	4	5
Parameter					
☐ **Produkt**					
Substanz	dünnflüssig	dickflüssig	fruchtfleisch-haltig	trüb	klar
Funktion/Nutzen	Genuss bereiten	Durst löschen	fit halten	schlank bleiben	Diät
Geschmack	nicht so süß	natürlich, fruchtig, aromatisch	frisch	aromareich	belebend
Herkunft/Assoziationen	Brasilien	Tropen	Süden/Sonne	Strand/Palmen	Urlaub/Abenteuer/Freiheit ...
☐ **Zielgruppe**					
Gesundheit	ernährungs-bewusst	figurbewusst	moderne Lebensweise	fitnessbewusst	
Natur	Natürlichkeit	fruchtig, wie selbst-gepresst	keine Zusatzstoffe	naturliebend	

Möglicher USP/UAP-Ansatz reduziert dargestellt: „Genuss ohne Reue"

Abbildung 59: Morphologischer Kasten für die Entwicklung von USP/UAP-Statements

190   *Die Phase der Konzeption und Planung*

Jedes Nutzenversprechen muss auch nachvollziehbar begründet werden. Im Marketingjargon sagt man dazu „Reason Why". Hierzu drei goldene Regeln:

1. Die Begründung sollte möglichst aus dem Produkt selbst, aus dem Produkt-Universum kommen. Empfehlenswert wäre, nur ein Produktfaktum auszuwählen und nicht gleich ein ganzes Bündel von Produktfakten, da sonst die Begründung unglaubwürdig erscheinen könnte.

2. Ein Testimonial kann unter Umständen einen fehlenden Produktvorteil durch Glaubwürdigkeit über das Image des Produkts/Unternehmens ausgleichen. Allerdings, Testimonials haben auch ihre Tücken. Wenn z.B. ein solches Testimonial an Attraktivität in der Öffentlichkeit verliert, dann kann Ihr Produkt auch an Glaubwürdigkeit verlieren. Vorsicht also!

3. Die Begründung sollte immer kompetitiv angelegt sein.

Die Grob-Vorauswahl von USP/UAP-Alternativen in Eigenregie

Nach der Findung und Entwicklung von diversen USP-/UAP-Ansätzen müssen Sie eine grobe Vorauswahl treffen. Diese Auswahl können Sie im Gremium oder aber in einer kleinen Gruppe vornehmen. Kriterien für die Vorauswahl sind:

- Glaubwürdigkeit
- Genauigkeit,
- Wahrheit,
- Wichtigkeit,
- Assoziationsmöglichkeit,
- Motivation,
- Emotion,
- Ratio,
- Markfähigkeit,
- Markenexklusivität,
- Einzigartigkeit,
- Merk- und Lernfähigkeit,
- Kaufinteresse,
- Differenzierung.

Diese Auflistung übertragen Sie am besten wieder in eine USP/UAP-Auswahl-Matrix. Der Bedeutung entsprechend sollte jedes Kriterium gewichtet werden. Die Bedeutung der Gewichtung richtet sich nach Ihrer festgelegten Marketing- und Positionierungsstrategie. Wenn Glaubwürdigkeit und Assoziationsmöglichkeit bei Ihnen eine hohe Bedeutung haben, dann müssen Sie diese hoch gewichten, also mit einer hohen Punktzahl ausstatten. Umgekehrt werden die Kriterien mit geringer Bedeutung (z.B. Differenzierung) niedrig gewichtet. Mit der Multiplikation der Gewichtung und der vergebenen Punktzahl erhalten Sie die Bewertung jedes einzelnen USP/UAP-Statements. Sie können also mit dieser Vorgehensweise wiederum eine gute Auswahl treffen.

Mithilfe von Abbildung 60 sollten Sie die Vorab-Auswahl Ihrer USP/UAP-Ansätze selektieren. Sie können Ihre Matrix noch um folgende Checkpunkte ergänzen, sofern sie für Ihre Belange und Ihre Situation sinnvoll sind:

- Durchsetzungsmöglichkeit des USP/UAP-Ansatzes im Markt,
- Kosten für die Durchsetzung des USP/UAP,
- Nachahmungsmöglichkeit,
- Welche Zielgruppensegmente spricht dieser USP/UAP-Ansatz noch an (Streuung)?,
- Umsetzungsmöglichkeit und -probleme,
- Medienberücksichtigung (TV, Funk, Print, Internet usw.).

Die Vorauswahl Ihrer USP/UAP-Ansätze sollten Sie im Team treffen. Über die getroffenen Entscheidungen sollten Sie wieder den Management-Ebenen Ihres Unternehmens berichten. Auch diese Unterlagen gehören dann später der Positionierungsdokumentation an.

Das Multi-variate Propositioning-Testverfahren mit einem Marktforschungsinstitut

Die Vorauswahl haben Sie perfekt bearbeitet und abgeschlossen. Ihnen liegen nun testwürdige USP/UAP-Ansätze vor. Wenn Sie ganz sicher gehen wollen, welche Erfolgsmöglichkeiten Ihre Ansätze in der Zielgruppe haben, dann sollten Sie jetzt z.B. in einen **Multi-variaten Propositioning-Test** investieren. Der Ablauf dieses Test-Verfahrens stellt sich in Kurzform folgendermaßen dar:

- Auflockernde Einführungsfragen werden von den Testpersonen beantwortet.
- Neben den Kriterien und den USP/UAP-Ansätzen bzw. -statements werden den Testpersonen auch das Produkt oder ein Prototyp und die Positionierungsdarstellung vorgestellt.
- Die USP/UAP-Statements werden auf einer vorgegebenen Intervallskala mittels Bewertungskarten eingestuft. So kann jedes USP/UAP-Statement anhand der Messwerte beurteilt werden (siehe hierzu Abbildung 61).

Kriterien	Gewichtung	Bewertung										USP/UAP-Ansatz: "Genuss ohne Reue"
	↳ X	0,1	0,2	0,3	0,4	0,5	0,6	0,7	0,8	0,9	1,0	Gesamt
Glaubwürdigkeit												
Genauigkeit												
Wahrheit												
Wichtigkeit												
Assoziationsmöglichkeit												
Motivation												
Emotion												
Ratio												
Merkfähigkeit												
Markenexklusivität												
Einzigartigkeit												
Kaufinteresse												
Differenzierung												
Umsetzungsstark												
							Gesamtwert →					

Abbildung 60: USP/UAP-Auswahl-Matrix

Die Entwicklung von Positionierungsmöglichkeiten

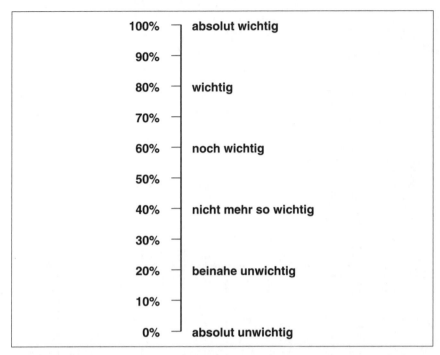

Abbildung 61: Skalometer/Intervallskala

Alle Messwerte der jeweiligen USP/UAP-Statements werden in einer entsprechenden Skala zusammengefasst. Darauf folgend werden die Verteilungen der Häufigkeitsnennungen in den jeweiligen Skalometern ermittelt (siehe hierzu Abbildung 62).

Anschließend werden das arithmetische Mittel aller Werte und die arithmetischen Mittel der betreffenden USP/UAP-Statements ermittelt und miteinander verglichen. Dies verdeutlicht Abbildung 63. Jeder Buchstabe bedeutet hier ein bewertetes USP/UAP-Statement. Des Weiteren besteht bei dieser Testmethode die Möglichkeit, die Streuung der USP/UAP-Statement-Einzelwerte in dem errechneten Mittelwert (= Größe der Abweichung der Einzelwerte gegenüber dem Mittelwert) zu überprüfen. Es ist ferner möglich, eine Überprüfung bezüglich der Einstufung mehrerer USP/UAP-Statements auf zwei Kriterien hin in einem Koordinatensystem vorzunehmen (siehe hierzu Abbildung 64). Eine solche Testmethode führt dann zur endgültigen Festlegung einer USP/UAP-Alternative.

Aufbauend auf dem vorweg erwähnten Beispiel soll hier ganz kurz aufgezeigt werden, wie der Prozess der USP/UAP-Findung und -Festlegung durch die Marktforschung bei einem diätetischen Lebensmittel (Fruchtsaftgetränk ge-

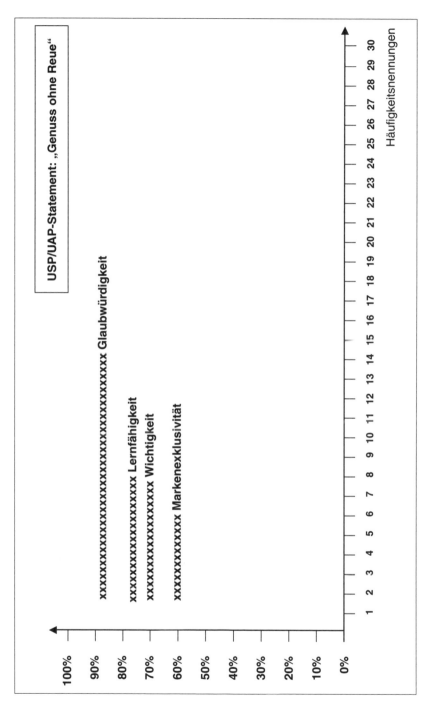

Abbildung 62: Häufigkeitsnennungen der Kriterien

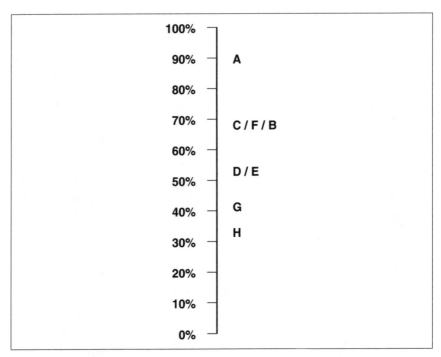

Abbildung 63: Abtragung der Mittelwerte

süßt mit Zuckeraustauschstoffen) abläuft. Insgesamt werden hier drei USP/ UAP-Alternativen nach den schon erwähnten Kriterien:

- Wichtigkeit,
- Markenexklusivität,
- Kaufinteresse

überprüft.

Die USP/UAP-Alternativen sind folgendermaßen definiert:

a) ... ist durch das *Weglassen von Zuckerzusatz besonders kalorienarm* und durch den hohen Gehalt von *natürlichem Fruchtfleisch besonders aromatisch und fruchtig*. Beinahe wie selbst gepresst. (... schmeckt nach Frucht und nicht nach Zucker.)

b) ... durch den hohen Gehalt an natürlichem, aromatischen Fruchtfleisch und das Süßen mit Zuckeraustauschstoffen ist das Getränk besonders kalorienarm. (... natürlich aromatischer Genuss ohne Reue.)

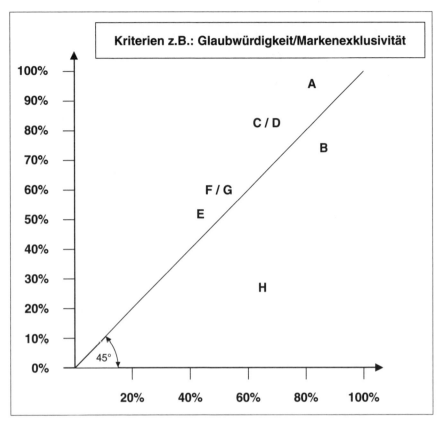

Abbildung 64: Diskriminanzraum/Abtragung der Mittelwerte

c) ... durch das Weglassen von Zuckerzusatz und das Hinzufügen von Zuckeraustauschstoffen ist dieses Getränk ein kalorienreduzierter Durstlöscher. (... *50% weniger Kalorien*/leichter Durstlöscher).

Die folgende Abbildung 65 zeigt, welche USP/UAP-Alternative in der Zielgruppe hoch eingestuft wurde. Die USP/UAP-Alternative „a" wird bezüglich der Markenexklusivität auf Platz zwei verdrängt. Jedoch bei den restlichen drei Kriterien wurde sie auf Platz eins gesetzt. Die USP/UAP-Alternative „... schmeckt nach Frucht und nicht nach Zucker" wird somit in die Copystrategie übernommen und wird Hauptbestandteil der gesamten positionierungsstrategischen und werblichen Ausrichtung.

Für das Beispiel Fruchtsaft/Gemüsesaft wurde auf diese Art und Weise ein sehr erfolgreicher USP/UAP entwickelt, der mit der Positionierung hundertprozentig korrespondiert: „In Ihrer Freizeit leben Sie vernünftig. Warum

Die Entwicklung von Positionierungsmöglichkeiten **197**

	Glaubwürdigkeit		Wichtigkeit		Markenexklusivität		Kaufinteresse	
	Ø Wert	Rang	Ø Wert	Rang	Ø Wert	Rang	Ø Wert	Rang
A	90	1	93	1	84	2	94	1
B	79	2	92	2	88	1	90	2
C	64	3	91	3	71	3	81	3

USP/UAP-Alternative A: „... schmeckt nach Frucht und nicht nach Zucker"
USP/UAP-Alternative B: „... Genuss ohne Reue"
USP/UAP-Alternative C: „... 50% weniger Kalorien"

Abbildung 65: Testergebnisse der drei USP/UAP-Alternativen

nicht öfters?". Weitere Beispiele dafür sind z.B. die Inhalte des USP/UAP von *Dr. Bests* Zahnbürsten: „Der bewegliche Griff und die Anordnung der Borsten" oder von *Mercedes:* „außer Kraft die leisen Motoren". Es gibt noch eine Vielzahl weiterer guter Beispiele. Sie können sich auch sicherlich gut vorstellen, dass sich aufgrund zunehmender Wettbewerbsintensität und von sehr raschen Veränderungen in den Bereichen Verbraucherverhalten und Technologie hieraus nicht immer langfristig anhaltende Wettbewerbsvorteile durch einen USP/UAP garantieren lassen. Um trotzdem in den Bereichen die Nase vorn zu haben, sind Investitionen in Forschung und Entwicklung sowie Kommunikation notwendig. Das „härteste" Versprechen sollte zuerst einmal aus dem Produkt selbst abgeleitet werden können. Was sagte der große Werbemann *David Ogilvy* über Werbung so treffend? „Das Versprechen, das große Versprechen, ist die Seele der Werbung". Die Positionierung sorgt dafür, wie die Zielgruppe über das Produkt denken soll. Sie schafft einen Platz für das Produkt in den Köpfen der Konsumenten. Das Versprechen ist die Verdichtung der Positionierung, die sich auf den, vereinfacht dargestellten, Vorteil des Produkts bezieht.

Die Vorgehensweise für die Beschreibung einer Positionierung

Nach den Findungs-, Entwicklungs- und Bewertungsprozessen sowie den Testarbeiten für die Sicherstellung einer erfolgreichen Positionierung ist es jetzt an der Zeit, mit der Beschreibung Ihrer Positionierung zu beginnen. Um eine solche Beschreibung erfolgreich umzusetzen, bedarf es der Transparenz, der Zerlegung der Positionierung in ihre „Elemente", damit sie im Einzelnen klar beschrieben werden können und nach dem Zusammenfügen der Elemente als eine Einheit korrespondieren können. Hier die Schwerpunktelemente:

- Angebot/Leistung:
  - Produkt
  - Preis

- Positionierungsschwerpunkte:
  - Zielgruppe
  - Emotionsfeld und Werte
  - rationaler und/oder emotionaler Hauptnutzen/Nutzenvorteil (USP/UAP)
  - Nutzendramatisierung (visuelle Umsetzung beschreiben)
  - Begründung für den Nutzen (Reason Why)
  - Art und Zeit des Konsums, des Gebrauchs

- Potenzialgewinnung
  - Konkurrenz
  - Benachbarte Segmente
  - Noch-nicht-Verwender

- Identifizierung zum Unternehmen und seinen übrigen Sortimenten

- Personality (Stil und Ton)

- Positionierungscharakter (reduzierte Zusammenfassung).

In Kapitel 7, Abbildung 79 (S. 268) finden Sie ein Beispiel für eine Positionierungsbeschreibung, das Ihnen als Leitfaden für diese wichtige Arbeit dienen kann. Die Positionierungsbeschreibung basiert auf den im Kapitel „Die wichtigsten Positionierungselemente" (S. 156) dargestellten Elementen für die Entwicklung einer Positionierung. Es ist empfehlenswert, jeden Punkt eines Positionierungselements zu beschreiben. Nehmen Sie sich dafür Zeit. Sinnvoll ist es, wenn Sie die Abbildungen 45 bis 52 (Checkfragen) bei der Entwicklung Ihres Positionierungskonzepts zu Hilfe nehmen. Mit diesen Checkfragen werden Sie konzentriert und diszipliniert durch den kreativen Entwicklungsprozess geleitet.

Wenn Sie jedes Positionierungselement mit seinen Unterpunkten beschrieben haben, dann beginnen Sie jetzt mit der Beschreibung des „Positionierungscharakters" sowie der Beschreibung des USP/UAPs und seiner Umsetzung (Nutzendramatisierung). In dieser Phase wird Kreativität, aber auch Disziplin verlangt, da diese Beschreibung alle bisher gesammelten Informationen auf nur wenige rationale und/oder emotionale Fakten komprimiert, die ihre Umsetzungen in der Copystrategie finden.

Die Positionierungsbeschreibung sollte auch Bestandteil Ihres Werbebriefings für Ihre Werbeagentur sein, um daraus ableitend die Copystrategie zu entwickeln. Sie ist Grundlage und Maßstab für die gesamte Gestaltungsarbeit und für die Mediaplanung.

Die Positionierungsbeschreibung wird wieder den entsprechenden Management-Ebenen zum O.K. vorgelegt. Später werden diese Unterlagen der Positionierungsdokumentation zugeordnet.

Vertiefende Literatur

Rainer H.G. Großklaus: Checklist USP – Produktpositionierung und Produktversprechen systematisch entwickeln, Wiesbaden 1982

Rainer H.G. Großklaus: Arbeitshandbuch Werbestrategie und -konzeption, Essen 1990

Al Ries/Jack Trout: Positioning – The Battle for Your Mind, Columbus 1986

Peter Sawtschenko: Positionierung – das erfolgreichste Marketing auf unserem Planeten, Offenbach 2005

Die Produktnamensentwicklung

Was Sie in diesem Kapitel erwartet

Die Entwicklung von Produkt-/Markennamen stellt in der heutigen Zeit den Kapitalwert von Unternehmen dar. Darüber hinaus können (sollen) Produkt-/Markennamen die Positionierung unterstützen. Aus diesen Gründen ist die Suche und Entwicklung von Produkt-/Markennamen heute so eminent wichtig und häufig Chefsache in bekannten Unternehmen. Wie Sie unkompliziert und trotzdem kreativ an diese Arbeit gehen, erfahren Sie in diesem Kapitel.

Unternehmen wie *Coca-Cola*, *Pepsi* oder *Marlboro* haben alle etwas gemeinsam: Der Produkt- bzw. Markenname ist der Markenwert, also ihr Kapitalwert. Ganz im Gegensatz zu früheren Zeiten. Hier bestand der Wert eines Unternehmens aus dem erwirtschafteten Gewinn, den Sachwerten und/oder dem patentierten Technologie-Know-how. Die Zeiten haben sich gewandelt. Heute steckt der Wert eines Unternehmens unter anderem in seinen Marken.

Hinzu kommt, dass der Produktname erheblich zur Positionierungsunterstützung und -stärkung beitragen kann und natürlich auch umgekehrt.

Aus diesem Grunde ist die erfolgreiche Namensfindung und -entwicklung heute für Unternehmen von großer Bedeutung. Weil die Entwicklung von Produktnamen für Unternehmen so eminent wichtig ist, sollten Sie sich intensiv damit beschäftigen. Sie können diesen Job auch wieder an Ihre Werbeagentur delegieren. Sie sollten nur wissen, dass eine Agentur für diesen kreativen, sehr schwierigen und verantwortungsvollen Job auch viel Geld kostet und dies auch zu Recht (!), weil sich im Erfolgsfalle der Wert Ihres Produkts oder Ihrer Marke um ein Vielfaches erhöht.

Bevor Sie also eine Agentur damit beauftragen, sollten Sie Ihre eigene Kreativität und die Ihrer Mitarbeiter besser nutzen. Sie sind voll im Thema, und darüber hinaus können Sie damit noch Geld sparen.

Die Möglichkeiten der Produktnamensfindung und -entwicklung

In der Praxis werden verschiedene Methoden zur Namensfindung angewandt. Wenn Sie die Geschichte bekannter Markennamen einmal analysieren, dann werden Sie feststellen, dass sich diese Markennamen ableiten lassen aus:

- Herkunftsregionen,
- Herstellungsverfahren,
- Erscheinungsformen,
- Anwendungsmerkmalen,
- Analogien im Gebrauchsumfeld,
- Speziellen Produkteigenschaften,
- Herstellernamen,
- Funktionen des Produkts,
- Produktsubstanz,
- Zielgruppen usw.

Die Findung von Produktnamen kann sich dabei auch auf verschiedenen Wortbedeutungsebenen vollziehen bzw. von verschiedenen Interpretationsmöglichkeiten ausgehen, wie z.B.:

- Realinterpretation,
- Symbolinterpretation,
- Progressiv-Interpretation,
- Verniedlichungs-Interpretation,
- Abstraktions-Interpretation,
- Fremdsprachen-Interpretation usw.

Mit diesen Auflistungen an Möglichkeiten zur Namensfindung – die Sie unbedingt erweitern sollten – können Sie selbst eine interessante Matrix zur Namensfindung entwickeln. Sie ermöglicht es durch einfache Kombinationen, interessante Produktnamen herauszufinden. Am besten lässt sich diese Arbeit im Team durchführen. Abbildung 66 zeigt Ihnen, wie Sie mit einer Matrix für die Produktnamensentwicklung arbeiten können, und dient Ihnen als Leitfaden.

Genetischer Hintergrund	Real-Interpretation	Symbol-Interpretation	Abstraktions-Interpretation
Substanz	Fruchtsaft 1	Frucht 8	Saftperle 15
Herstellung	pasteurisiert 2	Sonne 9	heiß 16
Funktion	Durst löschen 3	Schutz/Wehr 10	Vitamine 17
Analogie	Wasserquelle 4	Frische 11	prickeln 18
Herkunft	Brasilien 5	Tropen 12	Fruchthaine 19
Zielgruppe	Kinder 6	spielen 13	jung 20
Anwendung	trinken 7	schlucken 14	erfrischen 21
Vorschläge:	8/15 Fruchtperle	12/15 Tropenperle	1/4 Fruchtquelle

Abbildung 66: Morphologischer Kasten – Matrix für die Produktnamensentwicklung

■ **Die Methode „Morphologischer Kasten"** (nach Prof. F. Zwicky)

Der Ablauf des „Morphologischen Kastens" wurde schon im Kapitel „Die Entwicklung von Positionierungsmöglichkeiten", Seite 190 dargelegt, so dass an dieser Stelle darauf verzichtet wird.

■ **Die Methode „Brainstorming"**

Darüber hinaus gibt es noch weitere Methoden, die zu erfolgreichen Produktnamen führen, wie z.B. das bekannte „Brainstorming". Eine „Brainstorming-Gruppe" besteht aus circa zwölf Personen, die folgende Merkmale mitbringen müssen:

▶ Kreativität,
▶ Schöpferisches Phantasieleben,
▶ Intelligenz,
▶ Originalität,
▶ Risikobereitschaft,
▶ Umfassende Ausbildung,
▶ Einfallreichtum,
▶ Mut,
▶ Aufgeschlossenheit usw.

Die Produktnamensentwicklung

Für das „Brainstorming" gelten vier wichtige Grundsätze (nach dem Erfinder Rohrbach):

▶ Die Phantasie darf nicht eingeengt werden (durch absurd erscheinende Lösungsvorschläge werden weitere Lösungsvorschläge produziert),
▶ Die Quantität hat immer Vorrang,
▶ Urheberrechte auf produzierte Ideen sind nicht möglich,
▶ Jede Kritik ist verboten.

Die Ideenproduktion für interessante Produktnamen lässt sich steigern, indem Sie die Checkliste mit den Lösungsansätzen nach den **„Osborn'schen"** Punkten überprüfen und erweitern. Die Grundfrage lautet z.B.: Lässt sich die Idee für den Produktnamen noch erfolgreicher gestalten, indem Sie sie:

▶ anders verwenden?
▶ anpassen?
▶ verändern?
▶ umgestalten?
▶ vergrößern?
▶ multiplizieren?
▶ verkleinern?
▶ ersetzen?
▶ umstellen bzw. austauschen?
▶ zusammenfassen?
▶ kombinieren?

■ **Die Methode 6.3.5**

Eine weitere interessante Methode zur Erarbeitung von Produktnamen ist die Methode 6.3.5. Hier besteht die Gruppe aus sechs Teilnehmern, die – in mehreren Sitzungen – jeweils drei Ideen zu Produktnamen in fünf Minuten entwickeln bzw. in ein eigens dafür entwickeltes Formular niederschreiben. Die Abbildung 67 zur Methode 6.3.5 dient Ihnen hier wieder als Arbeitsleitfaden.

Das von der Person 1 mit drei Lösungsvorschlägen ausgefüllte Formular erhält sein Nachbar (2). Dieser gibt sein mit drei Lösungsvorschlägen ausgefülltes Formular ebenfalls weiter an seinen Nachbarn (3) usw. Jede Person, die das Formular mit drei schon eingetragenen Lösungsvorschlägen erhalten hat, entwickelt nun auf Basis der ihr vorliegenden drei Lösungsvorschläge drei weitere Ideen oder setzt drei völlig neue Ideen hinzu. Dieses Vorgehen setzt sich fort, bis alle 6 Formulare mit je 18 Lösungsvorschlägen ausgefüllt sind. Insgesamt liegen dann in 30 Minuten 108 Lösungsvorschläge vor. Denn 6.3.5. bedeutet ja, 6 Personen schreiben je Formular 3 Lösungsvorschläge in 5 Minuten auf. Das bedeutet 6 Personen je 5 Minuten = 30 Minuten und 6 Formulare mit je 18 Lösungsvorschlägen = 108 Lösungsvorschläge insgesamt.

flamenco	esprit	rendezvous
fleuresse	limeuse	capriccio
lanvandeau	finesse	tiamo
ike bana	banareuse	exotic
fresh	arabac	rosé
spring	red moon	blue river

Abbildung 67: Methode 6.3.5
Quelle: unbekannt

Die Auswahl von Produktnamen

Nachdem Sie mit Ihrem Team Erfolg versprechende Produktnamen erarbeitet haben, sind diese auf Erfolgschancen hin zu überprüfen. Die Anforderungskriterien an erfolgreiche Produktnamen sind vielfältig, unter anderem:

- ist glaubwürdig,
- ist merkfähig,
- löst positive Assoziationen aus,
- ist international einsetzbar,
- hat Exklusivität,
- passt zum Unternehmen und zu seinem Image,
- passt zum Produkt,
- verstärkt die Positionierung,
- kann in der Werbung erfolgreich dramatisiert werden,
- ist gut aussprechbar,
- hat Melodie,
- hat (Symbol-)Identität,
- ist schutzfähig usw.

Mit dieser Auflistung können Sie – möglichst in Teamarbeit – eine Auswahl treffen. Dazu verwenden Sie am besten die Abbildung 68. Die Auswahlkriterien (vertikal angelegt) erhalten von Ihnen je nach Bedeutung und Wichtigkeit eine Gewichtungszahl, die zwischen 1,0 und 10,0 liegen sollte. Die Vergabe von Bewertungspunkten (Bewertung in der Horizontalen) sollte zwischen

Kriterien	Gewichtung	Bewertung											Total
		1,0	0,9	0,8	0,7	0,6	0,5	0,4	0,3	0,2	0,1		
glaubwürdig	8,0												
merkfähig	4,0												
positive Assoziationen	10,0												
international einsetzbar	10,0												
passt zum Unternehmen	6,0												
passt zum Produkt	6,0												
verstärkt die Positionierung	5,0												
aussprechbar	8,0												
schutzfähig	7,0												
hat Identität	7,0												
hat Exklusivität	6,0												
kann in der Werbung dramatisiert werden	8,0												

Gesamtpunktzahl von Produkt: →

Abbildung 68: Produktnamen-Auswahl

0,1 und 1,0 liegen. Diese Bewertungspunkte werden entsprechend Ihrer Bewertung und Einschätzung pro Kriterium vergeben. Die Bewertungspunkte werden mit der entsprechenden Gewichtungszahl multipliziert und das Ergebnis in die Spalte Total eingetragen. Nachdem mit diesem Verfahren jeder Namensvorschlag bewertet wurde, entscheidet die Höhe der summierten Punktzahlen in der Spalte Total, welcher Vorschlag in die engere Auswahl kommt und der Management-Ebene zur Genehmigung präsentiert wird. Auch diese Unterlagen komplettieren später die Positionierungsdokumentation.

Die juristische Überprüfung und Anmeldung von Produktnamen

Nachdem Sie die zwei oder drei Erfolg versprechendsten Produktnamen ausgewählt haben, sollten Sie diese anschließend juristisch überprüfen lassen und gegebenenfalls durch Ihren Juristen zur schutzrechtlichen Anmeldung bringen. In der Regel dauert diese Prozedur einige Zeit, bis Sie das O.K. erhalten. Solange müssen Sie durchhalten. Ohne dieses O.K. sollten Sie auf keinen Fall den Produktnamen in den Verkehr bringen. Das könnte sonst sehr teuer werden. Den juristischen Beistand für das Thema Produktnamen suchen Sie sich am besten bei einem dafür spezialisierten Juristen. Gegebenenfalls arbeitet auch Ihre Werbeagentur mit einem solchen Anwalt zusammen.

Wenn Sie ganz sicher gehen wollen, dann gehen Sie mit den juristisch überprüften Produktnamen in einen Namens-Test, der durch ein versiertes Marktforschungsinstitut durchgeführt wird. Sie können aber auch Ihre Zielgruppe ins Unternehmen einladen und Sie direkt mit den Produktnamen konfrontieren. Das kann für Sie sehr aufschlussreich sein und kostet weniger Geld, als wenn Sie ein Marktforschungsunternehmen damit beauftragen.

Vertiefende Literatur

Rainer H.G. Großklaus: Das How-to-Buch Marketingplan, 2. Auflage, München 2002
Helmuth Schlicksupp: Innovations-Kreativitätstechniken, München 1979
Christian Malorny, Wolfgang Schwarz, Hendrik Backerra: Kreativitätstechniken. Kreative Prozesse anstoßen – Innovationen fördern. Die K7, München 2002

Die Entwicklung der Copystrategie

Was Sie in diesem Kapitel erwartet

Die Positionierung findet ihre höchste Verdichtung in der Copystrategie. In diesem Kapitel erfahren Sie, wie Positionierung und Copystrategie zusammenwirken und wie Sie selbst Schritt für Schritt Ihre Copystrategie konzipieren und überprüfen können.

Die Positionierung findet ihre qualitativ größte Verdichtung in der rationalen und/oder emotionalen Umsetzung der Copystrategie. Gemeint sind hier: Wort, Farbe, Bild und Gefühle.

Der Begriff Copystrategie kommt aus der amerikanischen Werbepraxis und bedeutet die exakte Festlegung aller Werbeinhalte und ihrer Wirkung sowie die Festlegung der Zielgruppen, an die sich die Werbung richtet. Idealerweise sollte die Copystrategie auch die Grundlage für die gesamte Kommunikation (Werbung, Public Relations, Internetwerbung, Produktpublizität und Verkaufsförderung) sein. Diese kommunikativen Instrumente sollten sich an der Copystrategie messen bzw. sich damit bewerten lassen. Der kommunikative Gesamtauftritt eines Produkts gewinnt dadurch sehr viel schneller an Profil.

In der Copystrategie sollten Sie mindestens folgende Elemente bearbeiten, die mit der Beschreibung der Positionierung auch die Grundkonzeption der Werbung verkörpern:

- Die Berücksichtigung des „wichtigsten Faktums" und das Problem, das die Werbung generell lösen soll.
  Das „wichtigste Faktum" ist eine Aussage aus den Informationen:
  - Markt,
  - Produkt,
  - Konkurrenz,
  - Verbraucherverhalten usw., die *den* Bestandteil hervorheben, der für die Werbung am relevantesten ist.

  Ein kleines Beispiel dazu: „Eine vor kurzem durchgeführte Verbraucherumfrage für unseren Fruchtsaft ergab, dass der Hauptgrund für den unbefriedigenden Absatz des Produkts der Geschmack ist." Oder: „Eine Umfrage ergab, dass die Verbraucher von unserem Produkt keine klare Vorstellung haben."

  Damit ist das „wichtigste Faktum" deutlich als Erkenntnis, als Defizit herausgestellt. Für das Problem, das durch die Werbung gelöst werden soll, ergibt sich, bezogen auf das „wichtigste Faktum", folgende Aussage: „Unser Produkt hat den Ruf in der Zielgruppe, einen weniger fruchtigen Geschmack zu haben". Dieses Problem soll nun durch die Werbung im Verbund mit den übrigen Marketing-Mix-Instrumenten (Produkt, Preis, Verkaufsförderung, Service, Public Relations usw.) gelöst werden.

Wichtig hierbei ist, dass sich das zu lösende Problem aus dem „wichtigsten Faktum" ableiten lässt, dass es präzise, ehrlich und realistisch formuliert ist und darüber hinaus auf einen Bereich ausgerichtet ist, der von der Werbung beeinflusst werden kann.

Die Werbeziele

Ziele der Werbung bedeutet: Klare, prägnante Erklärung der Wirkung, die Sie sich aufgrund der Werbung bei Ihrer Zielgruppe erhoffen, um das dargestellte Problem zu lösen. Zum vorangegangenen Beispiel kann das strategische Werbeziel z.B. folgendermaßen formuliert werden: „Der nicht so gute Ruf des weniger fruchtigen Geschmacks bei unserem Fruchtsaft soll bei den Konsumenten überwunden werden". Auch bei dieser Formulierung bleiben Sie realistisch, nicht ausschweifend und zu allgemein, sondern kurz, knapp und präzise.

Werbeziele haben letztlich immer die Aufgabe, Produkte zu verkaufen, Verbraucher vorzukonditionieren oder bestimmte Verhaltensmuster bei den Zielgruppen zu verändern. Weitere Werbeziele können sein:

- ▶ Erhöhung des Bekanntheitsgrads von 40 auf 50 Prozent gestützt oder ungestützt
- ▶ Langfristiger Lerneffektaufbau (Beispiel: „Unsere Fruchtsäfte sind als ein selbstverständlicher Bestandteil einer vernünftigen Lebensweise und als tägliche Bereicherung der Ernährung zu verstehen. Der frische aromatische Geschmack unseres Fruchtsafts ist im Bewusstsein der Zielgruppe tief und dauerhaft zu verankern.")
- ▶ Markentreue verbessern
- ▶ Erhöhung der Erst- und Wiederkaufsrate
- ▶ Konsumgewohnheiten verändern
- ▶ Geschmacksvorstellungen modifizieren usw.

Die Zielgruppenbeschreibung

Je klarer und eindeutiger Sie Ihre Zielgruppe beschreiben, desto erfolgreicher kann sie auch mit Ihrer Werbung angesprochen werden. Wie schon zuvor in der psychologischen Verbrauchersegmentierung, in der „Limbic" (neurobiologische und neuropsychologische Studie) und im Näherungsverfahren mithilfe von Verlagstypologien gezeigt, genügt es nicht mehr, die Konsumenten nur nach soziodemografischen Merkmalen zu beschreiben. Eine Zielgruppenbeschreibung nach psychologischen Merkmalen könnte folgendermaßen aussehen: „Die Zielgruppe des psychologischen Verbrauchersegments ‚Der überzeugte Fruchtsafttrinker' konsumiert neben Fruchtsäften auch gerne Gemüsesäfte. Sie legt großen Wert auf die gesundheitliche Wirkung von Säften und ist davon überzeugt, dass das Unternehmen XY qualitativ hochwertige Säfte produziert, die auch für Kinder hervorragend geeignet sind. Die Zielgruppenmitglieder dieses Segments praktizieren eine moderne, gesunde Ernährung. Sie achten beim Kauf der Säfte speziell auf die gesundheitliche Wirkung, ohne dabei den Aspekt Geschmack unberücksichtigt zu lassen. Die Säfte von XY genießen in der Verbraucherschaft einen sehr hohen Stellenwert im Hinblick auf Geschmack, Qualität und Preis-Nutzenverhältnis. Der hohe Preis der Säfte von XY bildet bei der Zielgruppe keine Kaufbarriere. Die Einkaufsrealisatoren sind zu 95 Prozent Frauen. Sie beziehen ihre Informationen überwiegend aus TV, Radio und Illustrierten, wobei das Hauptmedium TV ist."

Eine solche Zielgruppenbeschreibung sagt Ihrer Agentur, in welche Richtung sie denken muss.

Die Hauptmitbewerber

Sie bestimmen Ihren Erfolg im Markt mit. Daher muss das Ziel Ihrer Positionierung und Werbung sein, Präferenzen für Ihr Produkt bzw. Unternehmen zu schaffen. Um eine solche Situation sicherzustellen, ist es notwendig, die Konkurrenz zu kennen, sie analysiert zu haben. Nur durch eine differenzierende Einzigartigkeit können Sie sich im Markt dauerhaft Wettbewerbsvorteile erkämpfen. Dieser Punkt ist auch in Ihrem Positionierungskonzept unter dem Aspekt „Potenzialgewinnung" behandelt worden. Je klarer und enger Sie den Rahmen für die Konkurrenz ziehen, desto besser können Sie sich auf den Konkurrenzkampf einstellen.

Die Positionierungsbeschreibung

(unter Berücksichtigung der Ergebnisse der psychologischen Verbrauchersegmentierung und/oder der neurobiologischen und/oder neuropsychologischen Erkenntnisse).

„Moderne, gesunde Ernährung – Zeitgemäßes Leben". Der Gesundheitsaspekt soll nicht direkt berührt werden. Vielmehr sollen die Selbstverständlichkeit einer gesunden Ernährung und das Geschmackserlebnis Berücksichtigung finden. Auf eine weitere Positionierungsbeschreibung wird hier verzichtet, da sie im Kapitel zuvor ausführlich beschrieben wurde.

Das rationale und/oder emotionale Nutzenversprechen (USP/UAP)

Generelles Problem bei Fruchtsäften ist, dass der Gesundheitsaspekt bei Fruchtsäften heute nicht mehr die große Rolle spielt. Von daher ist die Gesundheit auch kein gutes Nutzenversprechen. Die Schlussfolgerung: Die moderne, gesunde Ernährung liegt voll im Trend. Von daher soll sie als eine Art Leitidee (zeitgemäßes Leben) in die Copystrategie und das Nutzenversprechen (USP/UAP) einfließen.

Das formulierte Nutzenversprechen lautet: „In Ihrer Freizeit leben Sie vernünftig. Warum nicht öfter?" Mit diesem Nutzenversprechen wird der Gesundheitsaspekt nicht explizit verbal kommuniziert. Er soll über visuelle Nebeneffekte deutlich gemacht werden (= visuelle Dramatisierung des Nutzenversprechens).

Finden Sie in dieser Phase das beste Argument, das Ihr Produkt im Hinblick auf die vorangegangenen Umstände liefern kann. In dem Fruchtsaftbeispiel wurden z.B. folgende Nutzenversprechen-Statements entwickelt:

- ▶ die Fruchtsäfte von XY haben einen sehr hohen Qualitätsstandard,
- ▶ sie entsprechen dem Trend nach moderner, gesunder Ernährung, weil sie aus dem Fruchtfleisch von erntefrischen Früchten hergestellt werden,
- ▶ sie haben einen fruchtig-herzhaften Geschmack von frischen Früchten,
- ▶ das Unternehmen XY hat ein hervorragendes Image und ist *der* Hersteller hochwertiger Fruchtsäfte,
- ▶ mit den Fruchtsäften von XY kann man jeden Tag vernünftig leben, da sie von XY kommen und ein Bestandteil moderner, gesunder Lebensweise sind,
- ▶ sie sind kindergeeignet und eine Supererfrischung.

Die Begründung des Nutzenversprechens (Reason Why)

Sie ist eine Erklärung für die Behauptung, Ihr Produkt habe z.B. bessere rationale und/oder emotionale Eigenschaften als das des Wettbewerbs. Sie unterstützt das gegebene Versprechen.

Unsere Fruchtsäfte sind selbstverständlicher Bestandteil einer gesunden, modernen Ernährung. Sie werden aus erntefrischen Früchten hergestellt und haben einen aromatisch fruchtigen Geschmack. Sie kommen von *dem* Hersteller hochwertiger Qualitätssäfte XY.

Auch hier gibt es wieder einige interessante Regeln, die Sie kennen sollten:

- ▶ Die Begründung sollte sich nach Möglichkeit aus dem Produkt ergeben (rationaler Nutzen).
- ▶ Es sollte vorzugsweise aus nur einem Produktmerkmal bzw. -vorteil bestehen, niemals aus allen Produktmerkmalen bzw. -vorteilen.
- ▶ Gibt es keinen rationalen Produktvorteil zu begründen, kann die Glaubwürdigkeit emotional angesprochen werden über Erlebniswelten, Emotionen usw., die mit dem Produkt in Zusammenhang gebracht werden können.
- ▶ Die Beweisführung sollte immer so kompetitiv sein, wie es die Umstände zulassen.

Die Art und Weise der Werbung (Tonality, Stil, Ton, Auftritt)

In dieser Phase werden Stil und Ton (Tonality), der Auftritt der Copystrategie festgelegt. Hier wird entschieden, ob die Werbung rational oder besser emotional angelegt sein soll. Betrachten wir das bekannte Beispiel der Zigarettenmarke *Marlboro*. In der Werbung wird intensiv auf das emotionale Erleben dieser Zigarette eingegangen. Die emotionalen Welten sind „Freiheit" und „Abenteuer". Sie stehen im Vordergrund der Werbung. Der rationale Aspekt, der Genuss und die spezielle Tabakmischung stehen nicht im Vordergrund. Genuss und Tabakmischung werden nur unterschwellig durch die in der Prärie reitenden und hart arbeitenden Cowboys dokumentiert. Kein Mensch würde denken, dass Cowboys milde Zigaretten rauchen. Die Festlegung der Art und Weise der Werbung soll helfen, eine erfolgreiche Umsetzung zu finden, um unverwechselbar zu sein, um sich erfolgreich vom Wettbewerb zu differenzieren. Zugleich ist die Beschreibung der Tonality mit Konsequenz, Mut und Disziplin verbunden, und sie ist, wenn Sie wollen, auch eine Geschmacksangelegenheit.

Ein Beispiel für „verfehlten" Geschmack in der Tonality sind z.B. Aussagen wie „Geiz ist geil" oder „Ich bin doch nicht blöd". Diese Aussagen sind für viele Konsumenten „hammerhart", wie Dieter Bohlen zu sagen pflegt. Trotzdem: Sie sind erfolgreich. Ein bisschen Aggressivität, ein bisschen Vulgarität und viel Mut sind manchmal schon die Garanten für erfolgreiche Werbung, mit der Sie eine Alleinstellung im Markt erreichen können.

Das Nutzenversprechen in dem Fruchtsaftbeispiel wird visuell in den Medien Print und TV in Szene gesetzt und nicht nur verbal kommuniziert. Die Tonality wird in Freizeit und zeitgemäßer, gesunder Lebensweise dargestellt (moderne Menschen gehen in der Natur, Heide, Wald, an Flüssen usw. spazieren.). Die Szene vermittelt Stimmungsgehalt, damit zum einen ein Dialog mit der Zielgruppe zum Thema „Zeitgemäße Lebensweise" und zum anderen ein Bezug zum Produkt hergestellt werden kann.

Die Restriktionen

Hierzu zählen Restriktionen/Bedingungen und gesetzliche firmenpolitische Einschränkungen (wie z.B. Vorbehalte oder Kundenauflagen, die für ein klares Verständnis der kreativen Richtung erforderlich sind). Zur Identifikation der Fruchtsaft-Range müssen die typische Schrift und die typische Gestaltung der Formglasflasche eingehalten bzw. dargestellt werden. Jede Anzeige setzt sich aus einem Bild-/Textteil zusammen, wobei der Bildteil (die Szene) rund drei Viertel der Seite einnimmt und somit eindeutig dominiert. Der Bezug zum Produkt wird durch ein rechts unten platziertes Foto der XY-Formglasflasche hergestellt. Der Unternehmensname XY muss deutlich und rasch erkennbar sein.

Die Vernachlässigung von Unternehmens- und gesetzlichen Restriktionen kann sehr viel Geld kosten. Dieser Punkt ist in jeder Copystrategie von immenser Bedeutung.

Die erwarteten Reaktionen

Hier geht es um die erwarteten (geplanten) Reaktionen der Zielgruppe (wie sollen die Zielgruppen sowohl rational als auch emotional über das Produkt denken, wie reagieren; reichen die in der Werbebotschaft enthaltenen rationalen und emotionalen Reize aus, haben sie eine durchschlagende Wirkung?).

Die Werbebotschaft bei dem Fruchtsaftbeispiel wird so gewählt, dass sie den Konsum von Fruchtsäften (jenseits ihrer Gesundheitswerte) und seine geschmacklichen Besonderheiten mit der Verhaltensweise von sozialen Gruppen in einem bestimmten sozialen Umfeld so verbindet, dass sich die Zielgruppen damit identifizieren können. Die dann erwartete Reaktion bedeutet Beschäftigung und Akzeptanz der Werbebotschaft sowie höhere Kaufakte!

Ihre Copystrategie muss immer schriftlich fixiert werden. Zwei Gründe gibt es dafür:

1. Der erste Grund ist die Zeit, die zwischen der Auftragsphase (Briefing und Re-Briefing-Phase) bei Ihrer Werbeagentur und der Präsentation der Copystrategie liegt. Sie ist mit wochenlanger kreativer Arbeit, mit neuen Ideen und Gedanken so belegt, dass Ihre Copystrategie nach diesem Zeitraum im Gegensatz zu Ihren ersten Vorstellungen unweigerlich verändert wird.

2. Der zweite Grund ist, dass eine schriftlich festgehaltene Copystrategie immer Objektivität schafft. Mit Sicherheit wird es so sein, dass Sie den einen oder anderen Agenturvorschlag einmal zurückweisen werden, weil die Kreativen vielleicht von Ihrer Vorstellung zu weit abgerückt sind. Solche Zurückweisungen schaffen oftmals Groll. Der Rückgriff auf die Copystrategie verletzt weniger und erlaubt Ihnen, objektiv zu bleiben.

Die Entwicklung einer Copystrategie ist bei einer guten Werbeagentur immer in den besten Händen. Wenn Sie Ihre Copystrategie jedoch in Eigenregie erarbeiten wollen, dann gilt es Folgendes zu beachten:

▶ **Überprüfen Sie unbedingt,** ob Ihre Copystrategie mit der Positionierungs- und Marketingstrategie übereinstimmt, ob beide miteinander korrespondieren.

▶ **Legen Sie realistische Werbeziele fest.** Wenn diese zu ehrgeizig formuliert werden, kann es zu bedrohlichen Pannen führen. Versuchen Sie einmal, einen Intensiv-Kaffeetrinker davon zu überzeugen, zukünftig nur noch Orangesaft zu trinken. Sie werden dieses habituelle Verhalten nur schwer oder überhaupt nicht ändern können. Die Veränderung tief eingefahrener Gewohnheiten ist eine der schwersten Marketing- und Werbeaufgaben überhaupt.

▶ **Legen Sie Ihre Copystrategie als kurz und prägnant formuliertes Dokument an.** Hoch komplizierte und langatmig ausgearbeitete Copystrategien sind unprofessionell, unübersichtlich und deuten auf Unsicherheiten hin. In der Kürze liegt die Würze. Winston Churchill gab einmal folgenden Befehl an seinen Marineminister: „Ich ersuche Sie, mir noch heute einen einseitigen Bericht darüber vorzulegen, wie Sie gedenken, die Royal Navy auf die Erfordernisse moderner Kriegsführung einzustellen".

▶ **Eine gute Copystrategie durchläuft viele Stationen an Überlegungen,** Diskussionen und Überarbeitungen. Diese sind für eine erfolgreiche Formulierung einer Copystrategie von großer Bedeutung.

▶ **Sinnvolle Inhalte** sind das Herzblut Ihrer Copystrategie. Nicht die geschliffene Ausdrucksform oder verbale Schwärmereien. Kernpunkt Ihrer Copystrategie ist eine klare Aussage über die Probleme, die Ihre Werbung lösen soll.

▶ **Eine gute Copystrategie hat im Hintergrund immer ein Begleitpapier.** Hierin sind die Gründe zusammengestellt, „wie" und „warum" Sie (oder Ihre Agentur) zu diesem oder jenem Copystrategieansatz gekommen sind und welche Gründe dafür und dagegen gesprochen haben. Von daher ist die Copystrategie im Detail immer begründbar.

▶ **Zielorientierung ist unbedingt anzustreben.** Große Ideen sind oft sehr einfach und konzentrieren sich auf das Wesentliche. Für einen Produzenten sind in der Regel alle Produkteigenschaften wichtig. Nicht aber für den Verbraucher. Diese gilt es herauszustellen. Mehr davon machen die Werbebotschaft unübersichtlich und verwässern die Darstellung des Produktnutzens.

▶ **Legen Sie schon während der Planung Ihrer Copystrategie die von Ihnen erwarteten rationalen und/oder emotionalen Verbraucherreaktionen fest.** Was soll Ihre Zielgruppe denken, was soll sie tun, wenn sie Ihre Werbung sieht oder hört? Was erwarten Sie von ihr? Sollen die Verbraucher Ihr Produkt stärker als zuvor konsumieren oder gebrauchen?

▶ **Legen Sie die Quellen des Potenzials fest, aus dem die Verwender und Käufer für Ihr Produkt kommen sollen.** Erstens, wenn Ihr laufendes Produkt auf ein schon bestehendes Marktsegment abzielt. Zweitens, wenn Ihr laufendes Produkt für ein neues Segment geplant ist und drittens, wenn Sie ein neues Produkt für ein neues Segment einführen wollen. Auf alle drei Belange sollte Ihre Copystrategie eingehen können.

▶ **Lernen Sie Ihre Zielgruppe kennen.** Wer seine Zielgruppe nicht kennt, wird ein Produkt für „Niemanden" produzieren und somit viel Geld zum Fenster hinauswerfen. Viele Copystrategien beschäftigen sich intensiv mit den Produkteigenschaften, nicht aber mit ihren Zielgruppen. Beschreiben Sie Ihre Zielgruppe nach demografischen und insbesondere nach psychologischen Merkmalen. Das hilft den Kreativen in der Agentur bei der Umsetzung Ihrer Copystrategie.

- **Geben Sie Ihrer Zielgruppe ein sinnvolles und glaubhaftes rationales und/oder emotionales Nutzenversprechen (USP/UAP).** Das Versprechen über den Nutzen des Produkts muss Emotionen und Bindung zum Produkt auslösen.

- **Differenzieren Sie sich unbedingt von der Konkurrenz.** Entwickeln Sie eine Positionierung und eine Copystrategie, die sich erfolgreich von der Ihrer Konkurrenz abhebt. Belegen Sie Konkurrenzlücken. Verschaffen Sie Ihrem Produkt einen Logenplatz in den Köpfen der Verbraucher.

- **Es ist falsch zu denken, dass eine Copystrategie nur für große Unternehmen sinnvoll ist.** Ganz im Gegenteil. Gerade für kleine Unternehmen ist es besonders wichtig, jede werbliche Maßnahme höchst effektiv anzulegen und konsequent auf ein Ziel auszurichten.

- **Geben Sie Ihrem Produkt ein positives Image, eine Produktpersönlichkeit.** Ein kleines Beispiel: Die Produktpersönlichkeit von *After Eight* (*Nestlé*, früher *Rowntree Mackintosh*) geht weit über den guten Geschmack und die englische Herkunft des Produkts hinaus. Das Image von *After Eight* ist eher ein elitäres, beinahe am Rande des Snobismus gelegen. Damit aber hat das Produkt Profil, Gesicht, Seele. Es ist einzigartig und über Jahrzehnte hinweg sehr erfolgreich. Und dies trotz mehrfacher bis heute anhaltender Kopierversuche.

- **Seien Sie Ihrer Konkurrenz immer einen Schritt voraus.** Als erster mit einem neuen Produkt, einer neuen Positionierung oder kreativen Werbekampagne im Markt zu sein, ist immer besser, als nur der Nachfolger zu sein. Als erster und von der Konkurrenz nicht kopierbar ist noch viel besser.

- **Halten Sie Ihre Copystrategie immer aktuell.** Wenn es neue Daten und Fakten gibt, dann berücksichtigen Sie diese und integrieren Sie sie in Ihre Copystrategie. Aber Vorsicht bei einer radikalen Änderung der Copystrategie! Den Nutzen und die Produktpersönlichkeit sollten Sie besser nie ändern, bzw. nur dann, wenn Sie auch gleichzeitig über die Konsequenzen einer überarbeiteten Positionierung nachdenken.

- **Verändern Sie Ihre Copystrategie nur dann, wenn es dafür wirklich gute Gründe gibt.** Absatzrückgänge, Marktanteilsverluste oder der Verfall des Preises können auf viele Probleme zurückzuführen sein. Bevor Sie Änderungen an Ihrer Copystrategie vornehmen, sollten Sie unbedingt in die Detailanalyse für Ihr Produkt gehen. Wenn Sie dennoch Ihre Copystrategie ändern müssen, testen Sie sie, bevor sie im Markt eingesetzt werden soll.

Mithilfe von Abbildung 69 haben Sie die Möglichkeit, Ihre Copystrategie selbst zu entwickeln. Abbildung 70 gibt Ihnen die Möglichkeit, Ihre Copystrategie entsprechend Ihrer festgelegten Marketingziele, der Marketing- und der Positionierungsstrategie auf möglichen Erfolg hin zu überprüfen.

1. Beschreiben Sie Ihre Zielgruppe.

2. Beschreiben Sie Ihre Werbeziele! Was wollen Sie mit Ihrer Werbung erreichen?

3. Beschreiben Sie Ihre Positionierungscharakteristik.

4. Beschreiben Sie den USP/UAP (Hauptverbrauchervorteil). Fragen Sie sich, warum die Verbraucher gerade Ihr Produkt kaufen sollen!

5. Beweisen Sie den USP/Hauptverbrauchervorteil. Nennen Sie einen Grund, an den die Verbraucher glauben können. (Reason Why)

6. Beschreiben Sie die Persönlichkeit des Produkts.

Abbildung 69: Vorgehensweise für die Entwicklung einer Copystrategie

Die Entwicklung der Copystrategie

7. Beschreiben Sie den Auftritt Ihrer Werbung/der Produktpersönlichkeit (Stil und Ton der Werbung).

_____
_____
_____

8. Beschreiben Sie die Restriktionen/Bedingungen.

_____
_____
_____

9. Beschreiben Sie, wie die Zielgruppe über Ihr Unternehmen bzw. über das Produkt denken soll (geplante Erwartungen).

_____
_____
_____

Ziele

_____
_____
_____
_____

Welches Problem soll die Werbung lösen?

_____
_____

Strategie (ausgehend von der Positionierungsstrategie)

Zielgruppenbeschreibung _____
_____

Hauptvorteile/USP/Promise _____
_____

Beweisführung/Reason Why _____
_____

Stil und Ton/Auftritt _____
_____

Abbildung 69: Vorgehensweise für die Entwicklung einer Copystrategie

> Image (Wie und was soll der Verbraucher über uns denken?) _____

Abbildung 69: Vorgehensweise für die Entwicklung einer Copystrategie/Zusammenfassung
Quelle: Rainer H.G. Großklaus: Das How-to-Buch Marketingplan, 2. Auflage, München 2002

Hier noch einmal die Zusammenfassung der Copystrategie des Fruchtsaftbeispiels.

- **Die Berücksichtigung des wichtigsten Faktums und das Problem, das die Werbung lösen soll**
Unser Fruchtsaft hat den Ruf in der Verbraucherschaft, einen weniger guten Geschmack zu haben. Dieses Image muss revidiert werden in Richtung: Fruchtsäfte sind selbstverständlicher Bestandteil zeitgemäßer Ernährung und sind ein Teil einer moderner gesunden Lebensweise. Herausstellung des frischen, aromatischen Geschmacks mit unterschwellig mitschwingender Gesundheit.

- **Die Werbeziele**
Langfristiger Lerneffektaufbau Fruchtsäfte von XY sind heute selbstverständlicher Bestandteil einer zeitgemäßen Ernährung.
  - USP-Penetration in zwölf Monaten auf 70 Prozent,
  - Bekanntheitsgrad (ungestützt) erhöhen auf 70 Prozent,
  - Goodwill im Handel erhöhen,
  - Höhere Bevorratung im Handel schaffen,
  - Erst- und Wiederkaufsrate erhöhen auf 60 Prozent.

- **Zielgruppenbeschreibung**
Soziodemografisch:
  - Frauen bis 40 Jahre,
  - Mittlere bis höhere Schulbildung,
  - Haushaltsnettoeinkommen ab 2 400 Euro,
  - Zwei- bis Drei-Personenhaushalte,
  - Ortsgröße ab 70 000 Einwohner/eher noch in Ballungsgebieten.

Motivationspsychologisch:
Die Zielgruppenmitglieder des Segments „Der überzeugte Fruchtsafttrinker" sollen angesprochen werden. Sie sind die überzeugten Fruchtsafttrin-

	+3	+2	+1	0	–1	–2	–3
Stimmt die Copy-Strategie mit der Marketing-Strategie von der Zielerfüllung überein?							
Wurden realistische Ziele gesetzt?							
Ist der USP klar und dominant herausgestellt?							
Wird der USP glaubwürdig bewiesen?							
Werden die Wünsche und Träume der Zielgruppen angesprochen?							
Zeigt die Strategie Unternehmenskompetenz?							
Erreichen wir mit dieser Strategie ein größeres Verbraucherpotenzial?							
Ist die Werbe-Idee sofort erkennbar?							
Kann die Werbe-Idee langfristig eingesetzt werden?							
Hebt sich die Werbe-Idee von der Konkurrenz ab?							
Ist die Werbebotschaft überzeugend?							
Ist die Werbebotschaft differenzierend?							
Ist die Begründung glaubwürdig?							
Ist die Tonality erfolgreich umgesetzt, ist sie glaubwürdig?							
Setzt die Copystrategie die Positionierung erfolgreich um?							
Wird die Strategie den gewünschten Mehrumsatz erwirtschaften?							
Ist das Budget wirtschaftlich sinnvoll eingesetzt?							

Abbildung 70: Überprüfung der Copystrategie
Quelle: Rainer H.G. Großklaus: Das How-to-Buch Marketingplan, 2. Auflage, München 2002

ker, die „Jasager". Sie konsumieren nicht nur Fruchtsäfte gern, sondern gleichzeitig auch Gemüsesäfte. Sie legen bei Säften großen Wert auf die gesundheitliche Wirkung, die aber nicht explizit angesprochen werden muss. Sie sind auch davon überzeugt, dass die Säfte von XY qualitativ hochwertig sind, gehobene Ansprüche befriedigen und kindergeeignet sind.

Die Zielgruppenmitglieder dieses Segments praktizieren die moderne, gesunde Lebensweise, sie ernähren sich sehr gern gesund. Sie achten beim Einkaufen speziell auf die gesundheitliche Wirkung von Produkten, ohne dabei den Aspekt Geschmack unberücksichtigt zu lassen. Die Säfte von XY genießen bei dieser Zielgruppe einen sehr hohen Stellenwert im Sinne von Qualität und Preis-Nutzenverhältnis. Das Unternehmen XY wird von den Konsumenten als Qualitätssiegel betrachtet. Von daher sind sie auch davon überzeugt, dass das Unternehmen XY das Geschmacksproblem lösen wird. Der relativ hoch angesetzte Preis für die Säfte stellt für die Konsumenten keine Kaufbarriere dar. Die Zielgruppenmitglieder beziehen ihre Informationen überwiegend aus TV, Radio und Illustrierten, wobei das Hauptmedium TV ist.

■ **Die Positionierungsbeschreibung**
„Moderne, gesunde Ernährung – Zeitgemäßes Leben". Der Gesundheitsaspekt soll nicht direkt berührt werden. Vielmehr sollen die Selbstverständlichkeit gesunder Ernährung und das Geschmackserlebnis Berücksichtigung finden.

■ **Die Hauptmitbewerber**
Die wichtigsten drei Hauptwettbewerber für Fruchtsäfte von XY sind kleinere Anbieter. Sie agieren im Markt als „Mengenanpasser". Die Marktanteile dieser drei Anbieter liegen bei rund 27 % mengen- und 121 % wertmäßig. Die Marktanteile von XY liegen bei 52 % mengen- und 61 % wertmäßig. XY ist in rund 69 % aller Geschäfte präsent, die einen Umsatzanteil von 78 % in diesem Warenbereich halten. Was die Werbeausgaben betrifft, so halten die drei Hauptkonkurrenten zusammen einen „Share of Voice" von 18,7 %, XY dagegen einen von 51 %. Das Preis-Niveau der drei Hauptwettbewerber liegt etwa 14 % unter dem Preis-Niveau von XY. Die Positionierung der Konkurrenz ist als eine Mischung von „Me-too- und Discount-Positionierung" zu sehen. Der USP ist rational abgelegt und signalisiert „Geschmack zu kleinem Preis".

- **Das Nutzenversprechen (USP/UAP)**
  Die Säfte von XY haben einen sehr hohen Qualitätsstandard. Sie entsprechend dem Trend nach moderner, gesunder Lebensweise. Mit den Säften von XY kann man jeden Tag vernünftig leben, da sie ein selbstverständlicher Bestandteil moderner, gesunder Lebensweise sind. Formuliertes Nutzenversprechen: „In Ihrer Freizeit leben Sie vernünftig. Warum nicht öfter?"

- **Die Begründung (Reason Why)**
  Fruchtsäfte von XY werden aus erntefrischen, aromatischen Früchten hergestellt. Sie haben einen fruchtigen, aromatischen Geschmack und kommen von dem Hersteller qualitativ hochwertiger Säfte.

- **Die Art und Weise der Werbung (Stil und Ton bzw. Tonality)**
  Das Nutzenversprechen wird visuell in den Medien TV und Print in Szene gesetzt und nicht verbal kommuniziert. Die Szene muss Stimmungsgehalt vermitteln, damit zum einen ein Dialog mit der Zielgruppe zum Thema „zeitgemäße Lebensweise" und zum anderen ein Bezug zur „zeitgemäßen Lebensweise" mit dem Produkt hergestellt wird. Die Tonality wird in Freizeit und zeitgemäßer, moderner und gesunder Lebensweise dargestellt.

- **Die Restriktionen/Bedingungen**
  Zur Identifizierung der Fruchtsäfte von XY müssen die typische Schrift und die typische Gestaltung der Formglasflasche eingehalten werden. Dies gilt für TV und Printmedien. Jede Anzeige setzt sich aus einem Bild-/Textteil zusammen, wobei der Bildteil (die Szene) circa drei Viertel der Seite einnimmt und somit eindeutig dominiert. Die Anzeigen müssen zur beabsichtigten emotionalen Aktivierung des Betrachters farbig angelegt sein.

- **Die erwarteten Reaktionen der Konsumenten**
  Ernsthafte Beschäftigung mit dem Dialog „Fruchtsäfte von XY sind ein selbstverständlicher Bestandteil moderner, gesunder Lebensweise". Ziel: Hohe Akzeptanz = Höhere Kaufakte und Mehrkonsum.

Abbildung 71 gibt Ihnen einen Gesamtüberblick über den Prozess der Werbeplanung. Den vorgegebenen Ablauf in der Abbildung 68 sollten Sie einhalten, um diszipliniert zu planen.

Anzumerken ist, dass sich nach der Fertigstellung und Genehmigung der Copystrategie durch das Management die Erstellung der Mediastrategie und die Festlegung des Budgets anschließen. Im Rahmen der Mediastrategie werden dann diejenigen Medien bestimmt, die die Werbebotschaft am effektivsten

Abbildung 71: Prozess der Werbeplanung

und erfolgreichsten an die anvisierte Zielgruppe herantragen können. Anschließend wird das Mediabudget festgelegt.

Die Behandlung der Media- sowie der Budget-Thematik würde allerdings den Rahmen dieses Buches sprengen. Hilfestellung zur Entwicklung einer Mediastrategie kann Ihnen die folgende Checkliste geben. Auf eine tief greifendere Abhandlung zu diesem Thema wird an dieser Stelle verzichtet.

Checkliste Mediastrategie	
Mediaziele	
Media-Zielgruppe	
Leistungsanforderungen (Reichweite/Frequenz/GRPs)	

Die Entwicklung der Copystrategie

Fortsetzung Checkliste Mediastrategie	
Positionierung	
Regionalität und Saisonalität	
Sonstige Kriterien (Konkurrenz/Image/Bekanntheitsgrad usw.)	
Media-Mix (Priorität/Funktion/Medien)	
Media-Einsatz (zeitlich)	
Kommunikationsbasis (Format/Farbe/Platzierung usw.)	
Budget/Budgetsplit	
Budgetbegründung	

Vertiefende Literatur

Rainer H.G. Großklaus: Das How-to-Buch Marketingplan, 2. Auflage, München 2002
Rainer H.G. Großklaus: Arbeitshandbuch Werbestrategie und -konzeption, Essen 1990
Erwin Matys: Praxishandbuch Produktmanagement, Frankfurt 2005
Tony Harrison: Produktmanagement, Frankfurt 1991
IFAM-Institut: Die besten 99 Checklisten für Ihre Werbung, Landsberg/Lech 1997

Das Werbebriefing

Was Sie in diesem Kapitel erwartet

Das Werbebriefing ist das notwendige Mittel, um zum einen mit Ihrer Werbeagentur zielorientiert zusammenzuarbeiten und zum anderen um eine erfolgreiche Werbung übergeben zu bekommen. Wie ein Werbebriefing erstellt wird, erfahren Sie in diesem Kapitel.

Der Begriff Briefing kommt aus dem Angelsächsischen und bedeutete ursprünglich militärische Lagebesprechung oder auch Instruktion und Einsatzbefehl. Heute wird dieser Begriff als Anweisung, Anleitung oder auch Arbeitsgrundlage insbesondere im Werbebereich eingesetzt. Hier gilt er als ein verbindlicher Auftrag vom Hersteller an die Werbeagentur. Das Werbebriefing gibt der Agentur mindestens zu zwei Punkten Auskünfte:

1. die Beschreibung der Ausgangslage (Ist-Situation),
2. die Beschreibung zum Werbevorhaben.

Das Werbebriefing wird vom Auftraggeber erstellt. Es kommt in der Praxis und insbesondere bei kleinen Unternehmen schon einmal vor, dass diese Arbeit auf die Werbeagentur übertragen wird. Die Genehmigung des Briefings liegt dann allerdings wieder beim Auftraggeber. Besser ist es jedoch, sich selbst mit dem Briefing auseinander zu setzen. Zum Thema „Positionierung und Copystrategie" haben Sie ja bereits durch die Vorarbeiten eine gute Grundlage. Schreiben Sie in jedem Fall ein Briefing, selbst dann, wenn Sie Ihre Agentur vorweg schon fallweise zu diesem Projekt informiert haben. Es ist immer besser, wenn für beide Seiten der verbindliche Auftrag zur Umsetzung der Positionierungs- und Copystrategie nachzulesen ist.

Die größte Schwierigkeit bei der Erstellung Ihres Briefings könnte sein, das richtige Maß an Informationsmenge und Informationsthemen zu finden. Wie viel und welche Informationen sind notwendig, um die Aufgabe erfolgreich zu erledigen? Weder zu viel noch zu wenig Informationen sind gut. Ein unvollständiges und somit schwaches Briefing bringt die Gefahr mit sich, dass Ihnen die Werbeagentur nicht die Empfehlungen unterbreitet, die Ihren Werbeproblemen gerecht werden.

Vier goldene Regeln sollten Sie berücksichtigen, wenn Sie Ihr Briefing schreiben:

1. Schreiben Sie einfach, verständlich und nachvollziehbar.
2. Bauen Sie es mit einer logischen Gliederung auf.

3. Haben Sie Respekt vor dem Leser. Schreiben Sie das Briefing kurz und präzise.
4. Motivieren und stimulieren Sie Ihre Agentur zur Überprüfung der niedergeschriebenen Fakten.

Durch ein zielorientiertes klares Werbebriefing für Ihre Agentur verhelfen Sie sich zu einem erfolgreicheren Werbestart. Die Vorteile im Einzelnen sind:

▶ Sie fordern Ihre Werbeagentur zur Analyse und Klärung des Werbeproblems auf.

▶ Ihre Agentur erhält mit dem Briefing eine verbindliche Aufforderung mit Anweisungscharakter für ein Projekt.

▶ Die Zusammenarbeit mit Ihrer Agentur funktioniert mit einem Briefing besser und zielorientierter.

▶ Das Briefing koordiniert und steuert in groben Zügen den Einsatz aller Werbebeteiligten.

▶ Das Briefing hilft Fehler und somit auch Kosten zu vermeiden.

▶ Das Briefing ist die Messlatte für die Aufgabenlösung. Mit dem Briefing können eventuell aufkommende Unstimmigkeiten und Irrtümer emotionsfrei gelöst werden.

Als Anhang an das Briefing legen Sie Ihre selbst erarbeitete Copystrategie bei, die Ihre Agentur ebenfalls noch einmal kritisch in Augenschein nehmen wird. Wie Sie selbst ein klares, zielorientiertes Werbebriefing schreiben können, zeigt Ihnen Abbildung 72.

Nach Fertigstellung des Werbebriefings ist das O.K. der Management-Ebenen einzuholen. Bevor Sie jedoch das Briefing an Ihre Agentur übergeben, sollten Sie noch ein Briefinggespräch mit ihr führen, um eventuelle unstimmige Details zu klären. Vereinbaren Sie mit Ihrer Agentur, dass sie Ihnen ein Re-Briefing zukommen lässt. Mit diesem Re-Briefing können Sie feststellen, ob Ihre Agentur den Auftrag verstanden hat bzw. ob Sie Ihre Agentur richtig gebrieft haben und ob noch Informationsbedarf besteht. Nach Abschluss aller Arbeiten verdichten Sie wieder Ihre Positionierungsdokumentation mit dem Werbebriefing.

Gestützt auf das solide Fundament Ihrer erarbeiteten visuellen Wettbewerbsanalyse, der Copystrategie und Ihres Briefings, die zusammen die verbindliche Richtlinie für die Gestaltungsarbeit der Agentur darstellen, kann sie nun mit der Gestaltungsarbeit loslegen.

Briefingkriterien	Kriterienbeschreibung	Besonders hervorheben/ wichtig!	Besondere Hinweise	Timing
Grund für das Briefing				
Produkt-/ Markenintentionen (Eigenes Produkt)	• Produktbeschreibung • physische/rationale Produkteigenschaften • denkbar passende emotionale Felder, Welten/Emotionen • Nutzenversprechen (denkbare rationale und emotionale) • Stellung im Markt (Ist-Situation) • Verbraucherdaten (soziodemografisch und psychologisch)			
Background-Informationen **1. Produkt:**	• Angebote im Markt • Produktarten und Rezeptur bzw. Technologie • Preise (verglichen mit dem wichtigsten Wettbewerb) • Packungen • Produktpräsentation usw. • bisherige Kommunikation			

Abbildung 72: Leitfaden zum Werbebriefing

Das Werbebriefing **227**

Briefingkriterien	Kriterienbeschreibung	Besonders hervorheben/ wichtig!	Besondere Hinweise	Timing
2. Markt:	• Größe • Wachstum • Besetzung • Lang-, mittel- u. kurzfristige Marketingziele und -strategien			
3. Research:	• Existierende und geplante Forschungsergebnisse bzgl. Produkt, Markt, Verbraucher und Technologie sowie Produktneueinführungen usw.			
Werbe-/Copy- und Positionierungsstrategie (Allgemein)	• Zielgruppenbeschreibung (soziodemografisch, psychologisch) • Angedachte Positionierung und Positionierungsziele • Wichtigstes Werbefaktum • Welches Problem soll die Werbung lösen? • Quantitative Werbeziele			
(Speziell)	• Grundüberlegungen zur Copystrategie • Nutzenversprechen (rational/emotional) • Begründung für das Versprechen • Art und Weise des Werbeauftritts (Stil und Ton) • Angestrebtes Produktimage			

Abbildung 72: Leitfaden zum Werbebriefing

Briefingkriterien	Kriterienbeschreibung	Besonders hervorheben/ wichtig!	Besondere Hinweise	Timing
(Speziell)	• Wichtige Restriktionen • Erwartete Verbraucherreaktionen			
Mediaziele und -strategie	• Zielsetzungen – Reichweite – Frequenz – Durchschnittskontakte – Kontinuität – Gross-rating-points – Werbezeitraum • Medien (Festlegung der Kommunikationsfaktoren/-medien – TV – Funk – Print – Internet • Medialeistungen – Kosten-Leistungswerte			

Abbildung 72: Leitfaden zum Werbebriefing

Briefingkriterien	Kriterienbeschreibung	Besonders hervorheben/wichtig!	Besondere Hinweise	Timing

Mediaziele und -strategie	• Medienabgrenzung
	  – Basismedium, flankierendes Medium
	  – Streuplan-Alternativen
	  – Saisonale Gegebenheiten
	  – Eigene einsetzbare Mittel			

Budgetvolumen	• Budgetvolumen • Budget-Split • Kostenzahlung usw.			
Ausrichtung des übrigen Marketing-Mix	• Produkt • Preis • Distribution • Vertrieb/Verkauf • Verkaufsförderung • Public Relations • Produktpublizität • Service • Verpackung usw.			

Abbildung 72: Leitfaden zum Werbebriefing

Briefingkriterien	Kriterienbeschreibung	Besonders hervorheben/ wichtig!	Besondere Hinweise	Timing
Geplante und schon gelaufene Marktaktivitäten	• Werbung • Verkaufsförderung • Public Relations usw.			
Zwingende gesetzliche und firmenpolitische Einschränkungen	• u.a. Deklarationsvorschriften, Gebrauchsanweisungen usw.			
Besondere Leistungen der Agentur	• Timing • Präsentation • Forschung usw.			
Eigene Vorstellungen zur gesamten Werbeplanung für die Agentur	• Überprüfung der Terminvorstellungen • Kunde/Agentur sowie eigene Budgetvorstellungen bzw. -möglichkeiten			
Sonstige Bemerkungen:				

Unterschrift des Marketing-/Werbeverantwortlichen   Datum   Unterschrift Werbeagentur   Datum

Abbildung 72: Leitfaden zum Werbebriefing

Das Werbebriefing 231

Vertiefende Literatur

Rainer H.G. Großklaus: Arbeitshandbuch Werbestrategie und -konzeption, Essen 1990
IFAM-Institut: Die besten 99 Checklisten für Ihre Werbung, Landsberg/Lech 1997
Erwin Matys: Praxishandbuch Produktmanagement, Frankfurt 2005

Kapitel 5

Die Umsetzungs-, Test- und Durchsetzungsphase

Was Sie in diesem Kapitel erwartet

Gestützt auf das solide Fundament Briefing und Copystrategie erarbeitet die Werbeagentur mehrere Gestaltungsalternativen. In diesem Kapitel erfahren Sie, wie Sie eine Vorauswahl dieser Gestaltungsalternativen treffen können und wie Sie zu den erfolgreichsten Alternativen kommen, indem Sie sie testen lassen. Ferner lesen Sie, welche wichtigen Arbeiten nach diesem Test anfallen.

Sollten Sie noch nicht mit einer Werbeagentur zusammenarbeiten, erfahren Sie hier auch, wie Sie die Agentur Ihres Vertrauens finden und wie Sie mit ihr erfolgreich zusammenarbeiten.

Die Umsetzung

Auf Basis des Werbebriefings und der Anhänge Positionierungskonzept, Copystrategie und gegebenenfalls der Visuellen Wettbewerbsanalyse erarbeitet die Werbeagentur mehrere Gestaltungsmöglichkeiten in Form von Scribbles, später in Form von Rohlayouts und nach einer Vorauswahl dann Layouts. Die Gestaltungsalternativen werden von der Agentur den Auftraggebern präsentiert. Jede Präsentation bedeutet für Sie zugleich auch die Möglichkeit, eine Entscheidung zu treffen. Da von den Layout-Gestaltungen bestimmte Impulse auf die Anmutungsqualitäten aber auch auf die visuelle und verbale Akzeptanz ausgehen, sollten Sie darauf achten, dass alle präsentierten Gestaltungsvorschläge den gleichen Reifegrad besitzen, damit Sie, und später auch die Testpersonen, bei einem Gestaltungs-Test eine einheitliche Bewertung und Beurteilung der vorgestellten Unterlagen vornehmen können. Ist das nicht der Fall, machen Sie Ihre Agentur darauf aufmerksam, damit sie diesen Zustand beheben kann. Nur so ist gewährleistet, dass gleiche Bewertungschancen gegeben sind.

Die grobe Vorauswahl von Umsetzungsalternativen

Die ersten kreativen Umsetzungen, die Ihnen Ihre Agentur präsentiert, können Sie nach folgenden Kriterien grob filtern:

- ▶ Ist das Nutzenversprechen (USP/UAP) deutlich herausgearbeitet?
- ▶ Ist das Nutzenversprechen (USP/UAP) wirkungsvoll visualisiert und dramatisiert?

- Hat das Nutzenversprechen (USP/UAP) eine klare Sprache (zielgruppenspezifisch)?
- Baut das Nutzenversprechen (USP/UAP) wünschenswerte Emotionen auf?
- Ist die Umsetzung der Copystrategie glaubwürdig?
- Zieht die Umsetzung der Copystrategie Aufmerksamkeit auf sich, stößt sie auch nicht ab?
- Ist die Umsetzung eigenwillig und nicht selbstherrlich?
- Ist die Umsetzung einfallsreich und nicht irreführend?
- Wirkt die Umsetzung verkäuferisch, interessant und nicht langweilig?
- Ist die Umsetzung einzigartig?
- Hat die Umsetzung Originalität, ohne dabei lächerlich zu wirken?
- Ist die Umsetzung der Werbebotschaft merkfähig, plausibel und glaubwürdig?
- Differenziert die Umsetzung positiv vom Wettbewerb?
- Fordert die Umsetzung der Copystrategie zu Handlungen auf (Kauf, geistige Auseinandersetzung usw.)?
- Ist die Beweisführung (Reason Why) gut herausgestellt?
- Ist die gewünschte Tonality perfekt getroffen?
- Können die Gestaltungsalternativen die festgelegten Werbeziele realisieren?
- Sind die Gestaltungsalternativen für die ausgewählten Medien stark genug?
- Können die Gestaltungsalternativen langfristig eingesetzt werden?

So können Sie vorab schon einmal Ihren TV-Spot bewerten

- Erzählt das Bild eine Geschichte (auch ohne Ton)?
- Hat der Spot ein visuelles Leitbild?
- Ist der Spot einfach gehalten?
- Erregt der Spot Interesse?
- Werden der Produkt- und/oder Unternehmensname deutlich herausgestellt?
- Hat der Spot Höhepunkte?
- Zeigt der Spot Menschen und nicht zu viele Gegenstände (Menschen lieben Menschen)?
- Entspricht der Werbestil auch der Produktpersönlichkeit?
- Ist der Spot zu „geschwätzig"?
- Spricht der Spot die richtige Zielgruppe an?
- Passt der Spot zum Unternehmen?
- Lässt der Spot eine Kampagnenbildung zu?
- Ist der Spot auch nicht zu lang (Zeitdauer)?

Merke: Bewerten Sie einen TV-Spot zuerst einmal ohne Ton. Wenn er dann noch die Geschichte erzählt, die er erzählen soll, kann der Ton alles noch verstärken.

So können Sie vorab schon einmal Ihren Funkspot bewerten
- Regt der Spot die Phantasie an?
- Ist der Ton des Spots einprägsam?
- Hat der Spot eine Erkennungsmelodie/Jingle?
- Wird auch nur eine Idee präsentiert?
- Werden der Produkt- und/oder Unternehmensname und das Nutzenversprechen möglichst früh erwähnt?
- Überlagert die Musik auch nicht die gesprochene Werbebotschaft?
- Ist die Musik unkompliziert?
- Fordert der Spot zum Handeln auf?
- Kann der Spot zu einem Imagetransfer und Erinnerungseffekt (TV-Funk) beitragen?
- Ist der Spot kampagnenfähig?
- Spricht der Spot die richtige Zielgruppe an?
- Passt der Spot zum Unternehmen?
- Kann der Spot auch für Verkaufsförderungsaktionen eingesetzt werden?

Merke: Bewerten Sie einen Funkspot niemals in schriftlicher Form und beurteilen Sie ihn immer im Ausstrahlungsumfeld.

So können Sie vorab schon einmal Ihre Anzeige bewerten
- Wird die Botschaft in der Headline verkündet?
- Wird in der Headline der Nutzen (USP) angeboten?
- Kündigt die Headline Neuheiten an?
- Macht die Headline neugierig?
- Motiviert die Headline zum Weiterlesen (den Fließtext)?
- Sind Negativ-Schriften vermieden?
- Sind Fotos in der Anzeige enthalten (Fotos sind wirksamer als Grafiken und Illustrationen)?
- Sind „Vorher- und Nachher-Fotos" eingesetzt? Sie sind wirksamer als Worte. Sie sagen besser, worum es geht.
- Sind die Fotos mit Bildunterschrift versehen?
- Sind Testimonials in der Anzeige erhalten? Sie erhöhen in der Regel die Glaubwürdigkeit.
- Wurde Fachjargon vermieden?
- „Verkauft" die Anzeige?

Merke: Haben Sie keine Angst vor einer langen Headline oder langen Fließtexten. Wichtig ist, dass sie unbedingt zum Weiterlesen motivieren. Bewerten Sie Ihren Anzeigenvorschlag niemals ohne das entsprechende, redaktionelle Umfeld. Bei Anzeigenkampagnen bleiben Sie am besten bei einem einmal gewählten Anzeigenformat.

Nach Abschluss dieser Arbeiten trennen Sie die Spreu vom Weizen. Nachdem die Agentur in Auswertung der Arbeitsgespräche die notwendigen Korrekturen bei den ausgewählten Layout-Alternativen vorgenommen hat, geht das Ganze in den „Pre-Test". Hier wird festgestellt, welcher Gestaltungslinie es am besten gelingt, die Ziele der Copystrategie zu kommunizieren. Solche Überprüfungen werden nicht am Ende eines Gestaltungsprozesses durchgeführt, sondern mitten in der Entwicklung. So haben die Gestaltungsexperten in der Agentur die Möglichkeit, die Reaktion der Zielgruppen rechtzeitig kennen zu lernen und sie im weiteren Gestaltungsprozess zu berücksichtigen.

Der „Pre-Test"

In einer solchen Überprüfungsphase werden unter anderem folgende Punkte befragt, die allerdings, je nach Problematik, abweichend definiert werden können:

- Identifikationsniveau,
- Anmutungsgehalt,
- Interessengrad an der Vorlage bzw. Ansicht
- Informationsgehalt,
- Kaufinteresse,
- Zielpersonenbeschreibung,
- Überspielung der Copystrategie,
- Überspielung des Nutzens (USP),
- Spontane Resonanz und Sympathiezuwendung zu bestimmten Vorlagen bzw. Ansichten,
- Erfassung des emotionalen Umfelds,
- Glaubwürdigkeit, Verständlichkeit,
- Interessensbildung usw.

Für die Überprüfung solcher Gestaltungs-Alternativen können je nach Problemstellung verschiedene Test-Methoden eingesetzt werden:

- Workshops mit kleiner Testgruppe,
- Recall- und Recognition-Test im Studio (psychologische Forschungsverfahren: Exploration, halbstrukturierte Interviews, direkte und indirekte Fragen, Satzergänzungsfragen, Polaritätsprofile, Zuordnungstest usw.),
- Folder-Test,
- Prägnanz-Analyse,
- Focus-Test (Gruppendiskussionen),
- Storyboard-Test (qualitative Einzelinterviews),
- Explorationen,
- Gruppendiskussionen,
- Tachistoskop-Test,
- Sequenztest (Test unter Anwendung sequentieller Paarvergleiche),
- Pre-post-choice-Verfahren,
- Consumer, Usage and Attitude Study (Post-Test/Pre-Test),
- ERKA (Entscheidungshilfe durch Rangplatzbewertung kreativer Alternativen),
- Kommunikationstest (Advertising Communications Evaluation),
- Vergleichender Executions-Test (VET),
- Dummy-Test,
- Copy-Test,
- Werbeerinnerungstest (bei TV-Spots),
- Splitrun-Test usw.

Solche abschließenden Tests, die zur Entscheidungsfindung herangezogen werden sollen, um den Feinschliff für die Umsetzung Ihrer Copystrategie zu erreichen, müssen Sie den entsprechenden Instituten überlassen. Wie Sie hier am besten vorgehen und woran Sie denken müssen, soll Ihnen Abbildung 73 zum Gestaltungs-Test verdeutlichen.

	wird verfolgt	wird nicht verfolgt	Timing	verantwortlich
Welche Testmethode soll eingesetzt werden?				
Vor- und Nachteile dieser Methode				
Aussuchen eines geeigneten Marktforschungsinstituts				
Kostenvoranschlag				
Test-Methodenvorschlag				
Aufbereitung der Präsentation der Ergebnisse				
sonstige Leistungen				
Marktforschungsbriefing schreiben				
Briefing genehmigen lassen				
Kosten genehmigen lassen				
Anzahl Testalternativen für den Test festlegen				
Beschreibung der Test-Alternativen				
Wann liegen die Test-Alternativen dem Institut vor?				
Wann liegen die Testergebnisse vor?				
Wann werden die Ergebnisse präsentiert?				
Welche angestrebte Marketing-/Werbeentscheidung wird verfolgt?				
Ist die Agentur mit einbezogen?				
Wer soll alles am Test teilnehmen (zuhören – und wann)?				

Abbildung 73: Gestaltungs-Test

Die Umsetzungs-, Test- und Durchsetzungsphase

Die Arbeiten nach dem „Pre-Test"

Nachdem diese Arbeiten abgeschlossen sind, lassen Sie die Marktforscher präsentieren. Eingeladen zu dieser Präsentation sind alle daran Beteiligten, und hier insbesondere Ihre Werbeagentur. Nach der Meinungsbildung und der Festlegung für die eine oder andere Gestaltungs-Alternative arbeitet die Agentur an *der* Alternative weiter, die das größte Potenzial für Erfolg und Durchsetzung im Markt hat. Je nachdem, wie die Ergebnisse dieses Tests ausgefallen sind, wird nochmals nachgetestet. In der Regel kann jedoch nach dieser Test- und Optimierungsphase die Reinlayout-Phase bzw. die Produktionsphase eingeleitet werden. Die Produktionsphase richtet sich dabei nach Art, Größe und Umfang des Auftrags (Fakten, die auch im Werbebriefing festgehalten sind):

- Photoshooting,
- Filmshooting,
- Endgültige Text- und Layoutherstellung,
- Reinzeichnung,
- Musik- und Sprecherauswahl,
- Mediabuchung,
- Datenversand usw.

Bei den Arbeiten Photoshooting und Filmshooting sowie Musik- und Sprecherauswahl sollten Sie unbedingt vor Ort sein, um unangenehme Überraschungen von vornherein zu vermeiden. Als Auftraggeber haben Sie das letzte Wort in allen Fragen der Umsetzung und Produktion. Sie sind derjenige, der dafür bezahlt. Bleiben Sie aber immer menschlich und seien Sie niemals ein Besserwisser.

Nach Abnahme und dem O.K. aller Arbeiten durch die Management-Ebene ist die Gestaltungsphase abgeschlossen. Sie verdichten Ihre Positionierungsdokumentation wieder mit den gesamten Unterlagen der Gestaltungsphase. Empfehlenswert ist es, wenn Sie alle Layout-Alternativen fotografieren, die Testsieger kennzeichnen und diese dann ebenfalls in die Positionierungsdokumentation integrieren. Das hat den Vorteil, dass Sie jederzeit die Testergebnisse und die dazugehörigen Gestaltungsvorlagen überprüfen können. Ganz besonders dann, wenn z. B. später eine Relaunch-Maßnahme eingeleitet werden soll oder aber andere Korrekturen ins Haus stehen.

Die Positionierungsdokumentation sollten Sie neben einer Papierform unbedingt auch elektronisch (auf Ihrem PC) anlegen. Die Vorteile dieses Systems sind ausreichend bekannt und brauchen hier nicht weiter ausgeführt werden.

Die Agentursuche

Was tun, wenn Sie bisher mit keiner Agentur zusammengearbeitet haben? Wie finden Sie Ihre Werbeagentur? In Deutschland gibt es etwa 2 000 bis 3 000 Werbeagenturen. Hinzu kommen einige tausend Grafiker, Grafikstudios, Texter, Werbeberater, die Teile Ihrer Werbung betreuen können. Wenn Sie noch keine Idee haben, wie Sie die richtige Agentur finden, dann fragen Sie bei Ihrem Dachverband, bei Kollegen Ihrer Branche aber auch bei Ihrem Marketingberater nach oder informieren Sie sich bei:

- BDW – Bund deutscher Kommunikationsfachleute in Bonn,
- Art Directors Club (ADC) in Berlin,
- GWA – Gesamtverband Kommunikationsagenturen GWA e.V. Frankfurt a. M.

Bevor Sie sich jedoch für eine Zusammenarbeit mit einer Agentur entscheiden, sollten Sie folgende Fragen klären:

- Was soll die Agentur für mich leisten?
- Hat die Agentur schon einmal vergleichbare Aufgaben erfolgreich gelöst?
- Welche Leistungen deckt die Agentur insgesamt ab?
- Welche Kunden werden momentan von der Agentur betreut (Referenzliste anfordern)?
- Wie sieht die Kundenfluktuation der letzten drei Jahre aus?
- Wo liegen die Stärken der Agentur:
  - Kreativität?
  - Konzept?
  - Termintreue?
  - Media?
  - Abwicklung?
  - Internationale Verbindungen?
  - Organisation? usw.
- Wie sieht die Zusammensetzung eines Arbeits-/Kundenteams aus?
- Wie hoch sind die derzeitig betreuten Etatgrößen?
- Passt unser Etat zur Agentur? (zu groß oder zu klein)
- Passt die Philosophie der Agentur zu unserem Unternehmen?
- Wie sieht die finanzielle Situation der Agentur aus?
- Welche zusätzlichen Serviceleistungen bietet die Agentur an?
- Hat die Agentur Konkurrenzausschlussklauseln?

Weiterhin müssen Sie darüber entscheiden, welcher Agenturtyp für Sie der richtige ist. Dabei sind in der Auswahlphase zu unterscheiden zwischen:

- **Full-Service-Agenturen (GWA-Agenturen):** Dieser Agenturtyp ist dann sinnvoll, wenn es sich bei Ihnen um Markenartikel handelt, Sie den Einsatz klassischer Medien und viele andere Aktivitäten benötigen. Die Kosten dieser Agenturen liegen sehr hoch, da sie hochkarätige Spitzenleute beschäftigen und zum anderen der gesamte Verwaltungsapparat groß ist.
- **Mittleren Agenturen:** Bei den mittelgroßen Werbeagenturen finden Sie häufig noch Kontakt zum Agentur-Chef. Hier sind Unternehmen gut aufgehoben, wenn es sich bei ihnen um nationale Marken handelt. Sie sind preiswerter als die Full-Service-Agenturen. Dennoch sind die Aufwendungen für die Betreuung nicht gering.
- **Kleinagenturen, Hot Shops, Kreative Teams:** Solche Agenturen sollten Sie in Anspruch nehmen, wenn Ihnen die handwerkliche Leistung und weniger die „Werbekunst", die Kreativität wichtig ist. Sie eignen sich für die Konzeption und Herstellung von Salesfoldern, Broschüren usw.
- **Media-Agenturen:** Diese Agenturen sind speziell auf das Mediageschäft ausgerichtet. Durch ihre große Einkaufsmacht im TV-, Funk- und Print-Bereich usw. erzielen sie häufig günstigere Preise für die Schaltung von Werbung.
- **Internet-Agenturen:** Solche Agenturen sollten Sie immer nutzen, nicht nur, wenn Ihr Geschäft über das Internet läuft. Besonders interessant: Sie können die Wirkung Ihrer Werbung im Internet messen und sie auch rasch verändern bzw. optimieren.

In der Regel bleiben nach einer solchen Selektionsphase zwei bis drei Agenturen in der engeren Auswahl. Diese Agenturen fordern Sie auf – selbstverständlich gegen ein vereinbartes Honorar – ein Teileelement Ihres Kommunikations-Mixes in Konkurrenz zu präsentieren. Die „Agentur Ihres Vertrauens" wird nach der Aufgabenlösung gewählt.

Die Zusammenarbeit mit Agenturen

Die Zusammenarbeit zwischen Kunde und Agentur kann nur fruchtbar sein, wenn zwischen beiden Partnern ein optimales Vertrauensverhältnis besteht. Kenneth Roman und Jane Maas, zwei renommierte Werbefachleute aus einer der größten Werbeagenturen in den USA (in: „Erfolgreich Werben – Erkenntnisse aus der Praxis", Köln 1977), haben zwanzig Wege beschrieben, wie

Sie ein besserer Klient werden und wie Sie erfolgreich mit Ihrer Agentur zusammenarbeiten können, um bessere Leistungen von ihr zu erhalten:

- **Finden Sie die große Idee.** Konzentrieren Sie sich auf die Positionierung und die Markenpersönlichkeit. Lassen Sie es nicht zu, dass durch einzelne Werbemaßnahmen Positionierung und Markenpersönlichkeit verändert werden.

- **Erlernen Sie die hohe Kunst, eine Kreativsitzung zu leiten.** Handeln Sie die wichtigen Fragen zuerst ab – Strategie, Verbrauchernutzen, Begründung. Sagen Sie klar und deutlich, ob die Konzeption in diesen Bereichen Ihrer Meinung nach auf festen Füßen steht. Wenn nicht, dann geben Sie Gründe an.

- **Pflegen Sie Aufrichtigkeit.** Sagen Sie Ihrer Agentur immer die Wahrheit. Stellen Sie sicher, dass Ihre Werbung nicht nur die Wahrheit sagt, sondern auch meint. Geben Sie nie der Argumentation nach, Wahrheit, Aufrichtigkeit sei „langweilig".

- **Zeigen Sie Begeisterung.** Wenn Sie Ihre Werbung gut finden, dann lassen Sie es Ihre Werbeagentur auch wissen. Beifall ist ihr Lebenselixier. Wenn Sie wirklich begeistert sind, dann schreiben Sie Ihrer Agentur ein paar Dankeszeilen. So etwas wirkt auch noch heute Wunder. Auf der anderen Seite sagen Sie Ihrer Werbeagentur offen, wenn Ihnen die Konzeption nicht gefällt. Die Agentur wird Sie dafür nicht hassen, wenn Sie Ihre Gründe angeben. Vielleicht wird Ihnen sogar zugestimmt.

- **Seien Sie menschlich.** Reagieren Sie als Mensch und nicht als Unternehmen. Vielleicht können Sie über eine lustige Anzeige lachen, auch wenn sie Ihnen nicht zusagt, weil sie nicht Ihrer Strategie entspricht.

- **Geben Sie Ihre Unentschlossenheit zu.** Lassen Sie sich nicht von Ihrer Agentur drängen, sofort nach der Präsentation den Auftrag zu erteilen. Nehmen Sie sich die Zeit, die Präsentation zu verarbeiten.

- **Seien Sie konsequent.** Geben Sie Ihrer Agentur eine konsequente Richtung an, in die sie gehen (denken und handeln) soll. Eine ungenau beschriebene Richtung nimmt die kreative Schwungkraft.

- **Bestehen Sie auf kreativer Disziplin.** Wirkliche Werbeprofis sind über Disziplin niemals verärgert. Die Strategie (Copystrategie und Briefing) hilft den Kreativen, das Ziel ins Visier zu nehmen. Denken Sie jedoch daran: Regeln sind lediglich ein Ansatzpunkt.

- **Halten Sie die Kreativen auf dem Laufenden.** Sie wollen – ebenso wie Sie – alles über die neuesten Marktanteile usw. wissen. Geben Sie ihnen diese

Informationen, sagen Sie ihnen, was im Markt vor sich geht. Alles kann nützlich sein.

▶ **Sondern Sie Ihr Top-Management nicht von den Kreativen ab.** Die Kreativen wollen Zielsetzungen direkt von der Quelle beziehen. Während die meisten Projekte die Einbeziehung des Top-Managements nicht erforderlich machen, können doch gerade von dieser Seite wertvolle Anregungen kommen.

▶ **Vereinfach Sie den Genehmigungsprozess.** Vielschichtige Präsentationen, häufig noch mit widersprüchlichen Direktiven auf jeder Ebene, können zu einem Haufen demoralisierter Kreativer und zu schlechter Werbung führen. Je länger der Genehmigungsprozess dauert, desto mehr Gelegenheiten ergeben sich, jene „kleinen Änderungen" vorzunehmen, die jede Werbung ruinieren können.

▶ **Geben Sie der Agentur das Gefühl der Verantwortlichkeit.** Seien Sie ein Führer, kein Besserwisser. Sagen Sie, was Sie für falsch und richtig halten, aber nicht, wie man es besser macht. Die besten Klienten sind die, die sich nicht dauernd einmischen. Sie weisen auf das Wesentliche hin und überlassen es der Agentur, die Lösung zu finden. Kreative Klienten müssen sich oft mit Halbheiten zufrieden geben, denn die Agentur rechnet von vornherein mit so viel Änderungen, dass sie sich bei der Ausarbeitung von Konzeptionen nicht allzu viel Mühe gibt.

▶ **Scheuen Sie sich nicht, anspruchsvoll zu sein.** Lassen Sie Ihre Agentur wissen, dass Sie mehr als nur „gute solide Werbung" von ihr erwarten. Das Streben nach Überdurchschnittlichkeit beinhaltet das Beschreiten neuer Wege und eine gewisse Risikofreudigkeit.

▶ **Fördern Sie Arbeitssitzungen.** Veranstalten Sie informelle Diskussionsrunden, in denen die Kreativen ihre Ideen grob umreißen und Sie selbst Ihre Ziele beschreiben können. Besonders förderlich sind solche Sitzungen, bevor die Agentur einen komplizierten Auftrag in Angriff nimmt oder wenn es gilt, ein kreatives Problem aus der Welt zu schaffen. Eine solche Methode funktioniert allerdings nur in einer harmonischen Atmosphäre, die zu schaffen nicht ganz einfach ist.

▶ **Setzen Sie sich Ziele.** Wenn Sie Aktion und Ergebnisse erwarten, müssen Sie wissen, in welche Richtung es gehen soll. Setzen Sie Ziele – für Ihre Werbung und Ihr Unternehmen.

▶ **Wechseln Sie die Leute, nicht die Agentur.** Offenheit verhindert, dass kleine Meinungsverschiedenheiten in große Kräche ausarten. Wenn es Probleme gibt, verlangen Sie, dass neue Leute an Ihrem Etat arbeiten. Neue Texter oder Kontakter bringen manchmal frischen Wind in die Angelegenheit, ohne dass die notwendige Kontinuität in der Beziehung zwischen Agentur und Auftraggeber verloren geht.

▶ **Denken Sie daran, dass der Verbraucher sich verändert.** Es ist denkbar, dass die Frau, die Ihr Produkt kauft, nicht nur zu Hause herumsitzt, sondern als berufstätige Mutter den Haushalt nebenbei versorgt. Sie ist vielleicht keine Frauenrechtlerin, aber sie ist mit Sicherheit aufgeschlossen und fortschrittlich. Sie sieht sich vielleicht nicht als Umweltschützerin, macht sich jedoch ganz konkrete Gedanken über die Erhaltung ihrer Umwelt. Sie hat vielleicht völlig unterschiedliche Ansichten über viele Dinge – Ehe, Kindererziehung, Freizeitgestaltung. Werbung, die vor zehn Jahren Wirkung hatte, ist heute vielleicht wirkungslos.

▶ **Leben Sie nicht im Elfenbeinturm.** Vermeiden Sie, sich abzukapseln und immer mit den gleichen Leuten zusammen zu sein – bei der Arbeit, auf dem Tennisplatz, bei Partys. Zwingen Sie sich, über die Grenzen der bequemen Welt Ihres eigenen Lebensstils hinauszutreten. Verlassen Sie Ihren Schreibtisch. Besuchen Sie Geschäfte. Reden Sie mit Käufern, Warenhausmanagern, Lageristen, Konsumenten. Führen Sie selbst Verbraucherbefragungen durch, nehmen Sie an Gruppenbefragungen teil, und begleiten Sie die Avon-Dame von Tür zu Tür. Holen Sie sich eine Erkältung und verbringen Sie den ganzen Tag vor dem Fernseher.

▶ **... Klient sein dagegen sehr.** Die Kreativen bringen die besten Leistungen bei Etats, die sie schätzen, und für Klienten, mit denen sie gerne zusammenarbeiten – für gute Klienten. Was nicht heißen soll, dass das bequeme Klienten sind. Konkurrenz herrscht selbst innerhalb einer Werbeagentur – wenn es darum geht, wer für bestimmte Klienten arbeitet. Aus diesem Grunde bekommen die guten Klienten immer wieder die besten Texter und Kontakter.

Diese Richtlinien sind als Ansatzpunkte zu verstehen und sind keine Garantie für gute Werbung. **Aber:** Hinter jeder guten Werbung steht ein guter Kunde. Dem ist nichts mehr hinzuzufügen.

Vertiefende Literatur

Rainer H.G. Großklaus: Arbeitshandbuch Werbestrategie und -konzeption, Essen 1990

IFAM-Institut: Die besten 99 Checklisten für Ihre Werbung, Landsberg/Lech 1997

Kapitel 6

Die Markt- und Kontrollphase

> **Was Sie in diesem Kapitel erwartet**
>
> *Die Markt- und Kontrollphase ist der Zeitraum, in dem sich zeigt, ob sich Ihr gesamtes Positionierungsvorhaben im Markt bewährt. In diesem Kapitel erfahren Sie, wie Sie das überprüfen können und was dazu getan werden muss.*

Der Post-Test und die Kontrolle der Markt- und Produktentwicklung

Die Marktphase ist der Zeitpunkt, wo Produkt, Positionierung und Werbung auf die Zielgruppe gemeinsam einwirken. In dieser Phase werden periodisch Maßnahmen ergriffen, die feststellen, wie Verbraucher, Handel und Wettbewerb auf die konzeptionellen Umsetzungen reagieren. Der Post-Test (= nicht-ökonomische Erfolg) prüft in der biotischen Situation die Durchsetzungskraft der Positionierung und letztlich der Werbung durch die eingesetzten Werbemittel im Umfeld der direkten und indirekten Wettbewerbssituation. Jeder, der mit Marketing, Positionierung und Werbung zu tun hat, weiß, wie schwierig es ist, Erfolgsmessungen durchzuführen. Bei der Erfolgskontrolle unterscheidet man zwischen ökonomischer (quantitativer) und nicht-ökonomischer (qualitativer) Kontrolle. Die Aussagefähigkeit beider Messungen ist begrenzt oder aber zumindest umstritten.

Die Messung der ökonomischen Erfolge (quantitativ) bezieht sich dabei auf Fakten wie:

- Umsatz,
- Absatz,
- Marktanteil,
- Bekanntheitsgrad usw.

Der Erfolg dieser Fakten ist aber nicht nur auf die Positionierung und die Werbung zurückzuführen, da andere Mix-Instrumente wie Preis, Service, Vertrieb usw. bei der Realisierung der Erfolge ebenfalls eine gewichtige Rolle spielen. Hierfür stehen spezialisierte Institute zur Verfügung, die solche Erfolgskontrollen durchführen, wie z.B.:

- A.C. Nielsen, Frankfurt a.M.,
- GfK – Gesellschaft für Konsum-, Markt- und Absatzforschung, Nürnberg,
- Schmidt & Pohlmann (Nielsen), Hamburg

Die nicht-ökonomische Erfolgsmessung (Post-Tests) bezieht sich vornehmlich auf die kommunikativen Fakten wie:

- Berührungserfolg,
- Streuerfolg,
- Aufmerksamkeitserfolg,
- Erinnerungserfolg,
- Beeindruckungserfolg,
- Interessenweckungserfolg,
- Penetrationserfolg des rationalen und/oder emotionalen Nutzenversprechens,
- Goodwill-Erfolg,
- Imageerfolg usw.

Auch die Messung der nicht-ökonomischen Ergebnisse ist mit großen Mängeln behaftet, weil die Methoden immer nur einen oder verschiedene Teilerfolge messen können. Sie lassen ebenfalls keine exakten Erfolgsmessungen zu. Solche Methoden und Messverfahren wie:

- Day-after-Recall-Test,
- Recall-Test (Erinnerungsverfahren),
- Motiv-Analysen,
- Telefonische Befragungen,
- Mehrthemenuntersuchungen,
- Werbemonitor,
- Recognition-Test (Wiedererkennungsverfahren),
- Image-Analysen usw.

sind in der Regel sehr (kosten-)aufwendig und erfordern die enge und vertrauensvolle Zusammenarbeit mit den entsprechenden Marktforschungsinstituten. Eine Methode allein wird kaum in der Lage sein, qualifizierte Aussagen über den gemessenen Erfolg machen zu können. Darum ist es empfehlenswert, sowohl den nicht-ökonomischen als auch den ökonomischen Erfolg zu messen, um wenigstens Teilerfolge überprüfen zu können. Abbildung 74 (nicht-ökonomische Erfolgskontrolle) und Abbildung 75 (ökonomische Erfolgskontrolle) dienen Ihnen wieder als Leitfaden für Ihre Kontrollarbeiten. Die beiden Abbildungen erheben keinen Anspruch auf Vollständigkeit. Sie sollten sie entsprechend Ihrer Unternehmens- und Marktsituation modifizieren bzw. optimieren.

In der Marktphase verschaffen Sie sich die Informationen, die Ihnen helfen zu entscheiden, ob kurz- oder langfristig Änderungen notwendig sind. Das kann notwendig sein, weil entweder Ziele erreicht sind und neu anstehen oder weil sich im Marketingbild etwas verändert hat. Die Marktphase ist eng mit der In-

Bewertung / Kriterien	Soll-Situation	Ist-Situation	Begründung	Einzuleitende Maßnahmen	Timing
Bekanntheitsgrad					
Berührungserfolg					
Streuerfolg					
Aufmerksamkeitserfolg					
Erinnerungserfolg					
Beeindruckungserfolg					
Interessenweckungserfolg					
Penetrationserfolg USP					
Goodwill-Erfolg					
Positionierungserfolg					
Imageerfolg					
Markenpräferenz usw.					

Abbildung 74: Nicht-ökonomische Erfolgskontrolle

Bewertung / Kriterien	Soll-Situation	Ist-Situation	Begründung	Einzuleitende Maßnahmen	Timing
Absatz					
Umsatz					
Deckungsbeitrag					
Gewinn					
Marktanteile					
Distribution					
Aufträge					
Verwenderanteile					
Kundenanteil					
Auftragserfolg …					

Abbildung 75: Ökonomische Erfolgskontrolle

Der Post-Test und die Kontrolle der Markt- und Produktentwicklung

formationsphase verbunden, das heißt, sie ist möglicher Ansatzpunkt für eine *neue* Informationsphase.

Die Soll-Ist-Analyse und der Maßnahmenkatalog

Empfehlenswert ist in dieser Phase, eine kurze und aussagekräftige Soll-Ist-Analyse zu verfassen und diese anschließend mit Ihrem Marketingberater und/oder Ihrer Werbeagentur sowie mit den maßgeblichen Stellen Ihres Hauses zu diskutieren. Berufen Sie dazu ein Arbeitsmeeting ein und besprechen Sie die momentane Lage Ihres Produktes inklusive der Positionierungsakzeptanz.

Erstellen Sie zu diesem Arbeitsmeeting eine übersichtliche Ist-Situation, die jeder nachvollziehen kann. Wie solch eine Darstellung aussehen kann, zeigt Ihnen Abbildung 76. Dieses Hilfsinstrument können Sie dann auch als „Maßnahmenkatalog" bestens verwenden. Die Entscheidungen, die in diesem Meeting zur Verbesserung der Situation festgelegt werden, tragen Sie in die Spalte „Maßnahmen" ab.

So haben Sie dann in dieser Abbildung die Ist-Situation, die verbessernden Maßnahmen, die Kosten, das Timing und die Verantwortlichkeiten eingetragen. Verdichten Sie Ihre Positionierungsdokumentation wieder mit dieser Arbeitsunterlage.

Vertiefende Literatur

Rainer H.G. Großklaus: Das How-to-Buch Marketingplan, 2. Auflage, München 2002
Erwin Matys: Praxishandbuch Produktmanagement, Frankfurt 2005
IFAM-Institut: Die 199 besten Checklisten für Ihr Marketing, Landsberg/Lech 1998
Werner Pepels: Handbuch Moderne Marketingpraxis, Band 1, Düsseldorf 1993
Manfred Schwarz, Jürgen Wulfestieg: Die Sehnsucht nach dem Meer wecken, Frankfurt 2003

Bereiche	Ist-Situation	Soll-Situation	Maßnahmen	Kosten	Timing	Verantwortung
Distributions-bereich	Liegt bei 20%. Zu gering. Ziel war 35%.	Zielerreichung per Juni 35%	Besuchsrhythmus bei A- und B-Kunden verändern. Mehr kundenindividuelle Maßnahmen: • Incentive-Aktionen • Degustations-Aktionen • Außendienst-prämien	 20 000 € 40 000 € 120 000 €	10. 03	Produktmanagement u. Absatzförderung/Vertrieb
Sonstiges:						

Genehmigt: Datum:

Abbildung 76: Ist-Situation

Kapitel 7

Das Praxisbeispiel: Positionierung und Kommunikationspraxis für Frucht- und Gemüsesäfte der Saft GmbH

> **Was Sie in diesem Kapitel erwartet**
>
> *In diesem Kapitel lernen Sie die Vorgehensweise für die Entwicklung einer Positionierung kennen, mit der sich ein führendes Unternehmen auf einem harten und turbulenten Marktsegment erfolgreich durchgesetzt hat. Dieses Praxisbeispiel darf auf Grund von Vorgaben des Unternehmens leider nicht auf alle Marketingdetails eingehen. Einige Interna sollen bewahrt bleiben. Dennoch wird mit diesem Praxisbeispiel sehr deutlich dargestellt, wie Sie selbst Ihre Positionierungsstrategie erfolgreich entwickeln können. Zu jedem Thema finden Sie einen Verweis auf Arbeitshilfen, die vorweg in diesem Buch detailliert beschrieben wurden.*

Trotz turbulenter Veränderungen auf dem durch härtesten Wettbewerb gekennzeichneten Gesamtmarkt der Fruchtsäfte, Fruchtnektare, Fruchtsaftgetränke sowie Gemüsesäfte und -trunke hatte ein führendes Unternehmen seine Stellung auf dem deutschen Markt ständig ausgebaut. Dies war im Wesentlichen durch die konsequente Verfolgung einer Markenartikelstrategie unter Vermeidung von Preiskämpfen sowie durch eine wirksame Positionierung gelungen.

An dieser Stelle soll darauf hingewiesen werden, dass es sich hier um das Praxisbeispiel eines Unternehmens handelt, das sich auf dem angesprochenen Marktsegment über viele Jahre hinweg erfolgreich durchgesetzt hat. Aus diesem Grund dürfen hier auch nicht alle Strategiedetails dargelegt werden. Kein Unternehmen gibt gerne seine tiefsten Marketing-Geheimnisse preis. Erst recht nicht, wenn sie viel Geld gekostet haben.

Dieses Praxisbeispiel beschränkt sich daher auf Vorgehensweise, Planung und Darstellung kommunikations- und positionierungspolitischer Überlegungen, die jedoch nicht immer vollständig dargelegt werden. Zahlen, Daten und Fakten wurden zum Teil auch modifiziert. Trotz alledem zeigt es, wie durch eine klare Situationsanalyse methodisch anspruchsvolle kommunikations- und positionierungspolitische Ziele und Strategien gewonnen und letzten Endes kreativ umgesetzt werden konnten. Es zeigt, wie durch eine konsequente Verfolgung der Unternehmens- und Marketingstrategie sowie einer zielgruppengerechten Kommunikation und Positionierung der Erfolg auch als besonders stark von Konkurrenzmaßnahmen betroffener Marktführer erreicht werden konnte. Das Unternehmen soll hier als „Saft GmbH" bezeichnet werden.

Informationsphase

Der Markt der Fruchtsäfte, Fruchtnektare und Fruchtsaftgetränke

Das Unternehmen bestand zum Zeitpunkt der Beratung seit mehr als 15 Jahren in der Rechtsform einer GmbH. Die Saft GmbH ist ein bekannter Markenartikelhersteller mit einem ausgewogenen marktadäquaten Sortiment, das folgende Segmente abdeckt:

- Fruchtsäfte und Gemüsesäfte,
- Fruchtnektare und
- Fruchtsaftgetränke.

Die Unternehmensphilosophie der Saft GmbH ist in einen Satz zu fassen: „Moderne, gesunde Lebensweise – mit Genuss".

Denn: Natürlicher und gesünder leben ist eine Grundforderung der Verbraucher von heute, ohne dass diese jedoch dabei auf den Genuss verzichten wollen.

Die konsequente Verfolgung der Unternehmensstrategie, der Marketingstrategie, der Markenartikelstrategie sowie einer zielgruppengerechten Kommunikation und Positionierung und nicht zuletzt auch die stetige Ausweitung des Sortiments unter Berücksichtigung abgesicherter Marktforschungsergebnisse brachte der Saft GmbH in den meisten Teilsegmenten der „alkoholfreien Erfrischungsgetränke" (AfG) die Marktführerschaft.

Speziell bei Gemüsesäften konnte die Saft GmbH die klare Marktführerschaft ausbauen. Der Marktanteil lag hier durchschnittlich bei über 40 Prozent. Das Unternehmen ist 94 von 100 Verbrauchern bekannt. Das gesamte Sortiment der Saft GmbH genoss in der Verbraucherschaft eine sehr hohe Akzeptanz. Einen bedeutenden Platz im Unternehmen nahm die Neuproduktentwicklung ein, die dem Unternehmen beinahe jedes Jahr ausgesprochen gute Innovationsrenditen und somit weitere Expansion bescherte. Der Gesamtumsatz der Saft GmbH wies stetige Wachstumsraten auf, die kontinuierlich über denen der Branche lagen.

Abbildung 77 zeigt, wie sich der Gesamtmarkt der „alkoholfreien Erfrischungsgetränke" aufteilte.

In dieser Branche gab es zum Beispielszeitraum rund 1 700 Anbieter. Die Marktentwicklung insgesamt verlief unterschiedlich; insbesondere der Markt für Fruchtsäfte und Erfrischungsgetränke wies in den vergangenen Jahren stetige Zuwachsraten auf. Dies war insofern beachtlich, als das Wachstum des

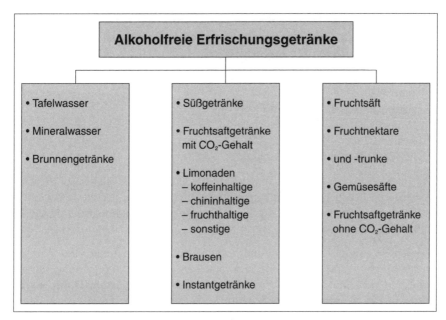

Abbildung 77: Marktaufteilung alkoholfreie Erfrischungsgetränke

Getränkekonsums insgesamt doch begrenzt ist und mit 633 Litern pro Kopf und Jahr zur Fallbeispielszeit die Sättigungsgrenze vermutet wurde. Weitere Zuwachsraten in diesem Bereich – so wurde zu dieser Zeit prognostiziert – sind nur noch durch Strukturverschiebungen innerhalb des Gesamtmarktes, durch die Verlagerung der unternehmerischen Marketingbemühungen auf im Trend liegende Segmente und durch eine differenzierende Kommunikations-, Werbe- und Positionierungsstrategie und höhere Marketingbudgets möglich.

Die Saft GmbH war zu dieser Zeit stärkster Anbieter in dem Segment Fruchtsäfte, Fruchtnektare und Fruchtsaftgetränke mit weit über 35 Prozent Marktanteil. Das Unternehmen ist zugleich auch der Impulsgeber für dieses Marktsegment

Für die Saft GmbH vollzog sich in dieser Zeit ein bedeutsamer Wandel:

▶ der Absatz verlagerte sich immer mehr auf den Vertriebszweig des Lebensmitteleinzelhandels,

▶ ein stetiger Konzentrationsprozess in der Fruchtsaftindustrie,

▶ die Veränderung der Verbrauchergewohnheiten zwang zu bestimmten Maßnahmen (Verpackungsart, Verpackungsgröße, Image, Differenzierung, Kommunikation und Positionierung).

Informationsphase

Von besonderer Bedeutung für den Markterfolg war die Einschätzung der Fruchtsäfte durch den Verbraucher. Fruchtsaft hat ein grundsätzlich positives Image. Fruchtsäfte werden vor allem durch Merkmale charakterisiert wie beispielsweise:

- natürlich,
- vitaminreich,
- gesund,
- wertvoll,
- für Kinder aufbauendes Getränk.

Die Impulse für ein positives Wachstum des Marktes für Fruchtsäfte, Fruchtnektare und Fruchtsaftgetränke gingen eindeutig von den Frucht- und Gemüsesäften aus. Dies lag an der stark zunehmenden Gesundheitswelle in dieser Zeit, die ja heute noch anhält.

Bei den Verbrauchern bestand und besteht heute noch viel mehr der Wunsch nach ehrlichen und gesundheitsrückversichernden Produkten, ohne jedoch dabei auf den Genuss eines Produktes verzichten zu müssen. Dafür waren und sind die Verbraucher auch heute noch bereit, mehr Geld zu bezahlen. Nicht zuletzt auch für Produkte, die sich mit den zu dieser Zeit wichtigen Lebensgewohnheiten der Verbraucher verknüpfen lassen, wie z.B.:

- mehr Freizeit,
- Gewichtsprobleme reduzieren,
- Gesundheit/mehr Sport,
- gesunde Lebensweise,
- moderne Ernährung.

Das Teilsegment Gemüsesäfte

Das Gemüsesaftsegment hat im Fruchtsaftsegment eine große Bedeutung. Es beanspruchte immerhin mehr als ein Viertel des Fruchtsaftsegmentvolumens. Interessant war auch, dass der Wert des mengenmäßigen Volumens um das Doppelte größer war. In diesem Segment wurden gute Preise erzielt. Der Rest der Anbieter in diesem Marktsegment operierte mit einer sehr aggressiven Preispolitik.

Das Gemüsesaftsegment wies – bis auf einen leichten Markteinbruch, der nur von kurzer Dauer war – immer positive Zuwachsraten auf. Die Saft GmbH realisierte sowohl mengen- als auch wertmäßig Zuwachsraten, die über dem Niveau des Marktes lagen. Sie war auch in diesem Segment mit dem Sortiment „Gesund & Genuss" wieder Marktführer mit rund 50 Prozent Marktanteil gewesen.

Zu bemerken war, dass die sonst immer über dem Marktwachstum liegenden Zuwachsraten der Saft GmbH in diesem Teilmarkt mit ihrem Gemüsesaftsortiment „Gesund & Genuss" abflachten. Das Abflachen der Zuwachsraten und der Marktanteilsschwund nahmen drastisch zu, so dass sogar Verlustquoten eingefahren wurden. An dieser Stelle setzte die Beratung ein. Die Empfehlung hieß: Eine attraktive **Positionierungsstrategie** muss her mit vorausgehender intensiver Analyse, Marketingstrategiensuche und -Festlegung sowie einer motivationspsychologischen Verbrauchersegmentierungsstudie und anschließender Positionierungslückensuche und Positionierungsentwicklung inklusive Test.

Eine intensive interne und externe Analyse ergab dann die folgenden zusammengefassten Erkenntnisse für das Unternehmen: Der Gemüsesaftmarkt hatte noch längst nicht seinen Zenit überschritten. Dennoch hat es zumindest kurzfristig eine gewisse Angebotsverlagerung zu Ungunsten der Saft GmbH hin zu den so genannten Grenzkostenanbietern gegeben. Diese Tendenz musste sofort gestoppt werden. Eine Aktualisierung des Sortiments „Gesund & Genuss" als Impulsgeber des Gemüsesaftmarktes war dringend notwendig, um die Expansionsstrategie realisieren zu können. Handel und Verbraucher mussten neu angesprochen werden. Wenn der Gemüsesaftmarkt und das Sortiment „Gesund & Genuss" weiter wachsen sollten, dann nur, wenn es gelang, die analysierten Probleme und Chancen sowie die Stärken und Schwächen zu nutzen bzw. zu überwinden. Und wenn es gelang, für das Sortiment „Gesund & Genuss" weiteres Verbraucherpotenzial zu gewinnen. Dies setzte jedoch voraus, dass es „Gesund & Genuss" aufgrund seiner bisherigen Akzeptanz in den Kauf- und Verwenderkreisen mit den zur Verfügung stehenden finanziellen Mitteln schaffte, die aufgekommenen Kauf- und Konsumbarrieren bei Gemüsesäften (... ist so gesund, kann einfach nicht schmecken, ist etwas für Grasfresser ...) zu überwinden. Um jedoch die Kauf- und Konsumbarrieren und die Motive, Wünsche und Erlebniswelten der Verbraucher genauestens kennen zu lernen, wurde in die psychologische Marktforschung investiert.

Siehe zu diesem Thema auch die Kapitel 2 „Der Planungsablauf" (S. 57 ff.) und 3 „Die Informationsphase" (S. 63 ff.).

Die motivationspsychologische Segmentierungsstudie

Im Rahmen der empirischen Studien wurde unter anderem ermittelt, dass die Gemüsesäfte eng mit der Verwendung gekoppelt sind. Eine speziell durchgeführte psychologische Segmentationsstudie ergab, dass es insgesamt sieben psychologische Segmente (Verbraucher-Cluster) gibt, von denen sich vier Segmente für die Saft GmbH und ihr Gemüsesaftsortiment „Gesund & Genuss" als Zielgruppe eigneten.

Die soziodemografische Struktur der in den Segmenten zusammengefassten Verbraucher sah schwerpunktmäßig wie folgt aus:

- Frauen bis 40 Jahre
- Mittelschule/höhere Schulbildung
- Haushaltsnettoeinkommen ab 2 000 Euro
- Zwei- bis Drei-Personenhaushalte
- Ortsgrößen ab 70 000 Einwohner/besser in Ballungszentren.

Bezüglich ihrer psychologischen Beschreibung war die Zielgruppe gekennzeichnet durch moderne gesunde Menschen, die sich bewusst und kontrolliert ernähren. Ihre gesunde, aktive, moderne Lebensweise übertragen sie auf die Auswahl ihrer Ernährung. Sie achten auf leichte, ernährungspsychologisch wertvolle Produkte, um sich ihre moderne aktive Lebensweise zu erhalten.

Aus dieser psychologischen Segmentationsstudie ergaben sich positive Ansatzpunkte, um für Markt- und Sortimentswachstum zu sorgen. Diese lagen für die Markt- und Sortimentsausweitung sowohl in der Erhöhung der Konsumintensität als auch in der Erschließung neuer Käufer- und Verwenderschichten. Die Fruchtsaftverwender von der Saft GmbH bildeten für eine solche Strategie einen guten soliden Grundstock, denn immerhin hatten etwa die Hälfte der Saft GmbH-Käufer und -Verwender beide Saftgattungen miteinander gekoppelt bzw. konsumiert (siehe hierzu Abbildung 78).

Hier in Kürze einige weitere wichtige Ergebnisse der Grundlagenstudie:

- Als wichtigste Konsumbarriere wurden die Geschmacksvorbehalte angeführt: „Was gesund ist, kann einfach nicht gut schmecken".

- Hinzu kam, dass sich die die einzelnen Gemüsesaftarten (Tomatensaft, Mischgemüsesaft, Selleriesaft, Karottentrunke usw.) deutlich unterschieden, bei:
    - Erstverwendung,
    - typischen Konsumsituationen (Karottentrunk = Baby, Tomatensaft = Katerfrühstück, Selleriesaft = zur Stärkung des Mannes usw.),

	Segment 1 Der überzeugte Frucht- und Gemüsesafttrinker	Segment 2 Der Möchtegern-Frucht- und Gemüsesafttrinker	Segment 3 Der mittelmäßige Frucht- und Gemüsesafttrinker	Segment 4 Der bequeme Frucht- und Gemüsesafttrinker
Einstellungen:	Legt großen Wert auf die gesundheitliche Wirkung von Frucht- und Gemüsesäften. Er ist überzeugt von der Qualität der Marke XY, die auch gehobene Ansprüche befriedigt.	Legt Wert auf die gesundheitliche Wirkung und den natürlichen Geschmack von Frucht- und Gemüsesäften. Er ist überzeugt, dass die Marke XY ihm das bietet.	Diese Zielgruppenmitglieder stehen Frucht-Gemüsesäften und der Marke XY nicht negativ gegenüber. Sie sind Mitläufertypen, die aktiviert werden können.	Die Natürlichkeit und der natürliche Geschmack ausgerichtet am selbst gepressten Saft bzw. frischem Obst haben keine Bedeutung für ihn. Er spielt dagegen ideal zurück, was die Marke XY kommuniziert.
Häufige Verwendung				
• Fruchtsaft	+ +	0	+ +	0
• Orangen-/Apfelsaft	0	–	0	0
• Gemüsesaft	+ +	0	0	–
• fruchtsaftähnliche Getränke	0	+	0	+ +
Trinken lieber dickflüssige, trübe Säfte	– –	+	0	+
• Intensivverwender	+	0	–	0
• Normal-/Leichtverwender	–	–	0	+
Segmentgröße	25%	12%	16%	10%

Legende: + + = sehr stark; + = stark; 0 = durchschnittlich; – = unterdurchschnittlich; – – = überhaupt nicht

Abbildung 78: Psychologische Segmentationsstudie Fruchtsäfte und Gemüsesäfte

- Bedeutung des Geschmacks (Karottentrunk = süß, Gemüsesaft = herzhaft und pikant usw.)
- Gesundheitsbewertung (Karottentrunk = Provitamin A = Haut und Augen, Gemüsesaft = Vitamine und wenig Kalorien, ebenfalls bei Tomatensaft = wenig Kalorien usw.)

Diese Unterschiedlichkeit erforderte eine spezifische Ansprache für die Gemüsesaftarten von „Gesund & Genuss" unter einem gemeinsamen Dach. Die Saft GmbH genoss beim Verbraucher ein sehr positives Image. Sie wurde als der kompetente Hersteller für Qualität und Geschmack im Saftbereich geachtet. Dieses positive Image kam allen Produkten aus diesem Hause zugute.

Das Image der Saft GmbH wurde auch durch Unterschiede in den Einstellungen von Intensiv-Verwendern (Heavy User) und Leicht-Verwendern (Light User) gekennzeichnet. Der Intensiv-Verwender im Vergleich zum Leicht-Verwender:

- sieht die Saft GmbH stärker als Qualitätsbegriff, ausgelöst durch das Fruchtfleisch im Fruchtsaft,
- genießt das Fruchtsafttrinken stärker,
- glaubt nicht, dass die Saft GmbH nur für gehobene Ansprüche da ist,
- sieht im Preis keine Kauf- und Konsumbarriere,
- orientiert seine Vorstellungen von Natürlichkeit nicht so stark an selbst gepresstem Saft.

Darüber hinaus wurde durch die Grundlagenstudie bekannt, dass die Saft GmbH mit ihrem Sortiment „Gesund & Genuss" im Gemüsesaftmarkt den höchsten Bekanntheitsgrad (70 %) und Verwendungsgrad (53 %) hat.

Aufbauend auf den Erkenntnissen der allgemeinen Marktentwicklung sowie der Grundlagenstudie beschloss das Unternehmen eine strategische Neuorientierung im Gemüsesaftbereich, die durch eine Modifizierung der Marketingziele, -strategie und Positionierung sowie eine totale Überprüfung des Marketing-Mix-Instrumentariums gekennzeichnet war.

> Siehe zu diesem Thema auch die Kapitel „Die psychologische Verbrauchersegmentierung" (S. 113 ff.) und „Das Marktforschungsbriefing" (S. 145 ff.).

Marketingleitziele und -leitstrategie von „Gesund & Genuss"

Um die für die Saft GmbH unbefriedigende Marktsituation positiv zu verändern, würde das Unternehmen, als Marktführer in diesem Segment, der Marktsituation entsprechend ein sinnvoll abgestimmtes Marketing-Mix auf den Markt einwirken lassen.

Der Trend zur vernünftigen und verantwortungsbewussten Ernährung nahm auch zu dieser Zeit schon ständig zu. Verbraucher, die sich zu dieser Lebensweise bekannten, unterstützten und prägten ihn. Diesen Trend hatte die Saft GmbH erkannt und bot den Verbrauchern mit seinem Gemüsesaftsortiment drei Geschmacksrichtungen an:

- Mischgemüsesaft aus zehn verschiedenen Gemüsesorten,
- Karottentrunk,
- Tomatensaft.

Hinzu kamen zwei weitere Trend verstärkende neue Sorten:

- Karotten-Aprikosentrunk,
- Karotten-Orangentrunk.

Jede dieser Geschmacksrichtungen sprach verschiedene Verbraucherwünsche und -motive an bzw. deckte sie ab.

Die Kaufentscheidung der Verbraucher im Hinblick auf das Sortiment „Gesund & Genuss" sollte ausschließlich auf Qualitätsüberzeugungen und auf Emotionen (Erlebniswelten) basieren, die mit dem Sortiment zu verbinden waren. Die Spitzenqualität von „Gesund & Genuss" musste die Tendenz der Mengen-/Preisnutzenrelation in Verbindung mit den entsprechenden emotionalen Welten (Emotionsfelder) bei den Verbrauchern kompensieren. In der Verbraucherschaft wurde mit „Gesund & Genuss" folgendes Produktprofil angestrebt:

- Natürlichkeit,
- Vitaminreichtum.
- Kalorienarmut,
- Gesundheit (aber nur unterschwellig),
- frischer, pikanter Genuss,
- Spitzenqualität,
- zu allen Konsumgelegenheiten und -anlässen geeignet,
- gehört zur modernen, gesunden Ernährung.

Für das Sortiment „Gesund & Genuss" als Markenartikel der Saft GmbH kamen grundsätzlich alle Bereiche des Lebensmitteleinzelhandels in Betracht sowie zusätzlich die gehobene Gastronomie und der Großverbraucherbereich wie auch der Fachhandel und sonstige Vertriebswege die zur Marketingstrategie des Sortiments passten. Über das starke Image der Saft GmbH, das auch auf das Gemüsesaftsortiment „Gesund & Genuss" übertragen wurde, erhielt der Handel die Möglichkeit zur Eigenprofilierung, indem er neben Billig-Gemüsesaft-Sortimenten einen profilierten Markenartikel anbieten konnte, der ihm darüber hinaus zu einem höheren Rohertrag verhalf.

„Gesund & Genuss" befand sich von der Preisgestaltung her auf einem hohen Niveau und war als Preisführer in diesem Segment anzusehen. Über die Preisstrategie erhob und unterstrich die Saft GmbH die Marktführerschaft und demonstrierte zugleich hohe Produktqualität.

Marketingziele

Folgende Marketingziele (die hier aufgrund der zuvor genannten Fakten nicht vollständig und auch nicht operational dargestellt wurden) wurden formuliert:

- ▶ Partizipierung am wachsenden Gemüsesaftmarkt mit überdurchschnittlichen Wachstumsraten. Das bedeutete konkret:
  - die Konsumenten von „Gesund & Genuss" sollten die Produkte zu mehr Gelegenheiten/Anlässen konsumieren,
  - die Konsumenten von Wettbewerbsmarken sollen Verwender von „Gesund & Genuss" werden (Feststellung durch Markenwanderungsanalysen),
  - die Nicht-Verwender sollten für „Gesund-Genuss" gewonnen werden,
- ▶ Ausbau der Marktanteile in Menge und Wert,
- ▶ Verbesserungen im Distributionsbereich,
- ▶ Erhöhung der Durchschnittsabverkäufe,
- ▶ Beseitigung von Schwachstellen in bestimmten Nielsengebieten, bestimmten Outlets und Organisationsformen.

Siehe zu diesem Thema auch das Kapitel „Marketingziele und Marketingstrategie" (S. 148 ff.).

Marketingstrategie

Die Marketingstrategie wird hier aufgrund der zuvor genannten Fakten nicht vollständig und mehr in Form einer Zusammenfassung für die werbliche Umsetzung wiedergegeben: Die Marketingstrategie wurde unter anderem mithilfe des Morphologischen Kastens erarbeitet.

Für die Strategie galt als fester Bestandteil bzw. als Forderung, dass „Gesund & Genuss" als selbstverständlicher Bestandteil einer vernünftigen Lebensweise und als tägliche Bereicherung der Genusspalette den Gemüsesaftmarkt „machen" muss, ihm Wachstumsimpulse geben muss.

Aus mehreren Strategiealternativen schälte sich insbesondere aufgrund des weiterhin in der Öffentlichkeit stark beachteten Trends zur moderne, gesunden Ernährung die Strategie:

Durchsetzung und Penetration des Profils von „Gesund & Genuss" beim Verbraucher als ein alltägliches, gesundes und zugleich auch gut schmeckendes Lebensmittel, das einer zeitgemäßen, modernen Ernährungs- und Lebensweise entspricht. Damit soll ein Herausführen aus der „Grasfresserecke" (Gesundheitsecke) erreicht werden. So wurde der Gesundheitsaspekt nicht direkt berührt.

> Siehe zu diesem Thema auch das Kapitel „Marketingziele und Marketingstrategie" (S. 148 ff.).

Positionierungsstrategie

Die Positionierungsstrategie wird hier aufgrund der zuvor genannten Fakten in Kurzform wiedergegeben. Die Positionierungsstrategie wurde mit den aufgezeigten Instrumenten: Positionierungsentwicklung mithilfe des Morphologischen Kastens erarbeitet, vorab überprüft und im Rahmen eines Positionierungstests auf erfolgreiche Wirkung hin überprüft.

Da die moderne, gesunde Lebensweise voll im Trend der Fallbeispielszeit lag (und heute immer noch liegt) und wohl der entscheidende Grund für das Marktwachstum war, musste sich diese Erkenntnis auch in der Positionierung widerspiegeln: „Moderne, gesunde Ernährung – Zeitgemäße Lebensweise". (Siehe hierzu auch Abbildung 79)

> Siehe zu diesem Thema auch die Kapitel „Die wichtigsten Positionierungselemente" (S. 156 ff.), und „Die Entwicklung von Positionierungsmöglichkeiten" (S. 171 ff.).

Angebot/Leistung	Positionierungs-schwerpunkte	Potenzialgewinnung	Identifizierung mit dem Unternehmen und seinen Sortimenten	Personality/Stil und Ton
Produkt: • Gemüsesaft aus Konzentrat • Formglasflasche • Weithalsflasche • soll zu allen Gelegenheiten konsumiert werden **Preis:** • hochpreisig, 18% über der Konkurrenz	**Zielgruppe** **Kernsegment 1:** „Der überzeugte Safttrinker" Erwachsene und junge Leute, die großen Wert auf Gesundheit, Genuss, hochwertige Qualität und Natürlichkeit legen. Sie präferieren einen höheren Preis und verbinden damit auch Qualität. Sie bevorzugen die bekannte Marke Saft GmbH. Segmente 2, 5 und 7 gehören noch zum Zielgruppenpotenzial. **Emotionsfeld und Werte** • Genuss, Natur, Freizeit, Gesundheit, Sinnlichkeit **Hauptverbrauchervorteil und Reason Why** • In Ihrer Freizeit leben Sie vernünftig. Warum nicht öfter? **Art/Zeit Konsum** • Immer, wenn die Gelegenheit dazu da ist.	**Konkurrenz** • von der Marke A : 8% • von der Marke B : 4% • von der Marke C : 7% **Noch-Nicht-Verwender** • Gemüsesafttrinker : 15%	Unsere Zielgruppen bestätigen uns Natürlichkeit, Genuss, Frische und Qualität. Wir sind nicht schrill und nicht laut. Von unseren Zielgruppen werden wir als ein sehr sympathisches Unternehmen beurteilt. Die Positionierung der Marke „Gesund & Genuss" wird in enger Verbindung mit dem Unternehmen und dem übrigen Sortiment gebracht.	Moderne Menschen, denen man eine moderne gesunde Lebensweise ansieht und die sich gerne in mit der Natur und dem Genießen beschäftigen.

Positionierungscharakter

Mit unserer Marke „Gesund & Genuss" sprechen wir Menschen an, die eine gesunde und moderne Lebensweise bevorzugen. Menschen, die Natürlichkeit, Genuss und Qualität zu einem angemessenen Preis präferieren. Mit der Marke „Gesund & Genuss" kann sich unsere Zielgruppe modern, natürlich-gesund und zeitgemäß ernähren und darüber hinaus auch genießen.

Nutzendramatisierung

Moderne Menschen gehen in der Natur (Heide, Wald, an Flüssen usw.) spazieren.
USP/UAP (reduziert dargestellt)
In Ihrer Freizeit leben Sie vernünftig.
Warum nicht öfter?
Claim: Genuss aus dem XY-Garten

Abbildung 79: Positionierung Gesund & Genuss

USP

Der USP wurde mithilfe des Morphologischen Kastens erarbeitet, vorab auf Wirksamkeit hin überprüft und im USP-Test-Verfahren überprüft.

Der gesundheitliche Aspekt bei Gemüsesäften war (und ist) für die Verwender und Nicht-Verwender selbstverständlich. Von daher war dieser Aspekt auch kein Nutzenversprechen. Die wichtigste Barriere für den Konsum von Gemüsesäften war der Geschmack. Die Schlussfolgerung konnte daher nur sein: Auf Basis der allgemein positiven gesundheitlichen Erwartungen, die mit Gemüsesäften verbunden sind, sollten die unvorteilhaften Geschmackserwartungen minimiert, wenn nicht sogar in ihr Gegenteil verkehrt werden. Dies war auch deshalb anzustreben, weil die daraus resultierende starke Fixierung des Sortiments auf gesundheitliche Vorstellungsbilder die Gruppe der potenziellen Neu-Verwender erheblich einengt, da der Zugang zum Sortiment fast ausschließlich über eine Gesundheitsdimension führt.

Zusammenfassende Gedanken zum Nutzenversprechen waren daher: Die Gemüsesäfte von „Gesund & Genuss" haben einen sehr hohen Qualitätsstandard. Sie entsprechen dem Trend nach moderner, gesunder Ernährung, weil sie aus erntefrischem Gemüse hergestellt werden. Sie haben einen herzhaften Geschmack. Hinzu kommt, dass „Gesund & Genuss" beim Verbraucher ein hervorragendes Image genießt. Mit den Gemüsesäften von „Gesund & Genuss" können die Verbraucher jeden Tag vernünftig leben, da die Gemüsesäfte von „Gesund & Genuss" ein selbstverständlicher Bestandteil moderner, gesunder Ernährung sind. Sie sind sozusagen ein zeitgemäßes Lebensmittel, das auch noch gut schmeckt. Von daher wurde der USP folgendermaßen formuliert: „In Ihrer Freizeit leben Sie vernünftig. Warum nicht öfter?" Die Thematik dieser Aussage war so gewählt, dass sie den Konsum von Gemüsesäften (jenseits ihrer Gesundheitswerte) in seinen geschmacklichen Besonderheiten zu einer Verhaltensweise von sozialen Gruppen und einer Verhaltensweise in sozialen Umständen machte, mit denen sich die Zielgruppen identifizieren konnten. Der Gesundheitsaspekt wurde nicht explizit verbal kommuniziert. Er sollte über emotionale, visuelle Nebeneffekte deutlich gemacht werden.

> Siehe zu diesem Thema auch das Kapitel. „Die Entwicklung von Positionierungsmöglichkeiten" (S. 171 ff.) (und darin die Unterkapitel „Die Entwicklung eines wirksamen Nutzenversprechens (USP/UAP)", „Die Grob-Vorauswahl der ersten hypothetischen Positionierungsansätze in Eigenregie", „Das Multi-variate-Positioning-Testverfahren mit einem Marktforschungsinstitut", „Die Vorgehensweise für die Beschreibung einer Positionierung".)

Copystrategie

Dem Verbraucher musste die Werbung sagen, dass er mit „Gesund & Genuss" den herzhaften Geschmack von frischem Gemüse erlebt und dass das Sortiment von der Saft GmbH kommt, dem Hersteller hochwertiger Qualitätssäfte. „Gesund & Genuss" enthält nicht nur Saft, sondern auch das Fleisch erntefrischem Gemüses. Mit dem Konsum von „Gesund & Genuss" kann der Verbraucher jeden Tag so vernünftig leben wie in seiner Freizeit. Die Copystrategie hatte folgende Inhalte:

- **Das wichtigste Faktum und das Problem, das die Werbung lösen sollte**
  Unser Gemüsesaft hatte den Ruf in der Verbraucherschaft, einen weniger guten Geschmack zu haben. Dieses Image musste revidiert werden: „Gemüsesäfte sind heute selbstverständlicher Bestandteil einer zeitgemäßen Ernährung – moderne, gesunde Lebensweise." Der herzhafte Geschmack musste herausgestellt werden. Die Gesundheit sollte nur unterschwellig „mitschwingen".

- **Qualitative und quantitative Werbeziele**
  (Die qualitativen und quantitativen Werbeziele werden hier aufgrund der zuvor genannten Fakten in Kurzform wiedergegeben.)

  Den Schwerpunkt im Rahmen der Werbepolitik bildete bei „Gesund & Genuss" die klassische Werbung. Grundsätzlich sollte die Werbung von „Gesund & Genuss" dem Verbraucher die Produktkonzeption verständlich machen bzw. langfristig Lerneffekte aufbauen. „Gesund & Genuss" wurde als ein alltägliches Lebensmittel moderner, zeitgemäßer Ernährung bekannt gemacht. Spezielle Werbeziele waren:
  - ▶ Bekanntheitsgrad erhöhen,
    - „Gesund & Genuss" als Markenartikel profilieren,
    - Positionierung penetrieren,
    - Qualität und Geschmack im Bewusstsein der Konsumenten verankern.

- **Zielgruppenbeschreibung**
  Soziodemografische Beschreibung:

  - ▶ Frauen bis 40 Jahre
  - ▶ Mittelschule/höhere Schulbildung
  - ▶ Haushaltsnettoeinkommen ab 2 000 Euro
  - ▶ Zwei- bis Drei-Personenhaushalte
  - ▶ Ortsgrößen ab 70 000 Einwohner, eher noch Ballungszentren.

Motivationspsychologische Beschreibung:
Die Zielgruppenmitglieder des **Kernsegments 1** „Der überzeugte Fruchtsafttrinker" sind die wirklichen Frucht- und Gemüsesafttrinker, die „Ja-Sager" zum Frucht- und Gemüsesaftkonsum. Die Zielgruppenmitglieder konsumieren nicht nur Fruchtsäfte, sondern sehr gern auch Gemüsesäfte. Sie legen großen Wert auf die gesundheitliche Wirkung von Frucht- und Gemüsesäften und sind davon überzeugt, dass die Saft GmbH einen qualitativ hochwertigen Gemüsesaft produziert, der auch gehobene Ansprüche befriedigt. Darüber hinaus sind die Verbraucher davon überzeugt, dass Fruchtsäfte auch geeignete Getränke für Kinder sind. Die Zielgruppenmitglieder praktizieren die moderne, gesunde Ernährung. Sie ist für sie zeitgemäß. Die Produkte und Sortimente der Saft GmbH genießen bei den Zielgruppenmitgliedern höchste Akzeptanz im Sinne von Qualität, Preis und Geschmack. Die Saft GmbH wird sozusagen als Qualitätssiegel betrachtet. Der relativ hohe Preis der Produkte und Sortimente der Saft GmbH stellt für die Zielgruppenmitglieder keine Kaufbarriere dar. Sie beziehen ihre Informationen überwiegend aus TV, Radio und speziell aus Illustrierten.

Das **Segment 2** ist gekennzeichnet durch den „Möchtegern-Fruchtsafttrinker", der bei Frucht- und Gemüsesaft Wert legt auf:
- die gesundheitliche Wirkung,
- den natürlichen Geschmack,
- die dickflüssige Konsistenz.

Er ist davon überzeugt, dass die Saft GmbH ihm das alles bietet.

Das **Segment 5** wird durch die „Mittelmäßigen" beherrscht. Sie stehen Frucht- und Gemüsesäften und der Saft GmbH nicht negativ gegenüber. Der „Mittelmäßige" ist ein „Mitläufer-Typ", der aktiviert werden muss.

Im **Segment 7** dominiert der „Bequeme". Die Natürlichkeit und der natürliche Geschmack ausgerichtet am selbst gepressten Saft bzw. frischem Obst haben keine Bedeutung für ihn. Er spielt dagegen ideal zurück, was die Saft GmbH kommuniziert:
- Dickflüssigkeit ist ein Qualitätsmerkmal,
- die Saft GmbH ist keineswegs zu teuer,
- bei der Saft GmbH steht für ihn nicht die Gesundheit im Vordergrund (sondern eher der gute Geschmack).

Siehe zu diesem Thema auch noch einmal das Kapitel „Die psychologische Verbrauchersegmentierung" (S. 113 ff.).

■ **Die Hauptmitbewerber**
Die wichtigsten fünf Hauptmitbewerber waren kleinere Anbieter, und sie agierten im Markt als Mengenanpasser. Die Marktanteile dieser fünf Mitbewerber lagen bei rund 35 Prozent. Sie investierten nicht in die klassische Werbung. Alles ging über Preis und Platzierung.

■ **Positionierungsrichtung**
„Moderne, gesunde Ernährung – Zeitgemäße Lebensweise".

■ **USP/Nutzenversprechen**
„In Ihrer Freizeit leben Sie vernünftig. Warum nicht öfter?"
Das Nutzenversprechen wurde in Szene gesetzt und nicht nur verbal kommuniziert.

■ **Reason Why (Begründung für das Nutzenversprechen)**
Die Gemüsesäfte von „Gesund & Genuss" sind ein selbstverständlicher Bestandteil gesunder, moderner Ernährung, weil sie aus erntefrischem Gemüse produziert werden und somit einen frischen, herzhaften Geschmack von frischem Gemüse haben. Sie kommen von der Saft GmbH, dem Hersteller hochwertiger Qualitätsgetränke.

■ **Die Art und Weise der Werbung (Stil und Ton/Tonality)**
Das Nutzenversprechen wird visuell in Szene gesetzt. Die Szene musste Stimmungsgehalt vermitteln, damit zum einen ein Dialog mit der Zielgruppe zum Thema „moderne, gesunde Ernährung – zeitgemäße Lebensweise" initiiert und zum anderen ein Bezug zum Sortiment hergestellt wurde.

■ **Restriktionen/Bedingungen und gesetzliche, firmenspezifische Einschränkungen**
Speziell für die Gestaltung galten folgende, sich bei den Tests herauskristallisierende materielle Richtlinien:

- ▶ die dargestellte Szene musste Stimmungsgehalt vermitteln, d. h. sympathisch wirken und attraktiv sein,
- ▶ die Anzeige musste Elemente beinhalten, die den Bezug zwischen Szene und Produkt herstellen (z. B. vitale Bräune, schlanke, sportliche Personen),
- ▶ der Gesundheitsaspekt durfte nicht unmittelbar kommuniziert werden, sondern sollte über Nebeneffekte deutlich werden (z. B. gesunde Haut, sportlich, jung, elastisch),
- ▶ die Fotos mussten einem hohen ästhetischen Niveau genügen.

Weiterhin waren folgende Richtlinien zu beachten, die formalen Charakter hatten:

- zur Identifikation von „Gesund & Genuss" mussten die typische Schrift und die typische Gestaltung der Glasformflasche eingehalten werden,
- jede Anzeige setzte sich aus einem Bild-/Text-Teil zusammen, wobei der Bildteil (die Szene) circa drei Viertel der Seite ausmachte und somit eindeutig dominierte,
- der Bezug zum Produkt wurde durch ein rechts unten platziertes Produktfoto hergestellt.
- die Anzeigen mussten zur beabsichtigten, emotionalen Aktivierung des Betrachters farbig (4/c) angelegt sein,
- als Konstanten waren die Headline „In Ihrer Freizeit leben Sie vernünftig. Warum nicht öfter?" (USP in der Headline ist besonders wirksam!) und der Claim „Genuss aus dem ‚Saft-Garten'" zu verwenden,
- die Anzeigen waren 1/1-seitig und angeschnitten.

■ **Erwartete Verbraucherreaktion**

- Erhöhte Markentreue,
- Höhere Kaufakte
- Akzeptanz der Werbebotschaft.

Siehe zu diesem Thema das Kapitel „Die Entwicklung einer Copystrategie" (S. 208 ff.).

Kreative Umsetzung der Copystrategie und Kampagnentest

Die zu dieser Zeit betreuende Werbeagentur entwickelte mehrere Kampagnenalternativen, die allen generell geltenden Anforderungen an die Werbebotschaft, die Gestaltung und die kreative Freiheit zu genügen hatten. Diese Anforderungen und Gemeinsamkeiten besagten im Einzelnen:

- Das Nutzenversprechen wird in Szene gesetzt, nicht nur verbal kommuniziert.
- Jedes Produkt wird sortenspezifisch vorgestellt, um Vorbehalte anzubauen.
- Die Einzelmotive jeder Kampagnenrichtung werden durch jeweils gemeinsame „Klammern" zusammengehalten.

- Jede Kampagne profiliert die Saft GmbH als Marktführer mit dem Saft GmbH-Know-how.
- Jede Kampagne präsentiert „moderne, gesunde Ernährung – zeitgemäße Lebensweise".

Mittels einer Befragung von 250 Personen (die in den letzten sechs Monaten keinen Gemüsesaft mehr konsumiert hatten) wurden die alternativen Kampagnen getestet. Dabei wurde insbesondere überprüft:

- die Produkt- und Markenidentifikation,
- der Spontaneindruck (Information, Stimmung, Sympathie),
- die Anregung zum Kauf,
- die wahrgenommenen negativen Aspekte der Anzeigen (Ästhetik),
- die relative Position der Anzeigen im Werbeumfeld.

Das Ergebnis des Tests war eine eindeutige Bevorzugung der Kampagne „zeitgemäßes, modernes Leben". Diese Anzeigenkampagne verfolgte eine Gleichgewichtung der beiden Elemente Geschmack und moderne Lebensweise. Sie versuchte konsequent als Grundidee den Genuss von „Gesund & Genuss" in moderne, gesunde Verhaltensweisen in Ferien und Freizeit einzubetten. Die Kampagne zeitgemäßes Leben wurde vor allem aus zwei Aspekten bevorzugt:

- Die formal ästhetische Gestaltung wurde von den Testpersonen sympathischer erlebt.

- Die Anzeige gibt Anlass, sich im Sujet eine Story vorzustellen (Dramatisierung des USPs). Sie regt zur längeren Betrachtung und zu zielorientierten Überlegungen an.

Im Übrigen kommunizierte diese Kampagne neben dem Nutzenversprechen Gesundheit auch situative Umstände und Stimmungslagen, die sich positiv auf den Goodwill von Gemüsesäften übertragen lassen. Weiterhin wurden wesentliche Elemente der Positionierungs- und Copystrategie (sie ist die Verdichtung der Positionierungsstrategie) am besten kommuniziert:

- „Gesund & Genuss" ist ein selbstverständlicher Bestandteil moderner, gesunder Ernährungs- und Lebensweise.

- Mit „Gesund & Genuss" genießt man den herzhaften Geschmack von frischem Gemüse.

Siehe zu diesem Thema das Kapitel 5 „Die Umsetzungs-, Test- und Durchsetzungsphase" (S. 233 ff.).

Die Anzeigenkampagne (Botschaft und Gestaltung)

Aufbauend auf den Testergebnissen führte die Saft GmbH mit ihrem Gemüsesaftsortiment „Gesund & Genuss" einen Dialog mit dem Verbraucher zum Thema zeitgemäßes Leben. Es wurden Personen gezeigt, die an der frischen Luft einer sinnvollen, vernünftigen Freizeitbeschäftigung nachgehen, wie z.B.:

- Wandern in der Heide und im Wald,
- Radfahren auf Feldwegen,
- Wandern im Kornfeld,
- Entspannen und Ausruhen in der Heide an Flüssen,
- Wandern an Seen und Flüssen usw.

Die Thematik der Werbebotschaft, wie bereits erwähnt, sollte so gewählt werden, dass sie den Konsum von Gemüsesäften (jenseits ihrer Gesundheitswerte) in seinen geschmacklichen Besonderheiten zu einer Verhaltensweise von sozialen Gruppen und einer Verhaltensweise in sozialen Umständen machte, mit denen sich die Zielpersonen identifizieren konnten.

Abbildung 80: Anzeigenbeispiele der Saft GmbH

Werbeträgerauswahl und Medienbegründung

Die Kampagne wurde als reine Print-Kampagne umgesetzt. Der Grund war in der regelmäßigen Ansprache des „Gesund & Genuss-Potenzials" zu sehen (regelmäßiger als TV). Die regelmäßige Ansprache der potenziellen Verbraucher ist deshalb von hervorragender Bedeutung gewesen, da bezüglich der Verwendung von „Gesund & Genuss" noch Lernprozesse durchzusetzen waren.

Besonders geeignet für Lernprozesse waren Programmzeitschriften, denn:

- sie wiesen die höchste regelmäßige Leserschaft aller Zeitschriftengattungen auf,
- 80 Prozent aller Programmzeitschriftenleser sind Kernleser; das heißt, sie lesen zehn von zwölf Ausgaben regelmäßig.

Grundsätzlich wurden zur Titelauswahl folgende Kriterien herangezogen:

- Primär wurde selektiert nach Penetrationskriterien:
  - welche Titel sprechen die Leserschaft möglichst regelmäßig an?
  - hohe Anzahl von Durchschnittskontakten hatte Priorität vor Reichweite.

- Sekundär wurde selektiert nach:
  - Kontaktkosten der Titel
  - Reichweite der Gesamt-Zeitschriftenkombination
  - Ausgehend von der Positionierungs- und Copystrategie „moderne, gesunde Lebensweise" müssen die drei Saft GmbH-Typen (Definition nach der Gruner + Jahr-Typologie):
    - die Fortschrittliche,
    - die Ich-Bezogene,
    - die Selbstbewusste

    die Titel überdurchschnittlich nutzen.

- Das thematische Umfeld musste vorhanden sein.

Die Mediastrategie lautete: Hohe Penetration vor hohe Reichweite hatte Priorität. Folgende Titel wurden eingesetzt, wie:

- Hörzu,
- Stern.
- Brigitte,
- Für Sie,
- Petra,
- Meine Familie und ich.

Neben diesen, speziell auf den Verbraucher gerichteten Anzeigen, spielte bei der Saft GmbH die klassische Handelswerbung eine wesentliche Rolle. Sie ergänzte die konsumorientierte klassische Werbung und erzeugte beim Handel einen hohen Goodwill als Voraussetzung zum Führen des Sortiments „Gesund & Genuss". Es wurden die drei wichtigsten Titel:

- Lebensmittelzeitung,
- Lebensmittelpraxis,
- Rundschau für den Deutschen Einzelhändler

ausgewählt.

Siehe zu diesem Thema das Kapitel 5 „Die Umsetzungs-, Test- und Durchsetzungsphase" (S. 233 ff.).

Marketing- und Kommunikationserfolg

Eine exakte Zurechnung des Erfolgs auf ausgewählte Marketing-Mix-Instrumente war nahezu unmöglich. Insofern ließ sich hier als Beleg für den richtigen Einsatz der Instrumente nur anführen, dass die gesetzten Marketingziele voll erfüllt wurden, wobei die Kommunikation dafür einen wesentlichen Beitrag geleistet hatte.

Die interne und externe Analyse zeigte einige quantitative Entwicklungen auf, die diesen Erfolg im Markt bestätigten:

- Der Gesamtmarkt der Gemüsesäfte entwickelte sich wie geplant mit sehr guten Zuwachsraten, an denen „Gesund & Genuss" überproportional partizipierte.
- Der Marktanteil konnte höher als geplant realisiert werden.
- Die Distributionsqualität wurde national beinahe verdoppelt.
- Die Distributionsdichte wurde wesentlich verbessert.
- Das Umsatzplus lag bei beinahe 35 Prozent. Das Umsatzplus kam zu einem Drittel aus höheren Kaufakten und zu zwei Dritteln aus der Gewinnung neuer Verwender.

Als spezifische Kennziffer für den Kommunikationserfolg ließ sich die Medienleistung heranziehen. Die gewählten Medienkombinationen wiesen die dargestellten Reichweiten (allgemein und zielgruppenspezifisch) auf:

Titel	Reichweite bei allen Hausfrauen	Reichweite bei der Zielgruppe
Hörzu	41,0 %	49,4 %
Stern	36,3 %	41,1 %
Brigitte	28,1 %	37,4 %
Für Sie und Petra	20,7 %	26,0 %
Meine Familie und ich	15,6 %	19,8 %

Die Medienkombination erreichte eine Gesamtweite von weit über 50 Prozent und eine durchschnittliche Zahl von 4,2 Kontakten.

Ferner wurden mit der Positionierung, der Copystrategie und ihrer Umsetzung sowie der Anzeigenkampagne zwei wichtige Ziele erreicht:

▶ Der Bekanntheitsgrad stieg innerhalb von zwei Jahren um 26 Prozentpunkte.
▶ Der Goodwill beim Handel wurde deutlich gesteigert und ließ sich durch die gestiegenen Distributionsdichte sowohl qualitativ als auch quantitativ belegen.

Siehe zu diesem Thema das Kapitel 6 „Die Markt- und Kontrollphase" (S. 247 ff.).

Damit wurde deutlich, dass es der Saft GmbH gelungen war, mit einer mutigen und zielorientierten Positionierung und deren kreativer Umsetzung ihre Ziele in einem turbulenten Markt erfolgreich zu realisieren.

Dieses Praxisbeispiel verdeutlicht die Vorgehensweise bei der Planung und Entwicklung einer Positionierung. Die gleiche Arbeit mit einer aktuellen Aufgabenstellung würde heute möglicherweise zu einer anderen Positionierungsstrategie führen. Märkte und Verbraucherverhalten haben sich deutlich verändert, die Käufergruppen sind weniger klar abgrenzbar, die Werbebotschaften frecher, skurriler und manchmal sogar dumm und „anspruchslos".

Was sich nicht verändert hat, was bleibt, sind die Vorbereitung und die Vorgehensweise bei der Planung und der Entwicklung einer attraktiven, alleinstellenden Positionierung, wie in diesem Buch beschrieben. Sie unterliegen heute allerdings anderen Gesetzen. Positionierungen und ihre Umsetzungen werden in letzter Zeit häufig zum Teil mit wenig Kreativität, dafür aber mit mehr Mut zum „Risiko" festgelegt. Denken Sie an „Geiz ist geil" oder „Ich bin doch nicht blöd". Aufmerksamkeitsstark, ja(!). Attraktiv, intelligent, anspruchsvoll und kreativ(?). Aber vielleicht ist es ja gerade das, was die Käufer heute anspricht. Vielleicht aber auch nicht. Wer es genau wissen möchte, sollte sich Schritt für Schritt selbst erproben und dieses Buch als Leitfaden für die Entwicklung einer erfolgreichen Positionierung benutzen. Die notwendige Kreativität für eine attraktive und erfolgreiche Positionierung muss allerdings jeder selbst einbringen. Dann wird es passen. Passt es nicht, dann nehmen Sie mit mir einfach Kontakt auf und wir diskutieren darüber.

Informationsquellen und Adressen

Publikationen

Absatzwirtschaft Verlagsgruppe Handelsblatt
Postfach 10 11 02, 40002 Düsseldorf/
Kasernenstr. 67, 40213 Düsseldorf
Telefon 0211-887-0
www.absatzwirtschaft.de

Marketing-Journal
Gesellschaft für angewandtes Marketing mbH
Postfach 13 07 04, 20144 Hamburg
Telefon 040-410 31 48
www.marketingjournal.de

Horizont
Deutscher Fachverlag GmbH
60264 Frankfurt a. M./
Mainzer Landstr. 251, 60326 Frankfurt
Telefon 069-75 95 01
www.horizont.net

werben und verkaufen
Europa-Fachpresse-Verlag GmbH
Postfach 50 02 99, 90972 München/
Emmy-Noether-Str. 2/e, 80992 München
Telefon 089-548 52-0
www.wuv.de

Organisationen

AIW Arbeitskreis Industriewerbeagenturen
Postfach 1409, 64313 Pfungstadt/
Eschollbrücker Str. 28, 64319 Pfungstadt
Telefon 06157-95000
www.aiw-werbung.de

Art Directors Club (ADC) für Deutschland e.V.
Leibnizstr. 65, 10696 Berlin
Telefon 030-72 62 98-0
www.adc.de

Deutscher Kommunikationsverband BDW e.V.
Königswinterer Str. 552, 53227 Bonn
Telefon 0228-949 13-0
www.kommunikationsverband.de

Deutscher Werbefachverband e.V.
Schwachhauser Ring 40, 28209 Bremen
Telefon 0421-347 90 44

GWA Gesamtverband Werbeagenturen e.V.
Friedenstr. 11, 60311 Frankfurt a. M.
Telefon 069-25 60 08-0
www.gwa.de

ZAW Zentraler Werbeverband der Deutschen Werbewirtschaft e.V.
Am Weidendamm 1A
10117 Berlin
Telefon 030-50 00 99-700
www.zaw.de

Medieninformationen
Publikationen

Dialoge
Gruner + Jahr AG & Co.
Stern-Anzeigenabteilung
Am Baumwall 11, 20444 Hamburg
Telefon 040-3703-2929
www.gujmedia.de

Typologie der Wünsche
Burda GmbH
Postfach 1230
77601 Offenburg
Telefon 0781-84 21 02
Fax 0781-84 22 41
www.hubert-burda-media.com

Verbraucheranalyse
Heinrich Bauer Verlag,
Anzeigen + Marketing KG
Burchardstr. 11
20077 Hamburg
Telefon 040-30 19-0
Fax 040-33 70 11
www.hbv.de

oder:
Axel Springer Verlag AG
Postfach 3350
Axel-Springer-Platz 1
20350 Hamburg
Telefon 040-347-00
Fax 040-64 67 18
www.asv.de

Spiegel Verlag
Rudolf Augstein GmbH & Co. KG
Brandstwiete 19, 20457 Hamburg
Telefon 040-30 07-30 36
www.spiegelgruppe.de

ARD-Werbung Sales & Service GmbH
Falkensteiner Str. 77
60322 Frankfurt a. M.
Telefon 069-97 38 22-0
www.ard-werbung.de

ZDF Werbefernsehen
Postfach 4040, 55100 Mainz
Telefon 06131-70 40 22
www.zdf-werbung.de

Statistisches Bundesamt
Gustav-Stresemann-Ring 11
65189 Wiesbaden
Telefon 0611-75-2405
www.destatis.de

Andere Adressen

A.C. Nielsen GmbH
Postfach 940148, 60459 Frankfurt a.M./
Ludwig-Landmann-Str. 405
60486 Frankfurt a.M.
Telefon 069-79 38-0
www.acnielsen.de

A.C. Nielsen Werbeforschung
(S+P GmbH)
Sachsenstr. 16, 20097 Hamburg
Telefon 040-23 73 05-0
www.acnielsen.de

GFK Gesellschaft für Konsum- und
Absatzforschung e.V.
Postfach 2854, 90013 Nürnberg/
Nordwestring 101, 90319 Nürnberg
Telefon 0911-395-0
www.gfk.de

Infratest Burke AG
Landsberger Str. 338
80687 München
Telefon 089-56 00-0
www.infratest.de

Weiterführende Literatur

Berdi, C: Faszination – der vergessene Erfolgsfaktor, in: Absatzwirtschaft, Sonderausgabe zum Marken-Award 2005
Berdi, C.: Zurück zur eigenen Identität, in: Absatzwirtschaft, Sonderausgabe zum Marken-Award 2005
Dichtl, E., Schobert, R.: Mehrdimensionale Skalierung, München 1979
Großklaus, R. H.G.: Das How-to-Buch Marketingplan, 2. Auflage, München 2002
Großklaus, R. H.G.: Checklist USP – Produktpositionierung und Produktversprechen systematisch entwickeln, Wiesbaden 1982
Großklaus, R. H.G.: Arbeitshandbuch Werbestrategie und -konzeption, Essen 1990
Harrison, T.: Produktmanagement, Frankfurt 1991
Häusel, H.-G.: Brain Script, Freiburg 2004
IFAM-Institut: Die 199 besten Checklisten für Ihr Marketing, Landsberg/Lech 1998
IFAM-Institut: Die besten 99 Checklisten für Ihre Werbung, Landsberg/Lech 1997
Kotler, P., Bliemel, F.W.: Marketing-Management – Analyse, Planung und Verwirklichung, 10. Auflage, München 2005
Kotler, P., Armstrong, G.: Marketing, Wien 1988
Kotler, P./Keller, K. L.: Marketing Management, 12th edition, New York 2005
Kranz, M.: Was Liebe, Freude und Angst wirklich bewirken, in: Absatzwirtschaft 6/2005
Kroeber-Riel, W., Weinberg, P.: Konsumentenverhalten, 8. Auflage, Stuttgart 2003
Lasogga, F.: Emotionale Anzeigen- und Direktwerbung im Investitionsgüterbereich, Frankfurt a. M. 1998
Matys, E.: Praxishandbuch Produktmanagement, Frankfurt 2005
Meyer, D.: Offensives Marketing, Freiburg 2001
Nieschlag, R., Dichtl, E., Hörschgen, H.: Marketing, 19. Auflage, Berlin 2002
Pepels, W.: Handbuch Moderne Marketingpraxis, Band 1 u. 2, Düsseldorf 1993
Porter, M.E.: Wettbewerbsstrategie – Methoden zur Analyse von Branchen und Konkurrenten, 10. Auflage, Frankfurt a. M. 1999
Puhlmann, M., Semlitsch, B.: Wie geht das Management mit der Marke um?, in: Absatzwirtschaft, 50. Jg. 1997 – Sondernummer Oktober
Reevers, R.: Werbung ohne Mythos, München 1963
Richter, H. P.: Investitionsgütermarketing, München 2001
Ries A., Trout, J.: Positioning – The Battle for Your Mind, Columbus 1986
Sawtschenko, P.: Positionierung – das erfolgreichste Marketing auf unserem Planeten, Offenbach 2005
Schlicksupp, H.: Innovations-Kreativitätstechniken, München 1979
Schwarz, M., Wulfestieg, J.: Die Sehnsucht nach dem Meer wecken, Frankfurt 2003
Specht, U.: Mit Marken Zeichen setzen, in: Absatzwirtschaft, 50. Jg. 1997
Winkelgrund, R.: Produktdifferenzierung durch Werbung – Ein Beitrag zur kommunikationspolitischen Positionierung von Markenartikeln, Frankfurt a. M., Bern, New York 1984

Arbeitshilfen online

Folgende Abbildungen finden Sie begleitend zum Buch online unter www.grossklaus-marketing.de:

Abbildung 15: Marktinformationen

Abbildung 16: Unternehmensdiagnose

Abbildung 17: Analyse und Interpretation der Daten und Fakten

Abbildung 18: Visueller Wettbewerbsspiegel

Abbildung 21: Produkttechnische und juristische Überprüfung

Abbildung 39: Marktforschungsbriefing

Abbildung 41: Marketingkonzeption

Abbildung 57: Positionierungs-Management-Papier

Abbildung 68: Produktnamen-Auswahl

Abbildung 69: Vorgehensweise für die Entwicklung einer Copystrategie

Abbildung 70: Überprüfung der Copystrategie

Abbildung 72: Leitfaden zum Werbebriefing

Abbildung 73: Gestaltungs-Test

Abbildung 74: Nicht-ökonomische Erfolgskontrolle

Abbildung 75: Ökonomische Erfolgskontrolle

Namens- und Sachregister

A.C. Nielsen 101, 249
After Eight 140, 216
Agentur 68, 242
Agentursuche 242
Agenturzusammenarbeit 243
Aldi 41
Alleinstellung 32
Anzeige 237
Anzeigenkampagne 275
Ariel Color 37, 115
Außendienst 101, 147, 150
Avis 42

Balance 137, 138
Beiersdorf 118
BMW 15, 41, 43, 118, 140
Borgward 37
Brainstorming 203
Brigitte 132, 134, 276, 278
Brigitte-Typologie 132, 134

Camel 33, 140
Coca-Cola 36, 118, 135f., 201
Copystrategie 31, 208, 270, 273

Desk-Research 65
Diskriminanzraum 54, 197
Dominanz 136, 138
Dr. Best 198
Dralle 37
Duplo/Ferrero 15, 140

Eckes 118
Elephantenschuhe 38
Emotionen 23, 24, 32, 113, 115, 174, 186, 212
Erfolgskontrolle 250
Experten-Rating 186
Exploration 186

Ferrero 118
Funkspot 237
Für Sie 276, 278

Goggomobil 37
Granini 118
Gruppendiskussion 185

Hahnemann 43
Häusel, Hans-Georg 135f., 144
Henkel 37
Herausforderer 39
Hertz 42
Hörzu 276, 278

Image 32, 128

juristische Überprüfung 103, 105ff., 207

Kampagnentest 273
Käptn Nuß 37
Kellogg's 36
Kraft Foods 43

Labor 102
Lidl 41
Limbic 135, 139, 143, 172
limbisches System 136

Maico-Roller 37
Mampe halb & halb 37
Management-Papier I 109
Marketing-Mix 28, 30, 209
Marketingstrategie 26f., 148, 151, 258, 266f.
Marketingziele 148, 266
Markt- und Wettbewerbsdaten 68
Marktforschungsbriefing 145
Marktforschungsinstitut 182, 207
Marktführer 36, 261
Marktinformationen 67
Marktpotenzial 32
Marlboro 15, 22, 36, 41, 117f., 140, 201, 212
Maßnahmenkatalog 252
McDonald's 15, 36, 140
Me-too-Positionierung 13, 41
Media Markt 15
Mediastrategie 222ff.

Meine Familie und ich 276, 278
Mercedes 22, 41, 118, 140
Messerschmid 37
Methode 6.3.5 204
Milka 43
Morphologischer Kasten 190, 203
Motiv- und Emotionsraum 139, 141
Multi-variates Propositioning-
   Testverfahren 192

Näherungsverfahren 118, 132, 143, 172, 210
Nescafé 36
Nestlé 118, 216
Neuromarketing 136, 143
Nutzenversprechen 189, 211

Ogilvy, David 198
Osborn'sche Punkte 204

Penny 41
Pepsi 136, 201
Persil Color 37, 40, 115
Petra 276, 278
Polaritätenprofil 49
Positionierung 32
Positionierungs-Planungsablauf 59
Positionierungs-Testverfahren 184
Positionierungsarten 36
Positionierungsbeschreibung 211
Positionierungselemente 156
Positionierungsfehler 34, 140
Positionierungsräume 45
Positionierungsstrategie 19, 156, 261, 267
Post-Test 249
Pre-Test 238
Preispositionierung 41
Procter & Gamble 37, 115
Produktmerkmale 126
Produktname 201
Produktnutzen 32
Produkttechnische Überprüfung 108, 172
psychologische Verbrauchersegmentierung
   109, 113, 172, 210

Reason Why 191, 212, 272
Reevers, Rosser 19
Ries, Al 11, 19, 21, 171
Rowntree Mackintosh 216

Schmidt & Pohlmann 101, 249
Segmentationsstudie 262
Semantisches Differential 49
Sequenztest 186
Share of Voice 100f., 108
Skalometer 194
Soll-Ist-Analyse 252
Stern 276, 278
Stimulanz 137f.
Suchard 43, 118
SWOT-Analyse 65

Tonality 212, 272
Toyota 15
Trout, Jack 11, 19, 21, 171
TV-Spot 236
Typologie der Wünsche 132

UAP 15, 156f., 187, 191f., 194, 211
Unternehmensdiagnose 68
USP 15, 19, 156f., 187, 191f., 194, 211, 269, 272

Verbal-Positionierungskonzept 183
Verbrauchersegmentierung 143, 211
Visual-Positionierungskonzept 184
Visueller Wettbewerbsspiegel 68, 108, 172

Wahrnehmungsräume 45
Werbe-/Marktanteils-Ratio 108
Werbebriefing 225
Werbeträgerauswahl 276
Werbeziele 209
West 41, 118, 140

Zielgruppenbeschreibung 210

Der Autor

Rainer H.G. Großklaus ist seit 30 Jahren in führender Position im Marketing tätig und maßgeblich beteiligt bei der Marketingkonzeption nationaler und internationaler Markenartikel. Seit 1981 ist er im Bereich der Marketingberatung selbstständig. Zu seinen Kunden zählen renommierte Markenartikler. Er ist Autor zahlreicher Fachbücher und Fachbeiträge zum Thema Marketing und Kommunikation. Als Seminarleiter hat er sich zu aktuellen Themen und Fragestellungen in Marketing und Kommunikation auch international einen Namen gemacht. Darüber hinaus ist er Dozent für Marketing und Kommunikation an der IMK – Berlin (Privates Institut für Marketing und Kommunikation – GmbH).

Kontakt zum Autor:

Rainer H.G. Großklaus
Unternehmensberatung für Marketing und Vertrieb
06895 Bülzig, Tannenweg 9
(vorher Großhansdorf bei Hamburg)

Telefon   034924/80 846
Fax   034924/80 841
Funk   0175/58 11 456
E-Mail: info@grossklaus-marketing.de
www.grossklaus-marketing.de

Danksagung

Für das Entstehen dieses Buches waren Beratungskunden die Impulsgeber. Daher danke ich meinen Kunden, die es ermöglicht haben, dass dieses praxisorientierte Marketingbuch mit all dem Wissen und den Erfahrungen entstanden ist. Ihrem Vertrauen in meine Arbeit ist es zu verdanken, dass Sie, lieber Marketingfreund, in dieser Form an den Erfahrungen teilhaben können.

In besonderem Maße danke ich meiner Frau Adelheid. Sie ist selbst Geschäftsfrau und hat viele Tage und Stunden geopfert, um sich gemeinsam mit mir mit diesem Thema auseinanderzusetzen. Sie hat mir auch den Rücken zur Korrektur freigehalten und zur Verständlichkeit des Textes und der Abbildungen wesentlich beigetragen.

Frau Barbara Möller danke ich für ihre Geduld und ihr Verständnis sowie für ihre Unterstützung bei der Fertigstellung dieses Buches.